CB060560

CORRESPONDÊNCIA

Arthur Rimbaud
CORRESPONDÊNCIA

IVO BARROSO
TRADUÇÃO,
NOTAS E COMENTÁRIOS

TOPBOOKS

Copyright © 2008 Ivo Barroso

Direitos de edição da obra em língua portuguesa no Brasil adquiridos pela TOPBOOKS EDITORA. Todos os direitos reservados. Nenhuma parte desta obra pode ser apropriada e estocada em sistema de banco de dados ou processo similar, em qualquer forma ou meio, seja eletrônico, de fotocópia, gravação etc., sem a permissão do detentor do copyright.

Editor
José Mario Pereira

Editora-assistente
Christine Ajuz

Revisão
O tradutor

Capa
Miriam Lerner

Diagramação
Arte das Letras

TODOS OS DIREITOS RESERVADOS POR
Topbooks Editora e Distribuidora de Livros Ltda.
Rua Visconde de Inhaúma, 58 / gr. 203 – Centro
Rio de Janeiro – CEP: 20091-000
Telefax: (21) 2233-8718 e 2283-1039
E-mail: topbooks@topbooks.com.br

Visite o site da editora para mais informações
www.topbooks.com.br

ÍNDICE

- Prefácio — *As cartas de Rimbaud* 9
- Errâncias pela Europa (1870-1875)....................................13
- Intermezzo verlainiano (1873-1875) 57
- Anexo I (carta de Vitalie a Verlaine)..............................80
- Depoimentos de Bruxelas 85
- Primeiras viagens (1875-1878)..99
- Cartas de Chipre (1879-1880) 117
- Cartas de Aden (1880) 129
- Cartas do Harar (1880-1881).. 141
- De volta a Aden (1882-1883) 171
- De volta ao Harar (1883-1884) 209
- Relatório sobre o Ogaden 227
- Aden de novo (1884-1885)... 237
- Cartas de Tadjura (1885-1886) 275
- Cartas de Choa e do Cairo (1887) 299
- Carta ao diretor do Bosphore Egiptien......................... 305
- Itinerário do Choa ao Harar 322
- Mais uma vez Aden (1887-1888)..................................... 327
- Mais uma vez Harar (1888-1891).................................... 355
- Anexo II (carta de Vitalie a Rimbaud) 392
- A última viagem (1891).. 393
- Cartas de Marselha (1891) 402
- Anexo III (cartas de Isabelle a Vitalie) 426
- Epistolário 437
- Bibliografia restrita 447
- Índice 449

❦ AS CARTAS DE RIMBAUD

Com este volume — Correspondência — a Topbooks encerra a publicação da Obra Completa de Rimbaud, depois de proceder à reedição dos tomos anteriores, *Poesia Completa* e *Prosa Poética*. Fica assim o leitor brasileiro, a partir de agora, na posse de tudo o que foi escrito pelo gênio de Jean Nicholas Arthur Rimbaud, desde seus primeiros trabalhos escolares de 1864 até a última carta, ditada à sua irmã Isabelle, já em seu leito de morte no hospital de Marselha, em 1891.

Tendo rompido com a poesia quando tinha apenas 21 anos, depois de vaticinar em "Uma Estadia no Inferno": *Força é que um dia eu me vá para bem longe, pois tenho que ajudar os outros, é meu dever* — o poeta de Charleville empreende, a partir de 1880, uma série de viagens pelo Oriente, numa errância que iria durar 11 anos, durante os quais buscou desesperadamente acumular riqueza para se tornar independente e ajudar os seus. Com esse gesto, assume uma personalidade irreconhecível para aqueles que só o apreciavam literariamente. Com ela pareceu adquirir — ainda conforme suas palavras premonitórias em "Une Saison" — o segredo de "mudar a vida", ou, neste caso, mudar de vida (*Du musst dein Leben ändern*, diria Rilke bem mais tarde), pois essa "existência africana" pode ser considerada a antítese daquela anterior, em que buscava uma realização meramente literária, entregue tão-só às aventuras do espírito. Estas duas vidas, estas existências opostas podem ser aqui observadas na leitura integral de sua correspondência: as chamadas "cartas da vida literária" (período que vai de 1870 a 1875) contrapostas às "cartas africanas" (que abrangem de 1880 a 1891).

O abandono da literatura, no caso de Rimbaud, foi realmente total. Depois das culminâncias poéticas das "Iluminações" — as últimas das quais são datadas por alguns estudiosos como sendo de 1875 — nada escrito por ele foi encontrado que se possa classificar de "poético". O que deixou de seu punho após essa data são apenas estas cartas dirigidas aos familiares, a uns poucos amigos e a seus associados comerciais, escritas sem preocupação estilística, meramente noticiosas, informativas. Mesmo em duas ocasiões, ao publicar no jornal *Le Bophore Égyptien*, do Cairo, em agosto de 1887, o relato de sua viagem do Choa ao Harar, a linguagem usada é antes a de um explorador, a de um observador geográfico, do que a de um ex-poeta. E quando escreve, com o intuito de ser editado em Paris, uma "reportagem" para ser enviada à Sociedade de Geografia, nem mesmo assim o tom se sobressai do convencional-científico para adquirir uma fulgurância qualquer de sua antiga "prosa de diamante".

Face a esse quadro, poderia o leitor imaginar que a leitura dessas últimas cartas não encerra qualquer valor a acrescentar à obra do poeta. Mas pode-se dizer, ao contrário, que elas são a reafirmação de sua obra, sua transposição para a própria vida. São a outra face da moeda, o complemento de um todo, pois nos permitem conhecer (e admirar) um outro Rimbaud (*Je est un autre!*), que procede na vida real com a mesma obstinação que teve em sua vida literária: lutando pela auto-superação, para ir sempre mais longe e mais além, para fazer o que o homem ainda não fizera. É a continuação de seu velho sonho de adolescente, a sua transformação em realidade, a conquista de sua independência, daquela liberdade-livre, que vem então admitir como possível apenas pelo acúmulo de riqueza.

Apesar dessa mudança literal, pode-se perceber nesta leitura que o novo Rimbaud, o aventureiro, o explorador, o comerciante de produtos primários e até mesmo o vendedor de armas, continua a manter um vínculo afetivo (disfarçado em distante formalismo) com os seus íntimos, a mãe e a irmã, às quais se dirige como "caros amigos". A elas conta suas andanças, suas atividades, seus negócios, seus desejos e frustrações. E lhes pede livros, com a mesma fome do leitor de outrora, só que então com o objetivo único de se preparar para o exercício de suas múltiplas ocupações. Com o passar do tempo, contudo, Roche, a casa materna – o porto para o qual velejava depois de todas as suas tempestades – já não atende ao seu desejo de pouso permanente, embora pense uma ou outra vez em voltar, casar-se, gerar um filho. O clima tropical já se apossava de seu corpo, a solidão lhe conquistara a alma. E a volta final se dá nas circunstâncias e condições mais terríveis pelas quais pode um ser humano passar, descritas, ainda desta vez, sem o menor rebique literário, num relato factual e quase impiedoso. Em suma, pode-se dizer que estas cartas são a réplica viva da "Saison", a segunda passagem – agora real, inquestionável – por um inferno em vida.

A Topbooks tem o privilégio de apresentar pela primeira vez ao público brasileiro a *edição integral* dessa correspondência de Rimbaud, acrescida de comentários e notas que visam a dar ao leitor o conjunto das circunstâncias em que tais cartas foram escritas e esclarecê-lo sobre termos ou passagens que lhe poderiam aparentar obscuras. Quis ainda o organizador deste volume – seu tradutor e comentarista – que a linguagem destas cartas acompanhasse fielmente a maneira direta e coloquial em que foram vazadas, sem melhorá-las, nem corrigi-las, mantendo a espontaneidade do original.

O Editor
2007

ERRÂNCIAS PELA EUROPA
(1870-1875)

❧

O senhor é que é feliz por não morar mais em Charleville. Minha cidade natal é supremamente idiota entre todas as cidades pequenas da província

25 DE AGOSTO DE 1870

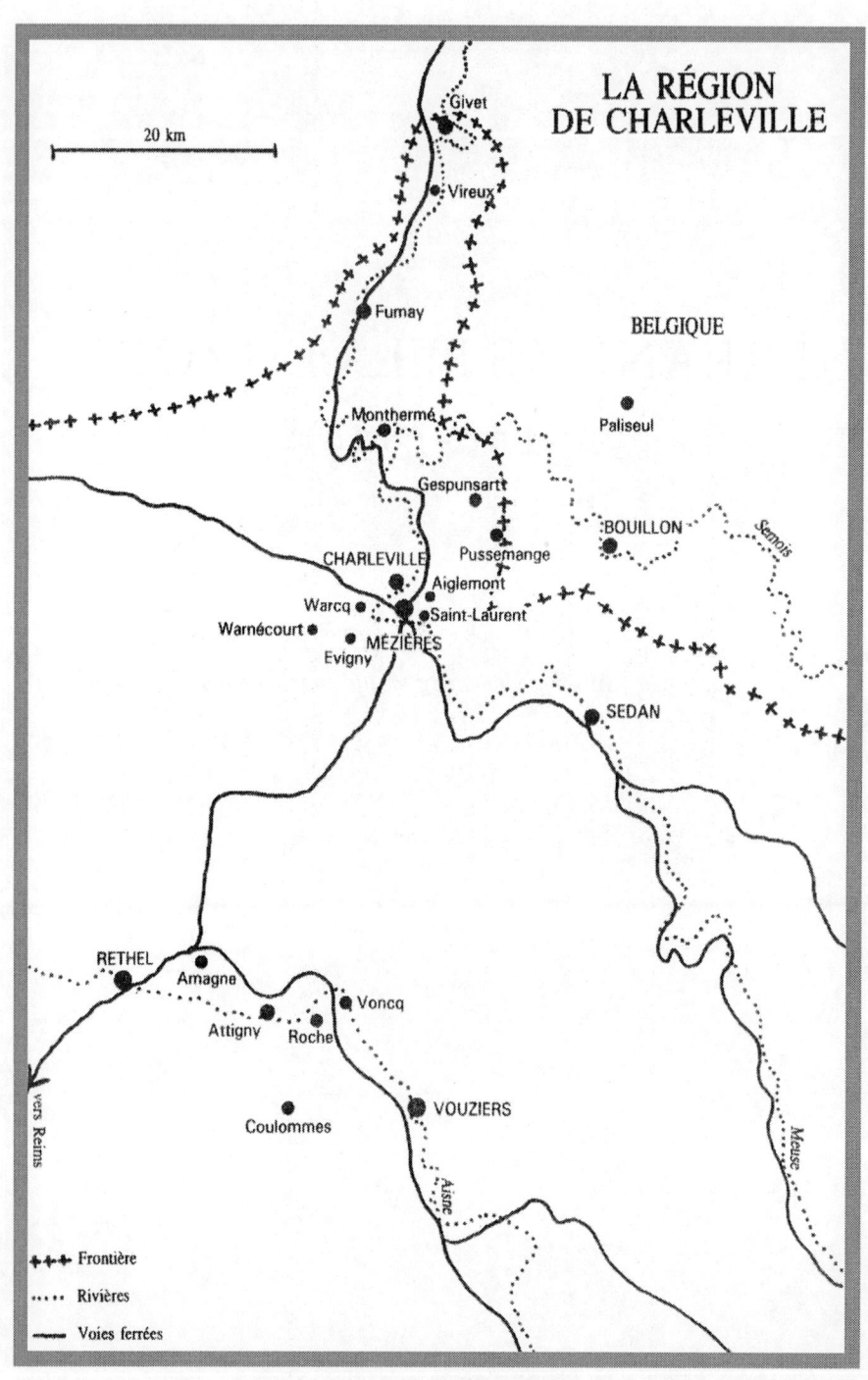

A região de Charleville.

CARTAS DE CHARLEVILLE

❧ Carta ao Príncipe imperial por ocasião de sua primeira comunhão

A primeira obra literária identificada de Rimbaud é uma composição em versos latinos que, em 1868, enviou em carta ao Príncipe herdeiro imperial por ocasião de sua primeira comunhão. À época, R. tinha 14 anos e o Príncipe Louis, 12 anos. Segundo Jean-Jacques Lefrère, é "a primeira marca de arrivismo literário do jovem Rimbaud", tentando obter a atenção e/ou os encômios da autoridade imperial. Infelizmente a carta se perdeu, consumida nas chamas que, na revolução de 1871, destruíram todos os arquivos das Tulherias. Sabe-se de sua existência pelo relato que um estudante de filosofia, Édouard Jolly, contemporâneo de Arthur e Frédéric no Instituto Rossat, fez a seu irmão, Louis, em carta datada de 26 de maio de 1868:

"Você conhece decerto os Rimbault [sic]; um doiles [sic] (o que está agora no 3º ano) acaba de enviar uma carta de 60 versos latinos ao jovem Infante príncipe imperial a propósito de sua primeira comunhão. Ele mantinha isto dentro do maior segredo e não mostrou esses versos nem mesmo ao professor; daí ter cometido certos barbarismos condimentados com alguns versos mancos. O preceptor do Príncipe acaba de lhe responder dizendo que [riscado: *o infante*] *sua Majestade ficara comovido com a carta, que também ele era aluno e lhe perdoava de boa vontade os versos de pés quebrados. Foi uma pequena lição para o nosso Rimbault [sic] que pretendeu dar uma barretada mostrando sua habilidade. O missivista não lhe fez elogios".*

* * *

Carta à "Revue pour tous"

OUTRA CARTA DE R. TAMBÉM PERDIDA FOI A QUE ENVIOU AO Sr. Thomas Grimm, redator de "La Revue pour tous", em dezembro de 1869, encaminhando-lhe o poema *A Consoada dos órfãos*. Sabe-se dela por uma nota, inserida na seção de correspondência daquela revista, que dizia o seguinte:

Sr. Rim..., de Charleville — A peça em versos que o sr. nos enviou não é destituída de mérito e estamos propensos a imprimi-la desde que, por meio de hábeis cortes, seja reduzida de um terço. — Também reveja o quinto verso do terceiro parágrafo que lhe escapou.

Tudo indica que o menino R. tenha agido rápido e seguido a orientação da revista, tanto que o poema saiu no número seguinte, em janeiro de 1870.

* * *

Bilhete a George Izambard

EM JANEIRO DE 1870, GEORGES IZAMBARD, OITO ANOS APENAS mais velho que R., foi designado professor de retórica em seu colégio, em Charleville. Logo atraído pela genialidade do aluno, Izambard guiou-o nas leituras, franqueou-lhe sua biblioteca, ajudou-o na crítica a seus poemas. Nele, R. encontrou o amigo, o confidente, o guia e o pai que lhe faltavam. Esta é a primeira carta materialmente existente de R., na verdade um simples bilhete, deixado na caixa de correio de Izambard, que o conservou entre seus papéis.

Se o senhor tem, e pode me emprestar:
(principalmente) 1º Curiosidades históricas, 1 vol. de Ludovic Lalane, creio.
2º Curiosidades Bibliográficas, 1 vol. do mesmo autor;
3º Curiosidades da história da França, de P. Jacob, primeira série, contendo a Festa dos loucos, o Rei dos Devassos, os Francos-sapadores, Os bufões dos reis de França, (principalmente este)... e a segunda série dessa mesma obra. Virei buscá-los amanhã, por volta das 10 ou 10 e quinze. – Ficarei muito grato. Serão muito úteis.

Arthur Rimbaud.

* * *

Carta a Théodore de Banville

SE NÃO LEVARMOS EM CONTA O SIMPLES BILHETE ANTERIOR, ESTA, endereçada ao poeta Théodore de Banville, um dos editores da revista "Parnasse contemporain", é a mais antiga carta de R. que se encontra preservada. Nela pode-se ver que, na primavera de 1870, o menino de Charleville já não tinha dúvidas quanto à sua vocação de poeta. Na verdade, R. não tinha nem 16 anos quando a escreveu a Banville. A palavra *quase* aparece riscada no manuscrito. A poesia *Sensação* está datada de 20 de abril de 1870; *Ofélia*, de 15 de maio de 1870; e *Credo in unam* (ou seja, *Sol e carne*, em sua primeira versão), de 29 de abril de 1870, seguidas do pós-escrito. A primeira assinada apenas com as iniciais do poeta.
A primeira série das publicações do "Parnasse Contemporain" apareceu em 1866; a segunda, preparada desde 1869, foi retardada pela guerra até 1871; a terceira saiu 1876. R. sonhava, como todos os colegiais, ser publicado, sair do anonimato provinciano. Não esqueçamos que nesse mesmo ano ele já havia conseguido fazer publicar sua *Consoada dos Órfãos* na "Revue pour tous".
Embora R. tenha provavelmente destruído a resposta, tem-se testemunhos de que ela existiu e que provavelmente cumprimentava ou encorajava o poeta; mas os versos não foram publicados. Sem esmorecer, R. continuou mandando seus trabalhos a outras revistas e teve o poema *Trois baisers* ["Três beijos", renomeado "Primeira tarde"] publicado em "Le Charge" de 27 de julho de 1870.

Charleville (Ardenas), 24 de maio de 1870.

Ao Senhor Théodore de Banville,

Caro mestre,
Estamos no mês do amor; tenho *quase* 17 anos.[1] A idade das esperanças e das quimeras, como se diz – e eis que me pus a cantar, criança tocada pelo dedo da Musa – perdão se isto é banal – as minhas crenças

mais puras, minhas esperanças, minhas sensações, todas essas coisas de poetas – a que chamo primavera.

Se lhe envio alguns desses versos – por intermédio do bom editor Alphonse Lemerre – é porque amo todos os poetas, todos os bons Parnasianos – pois ser poeta é ser Parnasiano – enamorados da beleza ideal; e porque o considero, muito candidamente, um descendente de Ronsard, um irmão dos mestres de 1830,[2] um verdadeiro romântico, um verdadeiro poeta. Eis o porquê – é tolo, não é mesmo, mas enfim...

Dentro de dois anos, de um ano talvez, estarei em Paris.

– *Anch'io*,[3] senhores jornalistas, serei Parnasiano! Não sei o que tenho dentro de mim... que quer subir à tona... Afianço-lhe, caro mestre, que sempre adorei as duas deusas, Musa e Liberdade.

Não torça demasiado o nariz lendo estes versos:... o senhor me deixaria doido de alegria e esperança se dispusesse, caro mestre, a conceder à peça *Credo in unum* um pequeno lugar entre os Parnasianos. Eu apareceria na última série do *Parnasse*: seria como o Credo dos poetas!... Ambição! Ó Doidice!

Arthur Rimbaud.

SENSAÇÃO
(vide vol. I, p. 41)

OFÉLIA
(vide vol. I, p. 53)

CREDO IN UNAM...
(vide vol. I, p. 43)

....

29 de abril de 1870.
Arthur Rimbaud.

Teriam lugar tais versos no "Parnasse contemporain"?

— Não exprimem a fé dos poetas?

— Não sou conhecido; que importa? Os poetas são irmãos. Estes versos crêem; amam; esperam: eis tudo.

— Caro Mestre, ajude-me: Levante-me um pouco: sou jovem. Estende-me a mão...

* * *

1. R. escreveu de início "quase dezesseis", depois riscou o "quase". Na verdade só completaria os 16 dali a 5 meses.
2. Mestres de 1830: os poetas românticos da primeira geração, dos quais Victor Hugo foi o expoente máximo. 1830 foi o ano de sua peça "Hernani", em cuja estréia houve um embate entre os poetas clássicos e os românticos.
3. *Anch'io*: expressão italiana ("também eu") atribuída ao pintor Correggio que, diante de um quadro de Rafael, sentindo despertar-se subitamente sua vocação artística, teria dito "Eu também sou pintor".

Correspondência | Arthur Rimbaud

ℬ Carta a Georges Izambard

A 18 DE JULHO DE 1870, A FRANÇA ENTROU EM GUERRA CONTRA a Prússia. Charleville foi invadida por tropas que pretendiam esmagar os prussianos em poucos dias. O professor Izambard resolveu passar as férias em Douai, com suas "tias" Gindre, e para lá seguiu a 24 de julho, sem mesmo esperar pela distribuição dos prêmios escolares, marcada para 6 de agosto. R. ficou desolado com a idéia daquela ausência (único professor jovem com quem se identificava) e queria, insistentemente, também partir. Izambard, percebendo sua aflição, aconselhou-o a acalmar-se e a esperar. Permitiu-lhe usar o quarto que havia alugado, cuja chave deixara com o proprietário, para que o estudante pudesse assim consultar os livros de sua biblioteca. Sentindo-se sem o apoio do professor-amigo, R. endereçou-lhe a carta em que comenta os livros que foi lendo em sua biblioteca:

Charleville, 25 de agosto de 1870.

Senhor,

O senhor é que é feliz por não morar mais em Charleville. Minha cidade natal é supremamente idiota entre todas as cidades pequenas da província. Saiba que a esse respeito não tenho a menor ilusão. Por estar ao lado de Mézières — uma cidade que não se encontra[1] — por ver peregrinar em suas ruas duzentos ou trezentos recrutas, esta bendita população gesticula, ridiculamente fanfarrona, muito diversamente dos sitiados de Metz e de Estrasburgo! Impressionantes os merceeiros aposentados que voltam a envergar o uniforme! Espantoso ver com que animação os tabeliães, os vidraceiros, os cobradores e todos esses pançudos, trabuco ao peito, fazem *patrulhotismo*[2] às portas de Mézières; minha pátria se levanta!... Prefiro vê-la sentada; sem mover as botas! É meu princípio.

Sinto-me deslocado, doente, furioso, estúpido, transtornado; esperava banhos de sol, caminhadas intérminas, repouso, viagens, aventuras, vagabundagens enfim; esperava principalmente jornais, livros... Nada! Nada! Do correio não vem mais nada para os livreiros; Paris nos ignora solenemente! Nenhum livro novo! É a morte! Eis-me reduzido, quanto a jornais, ao respeitável "Correio das Ardenas", proprietário, gerente, redator-chefe e redator único: A. Pouillard! Esse jornal resume as aspirações, os anseios e as opiniões da população; julgue por si mesmo! Bela coisa! Estamos exilados em nossa própria pátria!!!

Por sorte, tenho o seu quarto: — Lembre-se da permissão que me deu. — Levei a metade de seus livros! Peguei "Le Diable à Paris". Diga-me por favor se já houve algo mais idiota que os desenhos de Grandville? — Trouxe "Costal l'Indien", trouxe "La Robe de Nessus", dois romances interessantes. Além disso, que mais dizer-lhe?... Li todos os seus livros, todos; há três dias mergulhei nas "Épreuves", depois nas "Glaneuses[3]", — sim, reli esse volume! — Depois foi tudo... Nada restou; sua biblioteca, minha última tábua de salvação, ficou esgotada!... Apareceu-me o "Dom Quixote"; ontem, passei em revista por duas horas as gravuras de Doré: agora não tenho mais nada!

Envio-lhe versos; leia-os numa dessas manhãs, ao sol, como os escrevi: o senhor não é mais professor, agora, como espero!...

[Aqui há uma parte rasgada]

... pareceu-me que quisesse conhecer Louisa Siefert, quando lhe emprestei seus últimos versos; acabo de conseguir partes de seu primeiro volume de poesias, os "Rayons perdus", 4ª edição. Há ali uma peça muito emotiva e extremamente bela: "Marguerite."

....

Moi, j'étais à l'écart, tenant sur mes genoux
Ma petite cousine aux grands yeux bleus si doux:
C'est une ravissante enfant que Marguerite
Avec ses cheveux blonds, sa bouche si petite
Et son teint transparent...

....
Marguerite est trop jeune. Oh! Si c'était ma fille,
Si j'avais une enfant, tête blonde et gentille,
Fragile créature en qui je revivrais,
Rose et candide avec de grands yeux indiscrets!
Des larmes sourdent presque au bord de ma paupière
Quand je pense à l'enfant qui me rendrait si fière,
Et que je n'aurai pas, que je n'aurai jamais;
Car l'avenir, cruel en celui que j'aimais,
De cette enfant aussi veut que je désespère...
Jamais on ne dira de moi: c'est une mère!
Et jamais un enfant ne me dira: maman!
C'en est fini pour moi du céleste roman
Que toute jeune fille à mon âge imagine...
....
Ma vie, à dix-huit ans, compte tout un passé." [4]

— É tão belo como os lamentos de Antígona, ἀνύμφη em Sófocles.

Tenho as "Fêtes Galantes" de Paul Verlaine, um belo in-doze.[5] É muito extravagante, bem divertido; mas certamente adorável. Às vezes grandes licenças, tais como:

Et la tigresse épou/vantable d'Hyrcanie

[E a tigreza espan/tosa da Hircânia][6]

é um verso desse volume. Aconselho-o a comprar "La bonne Chanson", um pequeno volume de versos do mesmo poeta: acaba de sair pelo editor Lemerre; ainda não li: nada chega aqui, mas vários jornais falam muito bem dele.

Até a vista, mande-me uma carta de 25 páginas – posta-restante – e depressa!

A. Rimbaud

P. S. Em breve, revelações sobre a vida que vou levar depois... das férias...

> Senhor Georges Izambard,
> 29, rua de l'Abbaye-des-Prés,
> Douai (Norte)
> Muito urgente.

* * *

1. R. se refere à insignificância de Mezières, cidade gêmea de Charleville, dela separada pelo rio Mosa. A frase talvez queira dizer que o nome da cidade não é encontrado nos mapas.
2. Palavra-armário criada por R.: patrulha+patriotismo. Em francês ainda se pode notar a intromissão de "trouille", forma coloquial de "medo, susto".
3. *Les Épreuves*, livro de poesias de Sully Prudhomme (1866) e *Les Glaneuses*, de Paul Demeny (1870). O *Quixote*, ilustrado por Gustave Doré, saíra em 1863, e numa segunda edição em 1870. O livro de Louise Siefert, *Les Rayons perdus*, acabara de sair em 4ª edição.
4. [Tradução literal: Eu estava à parte, segurando ao colo/ Minha priminha de grandes olhos azuis tão doces:/ É uma criança encantadora, a Marguerite/ De cabelos louros, a boca pequenina/ E a tez transparente..../ Marguerite é muito nova. Oh! Se fosse minha filha,/ Se eu tivesse uma filha, de cabelos louros e boazinha,/ Criatura frágil na qual eu reviveria,/ Rosada e cândida de grandes olhos indiscretos!/ Surdem lágrimas que quase me transbordam das pálpebras/ Quando penso na criança que me daria tanto orgulho,/ E que não hei de ter, que eu nunca terei;/ Porque o futuro, cruel para tudo quanto amei,/ Quer que também desta criança me desespere.../ Jamais se dirá de mim: eis uma mãe!/ E jamais uma criança me dirá: mamãe!/ Para mim terminou o romance celestial/ Com que toda jovem de minha idade sonha.../ Minha vida, aos dezoito anos, já encerra um passado.]

Tem parecido a todos incrível que R. haja de fato apreciado esses versos piegas de uma escritora de 3ª categoria, ele que, dali a 9 meses, estaria dando uma verdadeira aula de literatura a seu amigo, o poeta Paul Demeny, cujo livro lia nessa ocasião. A explicação mais consistente é a de que o ainda menino R., privado dos carinhos maternos, se vê atraído pelo sentimento de uma mulher que se desespera ante a idéia de não poder ter um filho para cuidar. Essa sensação de abandono, de orfandade se patenteia igualmente no poema *A Consoada dos Órfãos*, composto em 1889 e publicado no ano subseqüente na "Revue pour tous".

5. Curioso notar como R. aos 16 anos já se preocupa com o formato gráfico dos livros que lê: sobre "Festas galantes", de Verlaine, informa a Izambard tratar-se de um belo volume in-12, ou seja, de formato in-duodécimo (com a folha dobrada para formar 24 páginas), em papel écu (folha com o formato 0,40 X 0,52). Além do mais, assinale-se a voracidade com que R. lia: todos os livros, todos — frase que parece um eco do famoso verso de Mallarmé "La chair est triste, hélas! Et j'ai lu tous les livres", mas na verdade é o contrário que acontece, porquanto "Brisa Marinha" foi escrito muito tempo depois da carta de R.

6. O verso das "Fêtes Galantes", de Verlaine, que R. assinala por conter "grandes licenças [poéticas]" está no poema "Dans la Grotte" e se trata de um alexandrino imperfeito, ou seja, que não tem cesura na 6ª sílaba, o que fugia aos rigorosos preceitos da métrica francesa da época. É curioso notar que o autor da crítica irá, alguns meses depois, já em Paris, perguntar a Banville: "O senhor não acha que já está na hora de acabarmos com o alexandrino?". É preciso esclarecer que não há nesse verso qualquer trocadilho (como querem certos comentaristas brasileiros pouco versados em arte poética), nem a menor alusão a "esposo" (*épou*, que seria aliás *époux*), nem muito menos a "gabola" (*vantable*, adjetivo que nem sequer existe em francês). A observação referia-se apenas ao aspecto formal do verso, que fugia aos cânones parnasianos da época.

* * *

Arthur Rimbaud | *Correspondência*

❦ Carta da Prisão de Mazas
(início de setembro de 1870)

Apesar dos conselhos de Izambard para que ficasse em Charleville até o fim de seus estudos (mais dois anos), e contrariando seu propósito de só demandar Paris depois das férias (setembro), R. vende seus livros mais preciosos e toma o trem para a capital a 29 de agosto. Como a linha de Charleville-Paris estava interditada pela guerra, R. terá caminhado de Charleville a Charleroi (90 kms), passando duas noites provavelmente ao relento (o poema "Minha Boêmia" é seguramente uma evocação dessa aventura). Em Charleroi, toma o trem com destino a Saint-Quentin (a 152 km de Paris), pois seu dinheiro não dava para cobrir todo o percurso. Seguindo viagem apesar de tudo, R. é preso ao chegar a Paris, levado à delegacia para prestar declarações e encerrado na prisão-modelo de Mazas, de onde escreve a Izambard, que estava em Douai (a 195 km de Paris). Izambard, certamente impressionado com o tom impositivo da carta, mas também amolecido pela súplica quase lacrimejante de seu discípulo exemplar, que o chama de irmão e pai, toma as providências cabíveis: manda os 13 francos devidos à rede ferroviária e instrui a polícia a despachar o fujão para Charleville ou (caso a linha estivesse cortada pelas operações militares) aos seus cuidados em Douai. Refugiado no solar das irmãs Gindre, R. passa os 20 dias mais tranqüilos e bem tratados de sua vida (terá sido uma reminiscência desse tempo o poema "As catadeiras de piolho" vide I vol. pág. 201). Nessa temporada alegre, R. faz conhecimento com Leon Deverrière e Paul Demeny, amigos de Izambard, o segundo, autor do livro de poemas "Les Glaneuses", que R. já conhecia da biblioteca de Izambard em Charleville. Para esse, copia num caderno, que ficou conhecido como "Recueil Demeny", todos os poemas que havia escrito até então (exceto "Sol e Carne", inegavelmente sua pior composição e rejeitada por ele desde essa época). As cartas endereçadas ao procurador imperial (nessa altura o Império de Napoleão III já havia caído com a vitória dos prussianos), ao delegado de polícia e à mãe se perderam. Coube a Izambard comunicar a Vitalie Cuif o paradeiro do filho fujão, pedindo-lhe instruções. A decisão é o retorno imediato de Arthur a Charleville.

Carta a Georges Izambard

Paris, 5 de setembro de 1870.

Caro Senhor,

O que me aconselhou a não fazer, eu fiz: parti para Paris, abandonando a casa materna! Fiz a viagem no dia 29 de agosto.

Preso ao descer do vagão por não ter um cêntimo e dever treze francos à estrada de ferro, fui conduzido à delegacia e hoje aguardo julgamento em Mazas! Oh! *Confio no senhor* como em minha mãe; sempre o considerei um irmão: peço-lhe instantemente a ajuda que me ofereceu. Escrevi a minha mãe, ao procurador imperial, ao comissário de polícia de Charleville; se o senhor não receber nenhuma notícia minha quarta-feira, antes da partida do trem de Douai para Paris, *tome esse trem, venha reclamar-me por escrito, ou apresente-se ao procurador,* pedindo, *responsabilizando-se por mim,* mediante *pagamento de minha dívida! Faça tudo o que puder,* e assim que receber esta carta, escreva, o senhor também, *ordeno-lhe,* sim, *escreva à minha pobre mãe* (Cais de la Madeleine, 5, Charley) *a fim de consolá-la. Escreva a mim também;* faça tudo isto! Eu o amo como irmão, vou amá-lo como pai.

Aperto-lhe a mão   Seu pobre

Arthur Rimbaud

e se conseguir libertar-me, vai me levar
para Douai junto   [...] Mazas.

Senhor Georges Izambard,
Douai

* * *

Bilhete a Paul Demeny

VITALIE RIMBAUD INSISTE, ACRIMONIOSA, NO REGRESSO DO FILHO, que acaba sendo levado de volta por Izambard e Deverrière, mas antes de partir de Douai para Charleville, R. escreve este bilhete a Demeny, com quem fizera amizade, deixando-o em sua caixa de correio; a nota foi escrita no verso de uma das páginas em que copiara seu poema "Sol e carne":

Venho dizer-lhe adeus e não o encontro em casa.

Não sei se poderei voltar, parto amanhã, bem cedo, para Charleville. — Tenho um salvo-conduto. Lamento profundamente não ter podido despedir-me.

Aperto-lhe a mão com toda a força possível. Grandes esperanças. Vou escrever-lhe — você me responderá? Não?

Arthur Rimbaud

* * *

Carta a Leon Billuart (fragmento)

De volta a Charleville, R. não se demora aí. Em menos de seis dias, já está novamente a caminho de Charleroi, onde pretende empregar-se como jornalista na empresa do pai de um amigo seu, des Essart. Recebendo uma resposta "categoricamente negativa", e retornando a Charleville, relata seu insucesso ao amigo Léon Billuart, seu colega de colégio. Esta carta nunca foi encontrada, e o fragmento acima foi publicado por M. J. Bourgignon e Ch. Houin, na *Revue d'Ardenne et d'Argonne* em 1897. R. havia passado em Fumay, em casa de Billuart, que lhe dera de provisão de viagem uma barra de chocolate.

Charleroi [8 de outubro de 1870].

[...] Ontem jantei aspirando o odor de carne e de aves grelhadas que exalavam os exaustores das boas cozinhas de Charleroi, para depois mordiscar à luz da lua uma barra de chocolate defumado [...]
A Léon Billuart
Fumay (Ardenas).

* * *

༒ Carta a Georges Izambard

DEPOIS DE CHARLEROI, R. ESCAPA ATÉ BRUXELAS, ESTICANDO para Douai e aí encontra novamente Izambard. Uma carta de Vitalie, dirigida a Izambard, faz com que R. regresse a casa, que foi de onde a enviou. Izambard lhe fizera prometer que ficaria quieto em Charleville.

Charleville, 2 de novembro de 1870.

Caro Senhor,

— Assunto pessoal —

Cheguei a Charleville um dia depois de sair daí. Minha mãe recebeu-me e aqui estou... inteiramente ocioso. Ela só me porá no pensionato em janeiro de '71.

Como vê, cumpri minha promessa.

Morro, decomponho-me na platitude, na malvadez, na pasmaceira. Que quer? Obstino-me terrivelmente em adorar a liberdade livre e um monte de coisas "que dão pena,[1]" não é mesmo? Poderia voltar hoje mesmo, se quisesse; arranjaria roupas novas, venderia meu relógio, e viva a liberdade! — No entanto, aqui estou! Aqui estou! e gostaria de partir ainda muitas vezes. Vamos lá, chapéu, capote, as mãos nos bolsos, e rua. — Mas ficarei, ficarei. Não prometi isto. Mas o farei para merecer sua afeição. O senhor me disse. Farei por merecê-la.

O reconhecimento que tenho pelo senhor, não saberia hoje exprimi-lo melhor do que já fiz. Mas vou prová-lo. Se se tratasse de fazer alguma coisa pelo senhor, morreria por fazê-la — dou-lhe minha palavra.

Tenho ainda tantas coisas a dizer...

Este "sem coração[2]" de

A. Rimbaud.

Guerra: nada do assédio a Mézières. Para quando? Aqui não se fala disso. Dei seu recado ao Sr. Deverrière,[3] e se for necessário fazer algo mais, farei. — Daqui e dali, disparos dos franco-atiradores. Abominável prurigem de idiotismo, tal o espírito da população. Ouve-se cada uma, imagine só. É dissolvente.

Senhor Georges Izambard,
Douai.

* * *

1. Palavras de Izambard reprovando a falta de sentimento de R. por abandonar os seus.
2. Deverière, mencionado à frente (3) era professor do Instituto Rossat, em Charleville. Izambard o define como "um erudito e um homem de coração". R. aplica a si mesmo a expressão contrária.

Carta a Paul Demeny

> RIMBAUD PEDE CONSTANTEMENTE A DEMENY QUE LHE ARRANJE um emprego, principalmente de jornalista, ou lhe dê indicações de como chegar a isto. Diante das respostas desencorajantes, resolve demandar Paris novamente. Desta vez, quiçá lembrando-se da prisão de Mazas, vende seu relógio e compra passagem para o trecho completo. Lá permaneceu de 25 de fevereiro a 12 de março de 1871, quando regressa a Charleville, a pé, depois de sofrer com a indiferença dos jornalistas e livreiros parisienses. Na volta, escreve a Demeny, a pretexto de acusar recebimento de uma carta dele, mas certamente para alardear suas andanças pela Capital.

Charleville, 17 de abril de 1871.

Sua carta chegou-me ontem, 16. Agradeço-lhe. – Quanto ao que lhe pedi, que tolo fui! Nada sabendo do que se precisa saber, resolvi não fazer nada daquilo que é preciso fazer, estou assim condenado desde sempre e para sempre. Viva hoje, viva amanhã!

Desde o dia 12 estou esmiuçando a correspondência do *Progrès des Ardennes*:[1] é verdade que agora o jornal está suspenso. Mas consegui apaziguar a boca de sombra[2] por uns tempos.

Sim, o senhor é que é mesmo feliz. – Digo-lhe que há miseráveis que – mulher ou idéia – jamais encontrarão a *Irmã de caridade*.

Quanto ao resto, por hoje, eu o aconselharia a meditar bastante nestes versículos do Eclesiastes,[3] cap. 11-12, tão sapientes quanto românticos: Terá sete arrepios de loucura na alma, aquele que, tendo perdido suas roupas ao sol, gemerá na hora da chuva", mas chega de sapiência e de 1830: falemos de Paris.

Vi algumas novidades na livraria Lemerre: dois poemas de Leconte de Lisle, *Le Sacre de Paris, Le Soir d'une bataille*. – De F. Coppée: *Lettre d'un Mobile breton*. – Mendès: *Colère d'un Franc-tireur*.

—A. Theuriet: *L'Invasion*. A. Lacaussade: *Vae victoribus*. — Poemas de Félix Franck, de Émile Bergerat. — Um *Siège de Paris*, grosso volume de Claretie.

Li por lá *Le Fer rouge, Nouveaux châtiments*, de Glatigny, dedicado a Vacquerie; à venda na casa Lacroix, Paris e Bruxelas, provavelmente.

Na Livraria Artística, — eu procurava o endereço de Vermersch, — pediram-me notícias suas. Eu o sabia agora em Abbeville.

O senhor jamais poderia imaginar que cada livreiro tem o seu *Siège*, seu *Journal de Siège*, — O *Siège* de Sarcey está na 14ª ed.; — e como vi fastidiosas fotografias e desenhos relativos ao *Siège*, nem pode imaginar. Parava nas gravuras de A. Marie, *Les Venguers, Les Faucheurs de la Mort*; principalmente nos desenhos cômicos de Dräner e de Faustin. — Quanto aos teatros, abominação da desolação. — As coisas do dia eram *Le Mot d'ordre* e as fantasias, admiráveis, de Vallès e de Vermersch no *Cri du Peuple*.

Tal era a literatura, — de 25 de fevereiro a 10 de março. — De resto, não lhe faço saber nada de novo.

Neste caso, estendamos a fronte *aux lances des averses* [às lanças da intempérie], a alma à sapiência antiga.

E que a literatura belga nos leve em suas asas [axilas].

Até breve,

A. Rimbaud

Senhor Paul Demeny, Rua Jean-de-Bologne, Douai.

* * *

1. R. arranjara o "bico" de separador da correspondência do jornal local.
2. Vitalie.
3. A citação de R. é fantasiosa.

Correspondência | Arthur Rimbaud

✒ Carta a Paul Demeny

EM NOVA CARTA A DEMENY, R. LHE ENVIA SUA NOVA CONCEPÇÃO, "Coração Logrado", um dos momentos mais altos da poesia rimbaldiana, construído, curiosamente, sob a forma fixa de um triolé (já considerada obsoleta à época), como que demonstrando a possibilidade de exprimir palavras, conceitos e sentimentos novos mesmo sob as roupagens antigas. Izambard não conseguiu compreender o alcance desse "divisor de águas" da poesia de R. e fez um pastiche medíocre do poema, acrescentando que R. estava se encaminhando para o decadentismo e a alienação poética ("a profissão de fé *literaturicida* de um colegial emancipado"). As cartas seguintes se perderam, mas nota-se, em missivas posteriores, que R. já se afasta e ultrapassa inteiramente a influência de Izambard. (Para uma análise mais detalhada deste poema, ver Vol.I – Poesia Completa, pág. 338).

Charleville, [13 de] maio de 1871.

Caro Senhor!

Ei-lo de novo professor. Temos deveres com a Sociedade, o senhor me disse; o senhor faz parte dos corpos[1] docentes: segue o bom caminho. – Eu também sigo um princípio: deixo-me cinicamente *entreter*; desenterro velhos imbecis do colégio; tudo o que posso inventar de estúpido, de baixo, de mau, em palavras e ações, eu lhes transmito: pagam-me em cervejas e pequenas.[2] *Stat mater dolorosa, dum pendet filius,*[3] – Devo dar-me à Sociedade, é justo; – e tenho razão. O senhor também tem razão, por agora. No fundo, o que vê em seu princípio é apenas poesia subjetiva; sua obstinação em retornar à manjedoura universitária – desculpe! – é a prova disso. Mas acabará sempre como alguém satisfeito que nada fez, nem nunca quis fazer. Sem contar que a sua poesia subjetiva será sempre horrivelmente insípida. Um dia, espero – e muitos esperam a mesma coisa – hei de ver em seu princípio a poesia objetiva, e a verei mais sinceramente do que o senhor o faria! Serei um trabalhador: é a idéia que me retém, quando as cóleras loucas me empurram para a batalha de Paris, — onde tantos trabalhadores morrem ainda enquanto eu lhe escrevo! Trabalhar agora, jamais, jamais; estou em greve.

Agora eu me encrapulo o mais possível. Por quê? Quero ser poeta, e trabalho para me tornar *Vidente*: o senhor não está compreendendo nada e eu talvez nem lhe soubesse explicar. Trata-se de chegar ao desconhecido pelo desregramento de *todos os sentidos*. Os sofrimentos são enormes, mas é preciso ser forte, ter nascido poeta, e eu me reconheci poeta. Não é de fato culpa minha. É falso dizer: Eu penso: devíamos dizer pensam-me. — Perdão pelo jogo de palavras.

Eu é um outro. Tanto pior para a madeira que se descobre violino, e ao Diabo os inconscientes que chicaneiam sobre o que ignoram por completo!

O senhor não é *Ensinante* para mim. Mando-lhe isto: será sátira, como diria o senhor? Será poesia? Sempre há de ser fantasia. Mas lhe peço, não sublinhe muito a lápis, nem com o pensamento:[4]

CORAÇÃO LOGRADO
(vide vol. I, p. 153)

Isto não quer dizer nada.[5] — RESPONDA-ME: a/c do Sr. Deverrière, para A. R.

Bom-dia de coração,

Art. Rimbaud.

* * *

1. Evidente mordacidade de R. A expressão comum é no singular: diz-se corpo docente para designar a instituição. Pluralizando, R. reenvia para o conceito de pessoas físicas.
2. Em francês, *filles*, tanto pode significar moças quanto prostitutas. Alguns pesquisadores descobriram que nas Ardenas a palavra se referia também a uma porção menor de cerveja ou simplesmente a um copo de vinho. A dúvida parece proposital, já que R. cultivava os segundos sentidos.
3. *Mater dolorosa*, alusão a Vitalie Cuif, sua mãe. Vide nota (2) da carta anterior.
4. R. submete o poema não ao professor, mas ao amigo, estabelecendo assim um nivelamento intelectual entre ambos, e ao mesmo tempo ironizando o vezo de Izambard de corrigir seus trabalhos com o lápis à mão.
5. A frase é dúbia. Pode significar: "não busque aqui um enredo, biográfico ou não. Isto não quer dizer nada que você possa compreender. Só eu possuo a chave da poesia".

Carta a Paul Demeny

AQUI CHEGAMOS FINALMENTE À FAMOSA CARTA A PAUL DEMENY, amigo de Izambard, a quem R. conhecera em sua estadia em Douai, em casa das "tias" Gindre. Demeny era autor de um livro de poesias "Les Glaneuses", editado em Paris, e R. achava que por intermédio deste também poderia publicar seus versos, daí tê-los copiado num caderno que ficou conhecido como "le Recueil Demeny". R. não tinha grande admiração pela poesia do amigo, que considerava convencional. Na presente carta, "a mais importante de R." (segundo Suzanne Bernard), um verdadeiro ensaio sobre a evolução da poesia francesa e a definição de seus novos ideais poéticos, R. resolve dar-lhe uma lição sobre o que considerava a verdadeira poesia e junta os últimos exemplos de sua produção. À margem dos poemas, escreve "Que rimas! ó que rimas", para chamar a atenção do amigo. Ainda S. Bernard: sobre esta carta "já correram mares de tinta, embora seja necessário recorrer-se permanentemente a esse texto essencial – desajeitado, sem dúvida, cheio de cortes bruscos, onde turbilhonam milhares de idéias e em que um furor iconoclasta se mescla à evocação de leituras recentes: mas que define perfeitamente o programa de uma poesia que se propõe ao mesmo tempo à exploração do ignoto e a uma triunfante marcha em direção ao progresso". Note-se que R. tinha 17 anos incompletos quando a escreveu.

A Paul Demeny,
Douai

Charleville, 15 de maio de 1871.

Resolvi proporcionar-lhe uma hora de literatura nova. Começo logo com um salmo de atualidade:

CANTO DE GUERRA PARISIENSE[1]
(vide vol. I, p. 133)

— Eis um pouco de prosa sobre o futuro da poesia —

Toda a poesia antiga vai dar na poesia grega, Vida harmoniosa. — Da Grécia ao movimento romântico, — idade média —, só temos literatos, versificadores. De Ênio[2] a Teroldo[3], de Teroldo a Casimir Delavigne[4], tudo é prosa rimada, um jogo, aviltamento e glória de inúmeras gerações idiotas: Racine é o puro, o forte, o grande. Se tivessem apagado suas rimas, embaralhado seus hemistíquios, o Divino Tolo[5] seria hoje tão ignorado quanto o último entre os autores de *Origens*.[6] — Depois de Racine, o jogo cria mofo. Havia durado dois mil anos.

Nem pilhéria, nem paradoxo. A razão me inspira mais certezas sobre o assunto do que jamais poderia ter de cóleras um *Jeune-France*.[7] Quanto ao mais, liberdade aos *novos*! de execrar os ancestrais: estamos em casa e temos tempo.

O romantismo nunca foi bem julgado. Quem o julgaria? Os críticos!! Os românticos, que provam muito bem como a canção é raramente obra, ou seja o pensamento cantado e *compreendido* do cantor?

Porque *Eu* é um outro. Se o cobre acorda clarim, nenhuma culpa lhe cabe. Para mim é evidente: assisto à eclosão do pensamento, eu a contemplo e escuto. Tiro uma nota ao violino: a sinfonia agita-se nas profundezas ou ganha de um salto a cena.

Se os velhos imbecis tivessem descoberto algo mais que a falsa significação do Eu, não teríamos de varrer esses milhões de esqueletos que, desde um tempo infinito, vêm acumulando os produtos de sua inteligência caolha, arvorados em autores!

Na Grécia, já disse, versos e liras. Depois disso, música e rimas se tornaram jogos, divertimentos. O estudo desse passado encanta os curiosos; vários se distraem em renovar tais antiguidades: é coisa para eles. A inteligência universal sempre rejeitou essas idéias, é claro; mas muitos homens recolheram uma parte desses frutos do cérebro; agiam segundo eles, escreviam livros com eles; assim andaram as coisas, o homem não se aperfeiçoando, não estando ainda desperto, ou ainda não na plenitude do grande sonho. Funcionários, escritores: autor, criador, poeta – tal homem jamais existiu!

O primeiro estudo de quem aspira a ser poeta é o conhecimento total de si mesmo; buscar sua alma, inspecioná-la, experimentá-la, conhecê-la. Assim que a sabe, deve cultivá-la; isto parece simples: em todo cérebro realiza-se um desenvolvimento natural; quantos *egoístas* que se proclamam autores; há muitos outros que *se* atribuem seu progresso intelectual! – Mas trata-se de tornar a alma monstruosa: à maneira dos *comprachicos,*[8] em suma! Imagine um homem que plante e cultive verrugas em seu rosto.

Afirmo que é preciso ser *vidente*, fazer-se *vidente*.

O Poeta se faz *vidente* por meio de um longo, imenso e racional *desregramento de todos os sentidos*. Todas as formas de amor, de sofrimento, de loucura; buscar-se a si, esgotar em si mesmo todos os venenos, a fim de só lhes reter a quintessência. Inefável tortura para a qual se necessita toda a fé, toda a força sobre-humana, e pela qual o poeta se torna o grande enfermo, o grande criminoso, o grande maldito, – e o Sabedor supremo! – pois alcança o *Insabido*. Por ter, como ninguém, cultivado sua alma, que já era rica, ele alcança o desconhecido, e quando, assombrado, terminar por perder a consciência de suas visões, ele as terá visto! Que se arrebente no salto rumo às coisas inauditas e inumeráveis: outros trabalhadores horríveis virão: começarão pelos horizontes onde o outro sucumbiu!

— Continuação em seis minutos —

Intercalo aqui um outro salmo *fora do texto*: conceda-lhe uma atenção complacente, – e todo mundo ficará encantado. – Tenho o arco em mão, começo:

MINHAS POBRES NAMORADAS[9]
(vide vol. I, p. 137)

Eis aí. E veja bem que, se não receasse fazê-lo desembolsar mais de 60 cent. de porte, – eu, pobre coitado que, há sete meses, não vi sequer uma moeda de bronze! – mandar-lhe-ia ainda meus *Amantes de Paris*,[10] cem hexâmetros, sim senhor, e minha *Morte de Paris*, duzentos hexâmetros![11] –

Recomeço:

Logo, o poeta é um verdadeiro roubador do fogo.

Responde pela humanidade e até pelos *animais*; deveria fazer com que suas invenções sejam cheiradas, ouvidas, palpadas; se o que transmite *do fundo* possui forma, dá-lhe forma; se é informe, deixa-o informe. Achar uma língua;

– Afinal, como toda palavra é idéia, a linguagem universal há de chegar um dia. É preciso ser acadêmico, – mais morto que um fóssil, – para elaborar um dicionário, em que língua seja. Os fracos que se pusessem *a pensar* sobre a primeira letra do alfabeto, poderiam rapidamente mergulhar na loucura! –

Essa língua será da alma para a alma, resumirá tudo: perfumes, seres, sons: pensamento que se engancha a um pensamento e o puxa para fora. O poeta seria o indicador da quantidade de desconhecido despertada em seu tempo na alma universal; daria mais: a fórmula de seu pensamento, a notação de *seu avanço no Progresso*! Enormidade se fazendo norma, absorvida por todos, ele seria verdadeiramente *um multiplicador de progresso*!

Esse futuro será materialista, como vê; – Sempre repleta, de *Número*[12] e de *Harmonia*, essa poesia será feita para ficar. – No fundo, seria ainda um pouco a Poesia grega.

A arte eterna terá suas funções, já que os poetas serão cidadãos. A Poesia não marcará mais o ritmo da ação; ela *estará na frente*.

Esses poetas virão! Quando for quebrada a servidão infinita da mulher, quando ela viver para si e por si mesma, quando o homem, – até então abominável –, lhe tiver dado sua alforria, também ela será poeta! A mulher encontrará o ignoto! Seu mundo de idéias diferirá do nosso? – Ela encontrará coisas estranhas, insondáveis, repelentes, deliciosas; nós as tomaremos, as compreenderemos.

À espera disso, insistamos com os *poetas* pelo *novo*, – idéias e formas. Todos os hábeis estariam convictos de haver satisfeito a essa demanda, – Mas não é isto!

Os primeiros românticos foram *videntes* sem se darem muita conta disto: o cultivo de suas almas começou por acidente: locomotivas abandonadas, mas resfolegantes, que às vezes entram nos trilhos. – Lamartine mostra-se às vezes vidente, mas estrangulado pela forma envelhecida. – Hugo, *cabeçudo demais,* tem muito de VISTO em seus últimos volumes: Os Miseráveis são um verdadeiro *poema.* Tenho Les Châtiments [Os Castigos] à mão; *Stella* dá-nos mais ou menos a medida da *visão* de Hugo. Demasiado de Belmontet e de Lamennais, de Jeovás e de colunas, velhas enormidades cediças.

Musset é catorze vezes execrável para nós, gerações sofredoras e obcecadas pelas visões, – insultadas por sua angelical preguiça! Ó! Os contos e os provérbios insípidos! ó as noites! Ó Rolla, ó Namouna, ó a Taça! Tudo é francês, ou seja odiento ao grau supremo; francês, não parisiense. Mais uma obra desse gênio odioso [o gênio francês] que inspirou Rabelais, Voltaire, Jean La Fontaine, comentado pelo Sr. Taine! Primaveril, o gênio de Musset! Fascinante, o seu amor! Eis aí a pintura a esmalte, a poesia sólida! Por muito tempo a poesia *francesa* será saboreada, mas na França. Qualquer jovem empregado de mercearia é capaz de desembuchar uma apóstrofe à la Rolla;[13] todo seminarista traz suas quinhentas rimas no segredo de um caderno. Aos quinze anos, esses arroubos de paixão põem os jovens no cio; aos dezesseis, já se contentam em recitá-los *com sentimento*; aos dezoito, ou mesmo aos dezessete, todo colegial que tem a possibilidade faz sua Rolla, escreve uma Rolla! Alguns talvez ainda morram por isso. Musset não soube fazer nada: havia visões por trás da gaze das cortinas: ele fechou os olhos. Francês, molenga, arrastado do boteco para a cátedra colegial, o bom morto está morto, e, agora, não nos demos sequer ao trabalho de despertá-lo com as nossas abominações!

Os segundos românticos são muito *videntes*: Th[éophile] Gautier, Lec[onte] de Lisle, Th[éodore] de Banville. Mas como inspecionar o invisível e escutar o inaudito era algo diferente de retomar o espírito das coisas mortas, Baudelaire é o primeiro vidente, rei dos poetas, *um verdadeiro Deus*. Contudo, viveu num meio por demais artístico; e sua forma, tão elogiada, é de fato mesquinha: as invenções do ignoto requerem formas novas.

Afeita às velhas formas — entre os inocentes, A. Reanaud, — fez sua Rolla; L. Grandet, — fez sua Rolla; Os gauleses e os Musset, G. Lafenestre, Coran, Cl. Popelin, Soulary, L. Salles; Os discípulos, Marc, Aicard, Theuriet; os mortos e os imbecis, Autran, Barbier, L. Pichat, Lemoyne, os Deschamps, os Desessarts; Os jornalistas, L. Cladel, Robert Luzarches, X. de Ricard; os fantasistas, C. Mendes; os boêmios; as mulheres; os talentos, Leon Dierx e Sully-Prudhomme, Coppée, — a escola nova, dita parnasiana, tem dois videntes, Albert Mérat e Paul Verlaine, um verdadeiro poeta. — É tudo. Por isto trabalho para me tornar *vidente*. — E terminemos com um canto piedoso

AGACHAMENTOS[14]
(vide vol. I, p. 141)

Seria execrável de sua parte se não me respondesse; logo, porque daqui a oito dias estarei em Paris, talvez.[15]

Até a vista. A. Rimbaud.

* * *

1. Vide análise deste poema à p. 334 do vol. I – Poesia completa.
2. Quinto Ênio, poeta latino (239-169 a. C.), autor do poema épico *Anais*.
3. Teroldo é o suposto autor da *Chanson de Roland* (1100-1125), da gesta carolíngea.
4. Casimir Delavigne (1793-1843), poeta patriótico, tragediógrafo.
5. Jean Racine (1639-1699), o mais célebre tragediógrafo francês.
6. Sob o título de *Origens* estavam saindo obras de historiadores como J. Michelet, E. Renan, E. Quinet, H. Taine.
7. Os Jovens-França, nome dado, por volta de 1830, a um grupo de escritores e artistas que exageraram as teorias da escola romântica, assumindo atitudes excêntricas.
8. Nome dos seqüestradores de crianças, que as mutilavam para fazer delas atrações circenses, e que aparecem no romance de Victor Hugo, *O Homem que ri*.
9. Vide p. 335 do vol. I.
10. Não se tem notícia até hoje dessas duas composições; talvez a segunda viesse a ser *Orgia parisiense*.
11. Verso grego ou latino de seis pés; mas o termo é aqui empregado unicamente como um eufemismo para verso alexandrino.
12. Ritmo poético.
13. Rolla – poema sentimentalóide de Alfred de Musset, muito imitado em sua época.
14. Veja comentário no vol. I pág. 335.
15. Vide comentário à carta de 10.06.1871 ao mesmo Paul Demeny.

Carta a Jean Aicard

DESEJOSO DE OBTER UM EXEMPLAR DO LIVRO DE JEAN AICARD, Les Rébellions et *Les Apaisements*, R. escreve ao autor, jovem poeta de sucesso, por intermédio do editor Alphonse Lemerre. E aproveita para juntar seu poema "Os Alumbrados", certamente para que tanto Aicard quanto o editor pudessem apreciar o avançado estágio em que estava a sua poesia.

Ao Senhor Jean Aicard.

OS ALUMBRADOS
(vide vol. I, p. 95)

Junho 1871 – Arth. Rimbaud
5 bis Cais de la Madeleine, Charleville, (Ardenas)
Um ex. de *Rébellions,* por gentileza do autor.

A. R.

* * *

✍ Carta a Paul Demeny

Charleville, 10 de junho de 1871.

AO QUE PARECE, DEMENY FOI TOTALMENTE "EXECRÁVEL" EM NÃO responder aquela espantosa carta do vidente, de 25 de maio de 1871, pois, passados quinze dias, já R. o "presenteia" com nova missiva pela qual o amigo teve de pagar trinta cêntimos de sobretaxa. Pelo texto desta, percebe-se que R. se dá conta da quase absoluta indiferença com que Demeny tratava a sua obra e se desculpa do engano de ter confiado ao amigo boa parte de sua produção, pedindo-lhe então que a destruísse. Demeny, para glória da poesia, não cumpriu com o pedido, mas ao contrário, guardou bem os poemas, vendendo-os, mais tarde, ao colecionador Darzens.

OS POETAS DE SETE ANOS
(vide vol. I, p. 145)

A. R.
26 de maio de 1871.

OS POBRES NA IGREJA
(vide vol. I, p. 149)

A. Rimbaud.
1871.

Eis um motivo – não se ofenda – para desenhos engraçados: uma antítese às meigas vinhetas perenais em que se entrelaçam os cupidos, em que gotejam os corações circundados de chamas, flores verdejantes, pássaros molhados, promontórios da Leucádia,[1] etc... – Estes triolés, também eles, de mais a mais, irão

Onde as vinhetas perenais,
Os doces versos.[2]

Eis aqui — não se ofenda —

CORAÇÃO DE PALHAÇO
(vide vol. I, p. 153 e 338)

A. R.
Junho de 1871.

Eis o que fiz.
Tenho três pedidos a lhe dirigir:
queime, *assim quero*, e creio que respeitará minha vontade como a de um morto, queime *todos os versos que tive a tolice* de lhe dar por ocasião de minha estadia em Douai: tenha a bondade de me enviar, se lhe for possível e se assim quiser, um exemplar de seu livro *Glaneuses*[3] (Respigadeiras), que gostaria de ler e que me é impossível comprar, já que minha mãe não me obsequiou com uma simples moeda de estanho nesses seis meses, — tenha pena! Enfim, queira por favor responder-me, seja o que for, em relação a esta carta e à precedente.

Desejo-lhe um bom dia, o que é bastante bom.
Escreva para: Sr. Deverrière, 95, nas Alamedas, para

A. Rimbaud.

Senhor Paul Demeny,
Paris.

* * *

1. Promontórios da Leucádia — tema amplamente tratado nas artes plásticas e na literatura da época: a poetisa Safo atirando-se do promontório da Leucádia [uma da ilhas gregas] em desespero por não ser amada pelo jovem Faon.
2. R. parece dar-se conta da tolice que cometeu confiando sua produção poética a alguém que não estava à altura de apreciá-la.

3. Soa estranho esse interesse de R. pelo livro de Demeny, de cujo escasso valor ele decerto estava consciente. É possível que procurasse com isto manter conhecimento com alguém de Paris a quem pudesse recorrer no futuro. Em 28 de agosto daquele mesmo ano ainda enviará outra carta a Demeny.

Correspondência | Arthur Rimbaud

Carta a George Izambard

IZAMBARD, AO DEIXAR O LICEU DE DOUAI, É NOMEADO PARA A cátedra de retórica do colégio de Cherburgo, cidade francesa na costa da Mancha. O tom um tanto gozativo da carta de R. demonstra que, àquela altura, ele já tratava o antigo mestre em pé de igualdade. O pedido de devolução de alguns livros emprestados a Izambard, e que se destinavam à venda para pagamento de dívida, não pôde ser satisfeito porque os livros se encontravam ainda em Charleville, precisamente nas caixas em poder de Deverrière, a que R. faz alusão. A carta, sobre a qual um frasco de cola se havia derramado, apresenta lacunas recompostas de memória, posteriormente, pelo destinatário. Em vez disso, Izambard remeteu a R. a soma de 40 francos para tirá-lo da dificuldade. Presume-se que essa "generosidade" tenha sido motivada pelo receio do professor de que a mãe do poeta, com quem se desentendera quando do retorno de R. de Douai, viesse a denunciá-lo junto ao colégio de Cherburgo como detentor de livros pertencentes a seu filho. Izambard dirá, mais tarde, um tanto amargamente, que R. nunca lhe agradeceu pela remessa.

Charleville, 12 de julho de 1871.

[Caro S]enhor,
[O senhor toma banhos de mar], anda de [barco]... Os boiardos[1] ficaram para trás, já não] os quer [eu o invejo, eu que asfixio na província!].

Além do mais, me imbecilizo horrivelmente e não consigo de modo algum pôr o que seja no papel.[2]

Quero, porém, pedir-lhe algo: uma dívida enorme – de um livreiro – acaba de cair sobre mim, que não tenho um cêntimo no bolso. Preciso vender meus livros. O senhor deve estar lembrado que em setembro de 1870 quando veio – por minha causa –tentar amolecer um coração de mãe endurecido, levou consigo, a meu con[selho, alguns volumes, cinco ou seis, que em agosto eu havia trazido, para lhe ser agradável, à sua casa.]

Pois bem! O senhor faz questão da *Florise*, de Banville, dos *Exiles*, do mesmo? Como tenho necessidade de devolver esses tomos ao meu livreiro, ficaria bastante satisfeito se pudesse reaver esses dois volumes: tenho outros Banvilles em casa; junto com os seus, comporiam uma coleção, e as coleções são mais aceitas que os volumes separados.

O senhor não terá *Les Couleuvres*? Poderei colocá-lo como novo! — Aprecia as *Nuits persanes*? Um título que seria sedutor, mesmo entre os livros de ocasião. Gosta desse volume de Pontmartin? Há literatos por aqui que adquiririam essa prosa. — Aprecia as *Glaneuses*? Os colegiais das Ardenas poderiam desembolsar três francos para zanzar naqueles azuis. Eu saberia demonstrar ao meu crocodilo[3] que a compra de uma tal coleção ensejaria portentosos ganhos. Faria reluzir os títulos obscuros. Garanto que descobrirei uma audácia sedutora nesse comércio de antiguidades.

Se soubesse em que estado minha mãe pode e quer me deixar com minha dívida de 35 francos e 25 cêntimos, o senhor não hesitaria em ceder-me esses livros! Pode enviar-me o pacote aos cuidados do Sr. Deverrière, 95, nas Alamedas, que está ao corrente do assunto e à espera! Reembolsarei as despesas de transporte e fico-lhe incomensuravelmente grato.

Se tiver impressos inconvenientes para uma biblioteca de professor que não lhes faça caso, não se acanhe [de mandá-los]. Mas, rápido, por favor, porque me apressam!

C[ordialmente] e meus agradecimentos antecipados.

A. Rimbaud.

P.S. — Vi, numa carta sua ao Sr. Deverrière, que anda preocupado com suas caixas de livros. Ele está de mandá-las assim que receber suas instruções.

Aperto[-lhe] a mão.

A.R.

Senhor Georges Izambard,
Professor de retórica,
Colégio de Cherburgo
Cherburgo (Mancha).

* * *

1. Boiardos, representantes da aristocracia russa, drasticamente reduzidos por Ivan, o terrível. R. faz alusão ao fato de Izambard ter recusado um cargo de preceptor na Rússia antes de seguir para Cherburgo.
2. A alegação de indolência literária é falsa: esse mês de julho foi para R. um período de intensa criação poética, com a composição de 3 de seus poemas de maior densidade "O Homem Justo", "As Primeiras Comunhões" e "O que dizem ao poeta a respeito das flores" que, no mês seguinte, enviaria a Banville.
3. Crocodilo, tratamento depreciativo do livreiro que lhe cobrava a dívida.

ARTHUR RIMBAUD | *Correspondência*

Carta a Théodore de Banville

A PRINCÍPIO A OPINIÃO CRÍTICA GENERALIZADA ERA A DE QUE esta segunda carta endereçada a Banville fosse uma espécie de tapa de luva de R. por não ter o velho mestre publicado seus versos anteriores no "Parnasse Contemporain". Essa opinião modificou-se mais tarde, e hoje há quase unanimidade em considerar-se respeitosos tanto a carta quanto o poema, já que Banville em sua obra havia várias vezes denunciado a "velharia poética" que estes versos criticam. A pergunta ociosa que R. faz no fim da carta, se teria progredido como poeta, encontra resposta no próprio fato de ter enviado o poema a Banville, no qual preferiu o uso magistral do octossílabo ao colarinho frouxo do alexandrino. Uma análise desse poema pode ser encontrada no vol. I – *Poesia Completa* – pág. 343.

Charleville, Ardenas, 15 de agosto de 1871.

O QUE DIZEM AO POETA A RESPEITO DAS FLORES
(vide vol. I, p. 177)

Alcides Bava.
A. R.
14 de julho de 1871.

Meu caro Senhor e Mestre,

Lembra-se de haver recebido da província, em junho de 1870, cem ou cento e cinqüenta hexâmetros mitológicos intitulados *Credo in unum*? O senhor teve a grande gentileza de responder!

É o mesmo imbecil que lhe envia agora os versos abaixo, assinados Alcides Bava.[1] – Perdão.

Tenho dezoito anos. — Amarei sempre os versos de Banville.
No ano passado tinha apenas dezessete anos!
Terei progredido?

ALCIDES BAVA
A. R.

Meu endereço:
>   Sr. Charles Bretagne[2]
> Avenida de Mézières, Charleville
>   *Para*
>   A. Rimbaud.

* * *

---

1. A carta é assinada com o pseudônimo Alcides Bava, que R. costumava usar, assim como o de Jean Baudry. Bava é decalcado de "baver" (babar), verbo empregado por ele em várias passagens de sua obra.
2. Charles Bretagne, que conheceu Verlaine em 1869, em Fampoux, perto de Arras, mudou-se depois para Charleville, onde era amigo de Izambard, e conheceu R. na primavera de 1870. Sem mais dispor do endereço postal de Izambard e de seu colega professor de retórica Deverriére, R. passou a dar como referência domiciliar o endereço de Bretagne. Foi este quem sugeriu a R. que escrevesse a Verlaine.

Carta a Paul Demeny

ESTA É A ÚLTIMA CARTA CONHECIDA DE R. ENDEREÇADA AO amigo de Izambard que conhecera em Douai e que acreditava pudesse ajudá-lo a publicar seus versos e estabelecer-se em Paris. Demeny nunca levou R. muito a sério e suas respostas são presumivelmente conselhos para que leve uma vida regrada e obediente aos ditames maternos. A carta descreve a situação familiar em que R. se encontrava na ocasião, necessitando afirmar-se junto à mãe pelo exercício de alguma atividade rentável. R. diz-se propenso a isto, embora precise de tempo livre para entregar-se à sua busca do Indizível. Só que não admite empregar-se na província e quer a todo custo buscar trabalho em Paris.

Charleville (Ardenas), [28] agosto de 1871.

Senhor,

O sr. me leva a recomeçar minha choradeira: pois seja. Eis a queixa completa. Procuro encontrar palavras calmas: mas minha ciência da arte não é lá muito profunda. Enfim, vejamos:

Situação do acusado: há mais de um ano, deixei a vida ordinária para me dedicar ao que o sr. sabe.[1] Encerrado sem escapatória neste inqualificável lugarejo das Ardenas, não freqüentando um só amigo,[2] recolhido num trabalho infame, inepto, obstinado, misterioso; só respondendo com o silêncio às perguntas, às apóstrofes grosseiras e maliciosas, mostrando-me digno em minha posição extra-legal, acabei provocando resoluções atrozes de uma mãe tão inflexível quanto 73 administrações de capacetes de chumbo.

Ela quis impor-me um trabalho, — perpétuo, em Charleville (Ardenas)! Arranja um emprego até tal dia, ou rua, me disse.

Recusei essa vida; sem dar minhas razões: teria sido deplorável. Até hoje, consegui contornar as exigências. Ela chegou a isto: desejar que eu parta de qualquer maneira, que eu fuja! Indigente, sem experiência, acabaria por chegar às casas de correção. E, depois disso, silêncio sobre mim!

Eis o lenço de desgosto que me enfiaram na boca. É muito simples.

Não peço nada, peço uma informação. Quero trabalhar livre: mas em Paris, que eu amo. Veja só: sou um andarilho, nada mais; chego na cidade imensa sem quaisquer recursos materiais: mas o senhor me disse: Quem quiser ser operário a 15 soldos por dia, dirija-se a isto, faça aquilo, viva assim. Irei lá, farei aquilo, viverei assim. Pedi-lhe que me indicasse ocupações pouco absorventes porque o pensamento reclama grandes períodos de tempo. Por absorverem o poeta, esses equilíbrios materiais se tornam preciosos. Se estou em Paris, preciso de uma *economia* positiva! O senhor não acha isso sincero? A mim me parece estranho que tenha de lhe assegurar minha seriedade!

Tive a idéia acima exposta: a única que me pareceu razoável: apresento-a sob outra forma. Tenho boa vontade, faço o que posso, falo tão compreensivelmente quanto o pode fazer um infeliz! Por que repreender a criança, que, não dotada de princípios zoológicos, desejasse um pássaro de cinco asas? Acabaria por crer nos pássaros de seis caudas ou três bicos! Bastaria emprestar-lhe um Buffon para as famílias[3]! isso a desenganaria.

Portanto, ignorando o que o senhor poderá escrever-me, corto as explicações e continuo a confiar em sua experiência, sua cortesia que muito abençoei ao receber seu livro, e insisto um pouco a que participe de minhas idéias, – peço-lhe...

O senhor acolheria sem muito fastio algumas amostras do meu trabalho?[4]

A. Rimbaud.

Senhor Paul Demeny,
15 Praça St-Jacques,
Douai (Norte).

1. Ao estado de vidência provocado pelo 'desregramento de todos os sentidos'.
2. Esse isolamento não corresponde de todo à realidade. R. nessa época freqüentava o café Dutherme em companhia de Deverrière e Bretagne, que se divertiam com suas bravatas, "seus vitupérios e seus mais espantosos e escandalosos paradoxos".
3. Buffon (1707-1788), autor, com muitos colaboradores, da famosa "História natural" em 38 volumes, da qual circulava uma edição abreviada "para as famílias". R. quer dizer que o melhor método para abrir os olhos de alguém é permitir-lhe realizar seus sonhos em vez de reprimi-los.
4. Os comentaristas em geral estranham que R. peça permissão a Demeny para enviar-lhe amostras de sua produção, já que as mandara antes em várias oportunidades. Talvez Demeny, receoso de pagar sobretaxas postais com as cartas de R., lhe tenha pedido para não mais lhe enviar poemas.

* * *

INTERMEZZO VERLAINIANO
(1873-1875)

❦

Volte, volte, querido amigo, único amigo, volte.
Juro que serei bom.

[Londres] 4 DE JULHO DE 1873

Verlaine e Rimbaud em Londres (1872), desenho de Félix Régamey.

Correspondência | Arthur Rimbaud

~ Cartas a Verlaine

Os estudiosos da obra-vida de R. estranham não ter ele enviado seus versos a Victor Hugo como faziam todos os jovens poetas da época: Baudelaire o fez, Verlaine também e até o recluso Lautréamont. Mas, em relação a Hugo, tudo indica que R. o apreciasse a princípio, a ponto de imitá-lo e mesmo plagiá-lo, mas, a partir da "carta do vidente", já o chama de "cabeçudo" e acusa sua poesia de estar demasiadamente comprometida com as "velhas enormidades cediças". Daí sua insistência em contatar Banville, que lhe parecia o caminho mais curto para o estrelato parnasiano, e recorrer com freqüência ao seu pseudo-amigo Paul Demeny, que morava em Paris e fora editado pelo já famoso Lemerre. Com o tempo, já o próprio Banville lhe parece ultrapassado, e por isso lhe envia o poema "O que dizem ao poeta a respeito das flores", no qual advoga a necessidade de uma poesia "utilitária", e se descarta de Demeny, que só lhe envia conselhos de morigeração. É nesse estado de espírito que conhece, na primavera de 1870, em Charleville, o jovem coletor de impostos Charles [Pierre-Auguste] Bretagne (1835-1881), que, em companhia de Deverrière, freqüentava o café Dutherme. Embora taciturno, Bretagne era um espírito sonhador, apreciador das artes e da poesia, e havia feito amizade com Paul Verlaine, quando ainda em seu posto anterior, em Fampoux, próximo de Arras. Será ele quem mudará o destino de R. propondo-lhe que escreva a Verlaine, enviando seus versos. R. o faz de imediato, já que, em mais de uma ocasião, manifestara por escrito sua admiração pelo autor de "Festas Galantes". Escreve-lhe inicialmente em agosto de 1871, e logo em setembro envia-lhe outra carta, em que se declara seu admirador entusiasta e lhe confia seu ideal, seus ódios, seu entusiasmo, seu desprezo, tudo quanto sente e deseja realizar. Também ele é poeta. Submete seus poemas ao julgamento de V. Junta à carta *Os Alumbrados, Agachamentos, Os Aduaneiros, Coração roubado, Os Assentados*, recopiados por Delahaye,

com letra miúda e redonda para parecer um texto impresso e apresentar melhor leitura. Alguns dias depois, sem esperar resposta de V., envia-lhe nova carta com outras poesias, *Minhas pobres namoradas, As primeiras comunhões, Paris se repovoa...*
[Tais cartas se perderam; os trechos a seguir foram referenciados por terceiras pessoas]

Fragmento (sem data)

[...] Tenho o projeto de fazer um longo poema, e não posso trabalhar em Charleville. Estou impedido de ir a Paris, por falta de recursos. Minha mãe é viúva e extremamente devota. Ela só me dá dez cêntimos aos domingos para pagar meu lugar na igreja.
[...] Pequena porcaria [...]
[...] menos chato que um Zanetto.[1]
Senhor Paul Verlaine,
Paris.

* * *

---

1. Claude Jeancolas admite que R. tenha usado esse nome para impressionar o parnasiano V., como lhe dando alguma "dica" sobre sua personalidade: Zanetto é o personagem jovem, boêmio e sedutor, da peça *Le Passant*, de François Coppée, cuja estréia, a 4 de janeiro de 1869, causou enorme furor. Sarah Bernhardt, loura, 25 anos, fazia o papel-título, em travesti.

Correspondência | Arthur Rimbaud

✒ Carta "martírica"[1] a Verlaine

Por volta de 10 de setembro de 1871, R. finalmente consegue seu objetivo de morar em Paris. V. e seus amigos se cotizam para enviar uma passagem de trem ao gênio de Charleville. R. segue para a capital, desta vez com a permissão e a bênção da mãe, que espera uma carreira para o filho. [O que foi sua chegada e seu relacionamento com a família Verlaine e o círculo literário parisiense pode ser lido nos "Flashes Cronológicos" (1871/73) do vol. I – *Poesia Completa*.] Seis meses mais tarde, um grande escândalo literário, envolvendo sua amizade com V. e os desentendimentos domésticos deste, forçam R. a regressar a casa entre 2 de março (dia de sua briga com Carjat no jantar dos Villains-Bonshommes) e 15 de março de 1872, presumivelmente quando a esposa de V., Mathilde Mauté, aquiesce na reconciliação com o marido e volta a residir com ele na rue Nicolet (casa dos pais dela). De Charleville, R escreve a V. uma série de cartas, ditas "martíricas" (designação de V.), relatando os sofrimentos pelos quais estaria passando na província por sentir-se abandonado pelo amigo. Tais cartas eram endereçadas, a pedido de V., à mãe deste, mas ele teve a imprudência de guardá-las, depois de sua reconciliação com a esposa, numa gaveta sem chave em casa dos sogros. Mathilde, que encontrou mais tarde essa dezena de cartas, afirma que "eram de tal forma estranhas que pareciam escritas por um louco". Em 31 de janeiro de 1897, seis anos após a morte de R., sua irmã Isabelle escreveu a Mathilde solicitando-lhe que as devolvesse. Resposta de Mathilde: "Na verdade, durante muito tempo, estive na posse das cartas que seu irmão escreveu a Paul Verlaine; mas, após a morte deste último, acabei por destruí-las, com receio de que elas fossem um dia lidas por nosso filho, Georges. Acrescento que as cartas dirigidas a Verlaine por seu irmão Rimbaud em nada poderiam servir à glória deste último. Se sua família e seus amigos as tivessem lido, como eu e meu pai, decerto me seriam gratos por havê-las destruído".

Charleville, abril de 1872.

[...] O trabalho está mais longe de mim do que minha unha está de meu olho. Merda a mim! Merda a mim! Merda a mim! Merda a mim? Merda a mim! Merda a mim! Merda a mim! Merda a mim!

....

Só quando você me vir positivamente comendo merda é que vai achar que não é caro me sustentar!...

* * *

1. Verlaine chama de martíricas as cartas de R. desse período, pois que elas são sempre lamentosas e reclamadoras. Suas respostas procuram ser conciliatórias, agradecendo os poemas que R. lhe enviava e prometendo arranjar em breve o retorno do amigo a Paris. Este se dá nos primeiros dias de maio de 1872, provavelmente no sábado 4.
Nas semanas seguintes, R. procedeu de maneira bastante discreta, evitando quaisquer contatos com pessoas que pudessem assinalar sua presença junto à família Mauté. A reclusão, por uns tempos, num pequeno quarto da rua Monsieur-le-Prince, com vista para um jardim e os dormitórios do liceu Saint-Louis, vai proporcionar a R. o ambiente adequado à criação de seus novos poemas, posteriormente intitulados "Novos Versos e Canções" pelo seu futuro cunhado, Paterne Berichon. A mesma atitude low profile é adotada por V. que, graças à influência de sua mãe, conseguira um emprego no Lloyd belga, de onde retorna habitualmente a casa dos sogros, na rue Nicolet, 14, para o jantar.

Correspondência | Arthur Rimbaud

❧ Carta a Ernest Delahaye

Em outubro de 1871, seu amigo Ernest Delahaye veio visitá-lo em Paris e o encontrara sob os efeitos do haxixe, adormecido sob um banco no *Cercle Zutique*, à época em que R. ali pernoitava. Conta Delahaye: "Despertando à nossa chegada, esfregou os olhos fazendo uma careta, falou que havia mastigado haxixe e acrescentou: 'Achava graça em me passar por um porco'. De volta a Charleville, Delahaye escreve uma carta a R., que lhe responde, quebrando o encantamento do amigo por Paris, que havia visitado pela primeira vez. R. lhe descreve então seu dia-a-dia.

Parmerda, Juinhu[1] [18]72

Meu amigo,

Sim, é surpreendente a existência no cosmorama arduano.[2] A província, onde a gente se nutre de farináceos e lama, onde se bebe vinho da terra e cerveja do lugar, não me desperta nostalgia. Tens, pois, toda a razão de denunciá-la sem parar. Mas aqui neste lugar: destilação, composição, tudo mesquinharias; e o verão opressivo: o calor não é muito constante, mas o fato de ver que o bom tempo está no interesse de todos, e que todos são uns porcos, me faz odiar o verão, que me mata assim que se manifesta. Tenho uma sede de temer gangrena: os rios ardeneses e belgas, as cavernas, eis do que sinto falta.

Bem que há aqui um lugar de bebidas que prefiro. Viva a academia do Absomphe[3] [absinto], apesar da má vontade dos garçons! É o mais delicado e o mais arrepiante dos hábitos, essa embriaguez por virtude da salva[4] [planta] das geleiras, o *absomphe* [absinto]. Mas para, depois, dormir na merda!

Sempre a mesma queixa, ora! O certo é mandar Perrin[5] à merda. E ao balcão do Universo,[6] que esteja em frente à pracinha ou não. Não maldigo, no entanto, o Universo. — Espero fortemente que as Ardenas sejam ocupadas e oprimidas cada vez mais imoderadamente. Mas tudo isto é ainda normal.

O sério é que precisas atormentar-te muito, talvez tenhas razão de ler e caminhar bastante. Em todo caso, tens razão de não te confinares nos escritórios e casas de família. Os embrutecimentos devem realizar-se longe desses lugares. Não quero bancar o vendedor de bálsamo, mas creio que os hábitos não oferecem consolo algum, nos dias miseráveis.

Agora é de noite que eu *traralho*.[7] Da meia-noite às cinco da manhã. No mês passado, o meu quarto, na rua Monsieur-le-Prince, dava para um jardim do liceu Saint-Louis. Havia árvores enormes sob minha janela estreita. Às três da manhã, a vela enfraquecia: todos os pássaros gritavam de uma só vez nas árvores: acabou-se. Basta de trabalho. Precisava ir olhar as árvores, o céu, tomados por essa hora indizível, a primeira da manhã. Eu via os dormitórios do liceu, absolutamente mudos. E já o rumor cadenciado, sonoro, delicioso das carroças pelas ruas. — Fumava meu cachimbo-martelo, cuspindo sobre as telhas, pois meu quarto era numa mansarda. Às cinco horas, descia para comprar pão; era a hora. Os operários se movimentavam para todos os lados. Hora de embriagar nos vendedores de vinho, para mim. Voltava para comer e dormia até as sete da manhã, quando o sol fazia sair os tatuzinhos[8] de baixo das telhas. A primeira manhã de verão, e as tardes de dezembro, eis o que sempre me encantou aqui.

Mas, neste momento, tenho um belo quarto, que dá para um pátio sem fundo mas com uns três metros quadrados. — A rua Victor-Cousin faz ângulo com a praça da Sorbonne na altura do café do Baixo-Reno, e dá sobre a rue Soufflot, na outra extremidade. — Lá, bebo água a noite inteira, mas não vejo a manhã, não durmo, sufoco. É isto.

Certamente será satisfeita sua reclamação! Não se esqueça de cagar no *La Renaisssance*, jornal literário e artístico, se o encontrares. Evitei até agora as pestes de emigrados carapolmerdados.⁹ E merda às estações. E *corragem*.¹⁰

Coragem.

A. R.

Rue Victor-Cousin, Hôtel de Cluny.
a/c Senhor Ernest Delahaye,
Charleville.

1. Parmerde (= Paris de merda). O tom depreciativo em relação a Paris demonstra que R. já não estava deslumbrado com a Grande Cidade, sentia-se mal com o verão e talvez já fizesse planos de ir além. Jumphe (=junho), imitação da pronúncia ardenesa da palavra "juin" (junho).
2. Arduano, ardenense ou ardenês, gentílicos referentes às Ardenas; R. se refere à paisagem (cosmorama) e hábitos de sua província.
3. Essa "Academia" [do Absinto] existia realmente. V., num desenho, designa-a como o "Instituto Pellerier", na rua Saint-Jacques. Era uma cervejaria cujo proprietário, de nome Pellerier, colocou à porta, em fila, 40 barris de cerveja (simbolizando os membros da Academia Francesa) e os cobriu com um pano preto, de luto. Os barris eram destinados a ser abertos sempre que morria um "imortal".
4. A salva ou sálvia é um subarbusto da família das labiadas, que produz um óleo essencial usado em perfumaria. R. chama o absinto (que é extraído de outra planta, a artemisia abshintium) de "salva das geleiras", referindo-se talvez às regiões frias da Europa em que a planta era cultivada.
5. Henri Perrin era o redator-chefe do jornal *Nord-Est*, de Charleville, no qual R. tentou trabalhar e publicar seus versos. Delahaye certamente havia relatado a R. a saída de Perrin da direção do jornal.
6. Nome de um café de Charleville, freqüentado pelos amigos de R.
7. Em francês, *je travaince*, deturpação de *je travaille* (eu trabalho), a que correspondemos com "eu traralho".
8. Tatuzinhos, em francês "colportes", pequenos moluscos também conhecidos por bicho-de-conta e cochonilha-da-umidade. R., que morava numa mansarda, costumava dormir no telhado durante as noites mais quentes do verão e observava nas telhas e caibros o movimento dos bichinhos. Perguntado anos mais tarde, o que fazia nesse telhado, R. informa que fumava seu cachimbo-martelo e observa esses isópodos. E diante da pergunta: "E que faziam os tatuzinhos enquanto você fumava", R. responde: sardonicamente: "Ah! Eles vomitavam".

(9) Os "emigrados carapolmerdanos" eram os amigos e conhecidos que vinham de Charleville. O gentílico de Charleville é carolopolitano. R. deforma a palavra inserindo-lhe um "merde", como fizera em relação a Paris.
(10) R. transforma a palavra "courage" (coragem) em "colrage (col=colarinho+rage=raiva). Tentamos acompanhar a deformação com um "corragem".

* * *

Apesar de comparecer regulamente ao seu novo emprego no Lloyd belga e levar uma vida familiar aparentemente estável, os encontros furtivos de V. com R. se tornam mais freqüentes. No dia 9 de maio, V. chega a casa com as vestes cobertas de sangue. Alega que se feriu praticando esgrima. As mãos apresentam cortes profundos e uma ferida na perna o obriga a mancar. Tendo que ir com Mathilde a um jantar em casa de Victor Hugo, desculpa-se à chegada dizendo sofrer de gota. Muitos anos depois, Mathilde soube a verdadeira razão das feridas, relatada por Charles Cros, que participou da "brincadeira". Estavam ele, V. e R. no café do Rato-Morto, quando R. pediu que pusessem as mãos sobre a mesa, para lhes mostrar uma experiência. Quando V. estendeu as mãos, R. tirando um canivete aberto do bolso espetou-lhe profundamente os pulsos e a palma. Cros teve tempo de retirar as mãos, mas R. investiu contra V. e ainda o feriu na coxa, e este levou algumas semanas para se recuperar.

Com esse tipo de convívio, a situação em casa se deteriora. V. ameaça ferir Mathilde com um punhal, tentando depois queimar-lhe os cabelos. Chega ao cúmulo de ameaçar explodir a casa, deitando fogo às munições do sogro, aficionado da caça. Em 7 de julho, V. sai de casa para ir comprar um medicamento para a esposa que estava com forte dor de cabeça. Logo à saída da rua encontra R. que vinha depositar uma carta para ele em sua caixa de correio. É o próprio V. que narra o episódio ao seu amigo Émile Le Brun, muitos anos depois: "Rimbaud me disse: 'Ia levar-lhe esta carta. Estou farto de Paris. Farto de tudo aqui. Vou para a Bélgica, mas não quero ir só. Você virá comigo. E agora'. Então eu o segui, naturalmente. E naquele dia mesmo partimos para Arras, depois para a Bélgica."

A aventura durou pouco: chegando a Arras de madrugada, os dois poetas foram matar o tempo num café, onde aqueceram a goela. Depois de alguns copos, começaram a falar em voz alta, chamando a atenção dos freqüentadores. Contavam casos escabrosos de estupros, assassinatos, enforcamentos de que haviam participado ou que haviam presenciado em Arras. Pouco depois, surgem dois policiais, advertidos pelos clientes, e os levam para um procurador de justiça que, depois de ouvir muitas desculpas incongruentes dos dois, acaba por mandá-los de volta a Paris. De volta à capital francesa, resolvem então regressar à Bélgica pela fronteira ardenense. Tomam um trem para Charleville, onde vão encontrar Bretagne, o homem do destino, aquele que os havia unido ao indicar a R. o endereço de V. Bretagne arranja-lhes meio de condução até Pussemange, primeira cidade belga, cerca de 15 km de Charleville, para iludir a fiscalização aduaneira, já que R. não tinha passaporte. Em Bruxelas, os dois amigos permanecem cerca de duas semanas, fazendo contato com os inúmeros *communards* ali exilados. Em Paris, Mathilde e o pai procuram em vão pelo desaparecido V., vindo a saber que ele fora ultimamente visto em companhia de R.

Mas será o próprio V. a dar a pista. Escreve uma carta à esposa dizendo estar ausente por uns tempos por temer perseguições políticas, implicações com a Comuna. Sabendo o marido em Bruxelas, em companhia do amigo, Mathilde não hesita: anuncia-lhe que parte para a capital belga no dia seguinte, em companhia da mãe. Ao procurá-lo no Grande Hotel de Liège, a esposa e a sogra de V. ficam sabendo que ele mudara de hotel, mas deixara um bilhete dizendo que ali voltaria à tarde. V. realmente aparece e tudo indica que tenha havido uma reconciliação *au complet*, embora o marido, exibindo o corpo coberto de ferimentos, tivesse confessado à ingênua esposa (Mathilde casou aos 16 anos) que praticava com o amigo um "amor de tigres", o que deixa subentendido um relacionamento sado-masoquista. Fica assentado que o casal, mais a sogra, regressaria a Paris no trem daquela noite, 21 de julho. É possível que V. tenha convencido R. a esperá-lo em Bruxelas, mas a verdade é que R. tomou às escondidas o mesmo trem em que o casal e a sogra embarcaram para Paris. Na fronteira, os passageiros eram obrigados a descer para a verificação de documentos. Quando o trem reinicia a marcha, já Mathilde e a mãe estão no vagão e vêem V. permanecer na plataforma. É a própria Mathilde que relata o episódio: "– Suba depressa! gritou-lhe minha mãe. – Não, vou ficar! respondeu, apertando com o punho o chapéu na cabeça". Dias depois, Mathilde recebe a espantosa carta que a fez desistir para sempre do marido: "Miserável maga manhosa, princesa camundonga, percevejo à espera de unha e urinol, és a culpada de tudo, talvez até de destruir o coração de meu amigo! Vou procurar Rimbaud, se ele ainda me quiser depois da traição que cometi por tua causa".

Sem o que fazer em Bruxelas durante cerca de dois meses, os amigos resolvem partir para a Inglaterra a 7 de setembro de 1872. Vão para Ostende de onde pegam um barco (ébrio?) para Dover. Era a primeira vez que ambos viam o mar!

* * *

As primeiras semanas transcorridas em Londres são de verdadeiro turismo: R. e V. visitam os principais pontos de interesse da capital e procuram fazer contato com refugiados da Comuna de Paris, que lhes eram, em sua maior parte, desconhecidos. Entre eles está Eugène Vermersch, fundador em Paris dos jornais satíricos *Le Père Duchêne* e *Cri du Peuple*, jornalista panfletário e agitador, que R. apreciava e que tentara conhecer em sua 2ª fuga de fevereiro de 1871. Vermersch, que se casará a 5 de setembro de 1872 com uma holandesa, é quem irá ceder a V. e R. o apartamento que ocupava na Howland Street 34. Nessas andanças, que incluem além do *sightseeing*, a passagem pelos *pubs* e albergues, os dois se dão ao luxo até mesmo de freqüentar cabarés e teatros, embora ainda não soubessem nada de inglês. Os estudiosos deduzem desses arroubos econômicos que a saída intempestiva de V. de casa para comprar remédio para a esposa e seu encontro ocasional com R. escondem na verdade uma fuga planejada, já que a Sra. Verlaine, mãe do poeta, estava ciente de seu paradeiro e teria concorrido monetariamente para a viagem e as aventuras subseqüentes. Os dois visitaram inclusive a passagem subterrânea sob o Tâmisa, que se abria junto à Torre de Londres, um pouco abaixo da London Bridge, inaugurada em 1870, por cuja travessia pagaram cada um meio penny. V. descreveu essa travessia, achando que se tratava de um tubo flutuante, imerso na água do rio, quando na verdade a passagem estava cavada na argila do fundo.

Quando o dinheiro acaba, os dois tentam sobreviver dando lições de francês, mas as brigas se tornam cada vez mais constantes. Além disso, V. é ameaçado com um processo de separação de corpos (não havia ainda o divórcio na legislação francesa da época) que lhe move a família Mauté e receia que as cartas de R., que deixara na casa, numa gaveta não fechada a chave, possam servir para incriminá-lo e obrigá-lo a pagar uma polpuda pensão a Mathilde. Então, acontece um fato surpreendente: R. escreve uma carta à mãe, Vitalie, pedindo-lhe que vá a Paris a fim de tentar convencer a família Mauté de não implicá-lo no processo de separação, tratando ainda de recuperar as cartas! Para amenizar o pedido ou dar-lhe uma importância superior, R. diz à mãe que além das cartas há poemas e escritos seus que precisa reaver com urgência para serem publicados. Vitalie, que já havia recebido antes cartas anônimas denunciando o comportamento pouco ortodoxo de R. em Paris em companhia de V. (cartas que se supõem escritas pelo meio-irmão de Mathilde, Charles de Sivry, ou mesmo pela própria Mathilde ou seu padastro) – recebe agora diretamente do filho a confissão de que há documentos que podem incriminar sua conduta. É compreensível que Vitalie tenha destruído essas cartas infamantes, mas é lamentável não ter preservado a carta do filho, totalmente reveladora para os historiadores do futuro. Como de outras vezes, Vitalie não recua na defesa do filho. Ela que nunca saíra de Charleville, senão uma vez, até Sélestat para encontrar o marido militar, entrega a guarda das duas filhas a um pensionato religioso e toma o trem para Paris. Visita inicialmente a Sra. Verlaine, mãe do poeta, e vai em sua companhia enfrentar as duas senhoras da casa Mauté. Mathilde alega que os documentos tinham sido entregues ao advogado que trata da separação, e Vitalie regressa a Charleville sem ter recuperado as tais cartas (que seriam preciosas para os biógrafos!), mais tarde destruídas por Mathilde. Dando conta do fracasso de sua missão, escreve incontinenti ao filho, mandando-lhe o dinheiro necessário para o regresso imediato. R. demora-se em Londres ainda um pouco, certamente por insistência de V., mas sua presença já é assinalada em Charleville nos primeiros dias de dezembro de 1872. Só que essa permanência em Charleville é mais que rápida. V. vendo-se sozinho em Londres, faz-se de doente e escreve a todos, inclusive a Mathilde (que não responde); diz-se à morte, convoca para assistir sua agonia a mãe (que vai), e, por intermédio de terceiros, também R. Este recebe os recursos necessários para a viagem e a 3 de janeiro de 1873 já está de volta a Howard Street, onde chega dois dias depois da sra. Verlaine, mãe, que viajou para lá acompanhada de uma sobrinha. Contudo, a permanência em Londres também não duraria muito. É dessa época a freqüentação assídua da biblioteca do British Museum, onde ambos vão estudar inglês e encontrar os amigos da Comuna. A biblioteca era o lugar ideal, pois os leitores tinham papel e tinta à sua disposição. Mas nos primeiros dias de abril daquele ano é V. que resolve regressar à França para reatar com a esposa. Sem ir diretamente a Paris, recebe em Namur uma carta de Mathilde, que o dissuade inteiramente da tentativa. Então, de Namur, V. vai refugiar-se em Jehonville, na Bélgica, em casa de uma tia paterna, ainda com receio (desta vez bem fundado) da perseguição aos *communards*. O regresso de R. é tido como incerto, não se sabendo se esteve ou não em companhia de V. De seguro, sabe-se apenas que a 11 de abril chega de improviso a Roche, a propriedade rural da família, que será doravante o seu porto seguro, como Charleville o era até então. É desta época a seguinte carta endereçada ao fiel amigo Delahaye, dita a "carta de Laïtou", cuja importância pode ser aquilatada pelo comentário que estampamos no volume II – *Prosa Poética* – págs. 75-81, a propósito dos documentos anunciadores de "Uma Estadia no Inferno".

Carta a Ernest Delahaye
[dita a "Carta de Laitou"]

Laitou[1] (Roches[2]), (Cantão de Attigny) Maio [18]73
Caro amigo, veja minha existência atual na aquarela abaixo.
Ó Natureza! Ó minha mãe![3]

Que chateação! E que monstros de inuncência esses camponeses. À noite, é preciso andar duas léguas,[4] ou mais, para se beber um pouco. A *mother* me meteu num buraco bem triste.

Não sei como sair desta: mas sairei, ao certo. Sinto falta da atroz Charlestown[5], do Universo, da Bibliot., etc... Apesar de tudo, trabalho com bastante regularidade, fazendo pequenas histórias em prosa, título geral: Livro pagão, ou Livro negro[6]. É idiota e inocente. Ó inocência! inocência! inocência, inoc..., flagelo!

Verlaine deve ter-lhe dado a infeliz incumbência de parlamentar com o senhor Devin, impressuor do Noress[7]. Creio que esse Devin poderia fazer o livro de Verlaine[8] a um preço razoável e quase decentemente. (Se não empregar os caracteres emporcalhados do Noress. Seria capaz de inserir um clichê, um anúncio!)

Nada mais tenho a lhe dizer, a contemprostatação[9] da Natureza me o-cu-pa[10] inteiro. Sou teu, ó Natureza, ó minha mãe!

Aperto-lhe as mãos, na esperança de um breve reencontro que apressarei[11] o mais possível.

R.

Reabri a carta. Verlaine deve ter-lhe proposto um entronco[12] no domingo 18, em Boulion.[13] Não vou poder ir.[14] Se você for, ele provavelmente o encarregará de me devolver alguns fraguimentos[15] em prosa, meus ou dele.

A mãe Rimb. retornará certamente a Charlestown em junho próximo, e tratarei de ficar nessa bela cidade algum tempo.

O sol é opressivo e gela pela manhã.

Fui anteontem ver os prussimar[16] em Vouziers, uma sub-prefeitura de 10.000 almas, a sete quil. daqui. Isso me reanimou.

Estou abominavelmente entediado. Nem um livro, um bar a meu alcance, nem um incidente nas ruas. Que horror a vida rural francesa. Minha sorte depende desse livro, para o qual me falta inventar ainda uma meia dúzia de histórias atrozes. Mas, como inventar atrocidades aqui! Não lhe envio as histórias, embora já tenha três, pois isto *custa caro!*[17] Enfim, é isto!

Até breve, você vai ver. Rimb.

Brevemente lhe enviarei selos para que me compre e mande o *Fausto*[18] de *Goethe*, Bibliot. Popular: deve custar um soldo de porte.

Diga-me se não há traduç. de Shakespeare nos novos lançamentos dessa coleção. Se puder mesmo me enviar o catálogo mais recente, envie. R.

Senhor Ernest Delahaye,
Charleville.

1. Pierre Brunel, em sua edição crítica de *Une Saison en Enfer* (Librairie José Corti, 1987), da qual nos valemos para a elaboração da maior parte destas notas, informa que a palavra *Laïtou* é formada de *la* e *itou*, que, em patoá ardenense, significa *também*. *Laïtou* designa, pois, um lugar qualquer. R. exprime à sua maneira a universalidade do tédio, associando essa idéia à de inocência, embora já não acredite naquela "inuncência" dos homens do campo. Já Ivos Margoni consigna a palavra como sendo uma interjeição freqüentemente usada nas canções populares, correspondente mais ou menos ao nosso *tralalá*.
2. *Roches*: R. escreve incorretamente o nome da propriedade rural de sua família – Roche. O erro pode ser atribuído ao fato de que a ambas as grafias corresponde, em francês, o mesmo som (o "s" de Roches não se pronuncia). Sua irmã Vitalie, em seu diário, diz que ele não conhecia bem o lugar.
3. "Ó natureza! ó minha mãe!" serve de legenda ao primeiro desenho feito por ele na carta. Bouillane de Lacoste supõe tratar-se de uma dupla alusão jocosa a Rousseau, que escreve em suas *Confissões*: "Eu exclamava para mim mesmo com enternecida

voz: Ó natureza! ó minha mãe! eis-me inteiramente entregue a ti" e a Musset que, num de seus poemas, usou a mesma expressão: "Ó natureza! ó minha mãe! / Não as terei amado menos?" Na carta de 15 de maio de 1871, endereçada a Demeny, R. afirma execrar a poesia de Musset.

4. Essas duas léguas parecem uma notação imprecisa: o vilarejo de Saint Méry fica cerca de um quilômetro de Roche e a cidade de Attigny a "quatro quilômetros e um hectômetro" [4.100 m], conforme precisa a irmã Vitalie em seu diário.

5. *Charlestown* é evidentemente Charleville, como *a mother* é a mme. Rimbaud. Essa afetação inglesa era, à época de suas estadias londrinas, comum a V. e a R. O mesmo se aplica à linguagem colegial, com subentendidos obscenos e escatológicos na qual a carta é escrita.

6. É a primeira referência que R. faz ao que viria ser *Une Saison en Enfer*.

7. O *Nord-Est* era dirigido por Henri Perrin. Devin era o tipógrafo, medíocre na afirmação de R.

8. Trata-se de *Romances sans paroles*.

9. Palavra-valise para dizer "contemplação", formada de contemplar + próstata.

10. Idem para dizer "me absorvendo". R. contamina a palavra com a intromissão de um *cul,* que nos autoriza a tradução "o-cu-pa inteiro".

11. Equivale a dizer que apressa a mãe a voltar para Charleville.

12. Um encontro. R. troca o *vous* de *Rendez-vous* por *vol* (roubo). Correspondemos com "entronco".

13. Ortografia voluntariamente incorreta de Bouillon, cidadezinha na fronteira belga. V. usava outra: Boglione. Ambas são eufemismos de *couillon e coglione* (colhões).

14. Tudo indica que os amigos não se encontraram durante a permanência de R. em Roche (11 de abril a 24 de maio de 1873).

15. R. Escreve propositadamente *fraguements*.

16. Os prussianos.

17. R. imita as palavras da mãe.

18. R. terá lido posteriormente *o Fausto,* já que a figura de Mefistófeles se entrosa em seu projeto do *Livro negro*. Nas *Iluminações* (Vagabundos), ele falará do "satânico doutor".

* * *

CARTAS DE LONDRES

Como se depreende da carta anterior, o primeiro encontro entre os amigos devia realizar-se a 18 de maio de 1873 em Bouillon, cidade da fronteira belga a 15 km. de Sedan. Mas tanto R. quanto Delahaye, também convidado, não comparecem, transferindo-se a data para 25. Desta vez, o encontro se realiza e é definitivo, pois V. e R. decidem regressar naquele mesmo dia a Londres, seguindo para Liège e Antuérpia, de onde embarcam a 27. Tendo entregue as chaves do antigo apartamento de Vermersch sete semanas antes, quando partiram de Londres, os dois se alojam agora inicialmente em Candem Town (8, Great College Street). Sobrevivendo miseravelmente às custas de remessas de dinheiro provindas da sra. Verlaine, mãe, e de escassas lições de francês e latim que conseguiam dar, os dois amigos voltam às turras, sempre agravadas pelo álcool. Em vários entreveros feriam-se com punhais. Além disso, V. voltou a falar em reconciliação com a ex-esposa. A situação é cada vez mais insuportável. Um dia a coisa explode: V. vem da rua trazendo a magra provisão de uma ceia nada freqüente, quando R., da janela, lhe grita: "Que ar de babaca com esse arenque e a garrafa na mão!" V. reage vivamente e desta vez é ele quem vai embora e deixa Arthur praticamente na miséria. Dizendo-lhe que venda suas roupas e pertences para sobreviver em Londres, parte num fiacre para Saint Katharine's Dock, onde pega um barco que partia rumo à Antuérpia. R., vendo-se de fato abandonado, tenta dissuadir o amigo indo-lhe ao encalço e consegue vencer os 5 km que separam Candem Town do cais, onde chega ainda a tempo de ver o amigo na ponte do navio, pondo-se a chamá-lo com gritos e sinais. Mas V. não voltou a terra. A reação de Rimbaud destrói a constante forte de seu comportamento de até então; é melosa, lacrimogênea, de menor abandonada pelo sedutor:

~ Carta a Verlaine

Londres, sexta à tarde.

Volte, volte, querido amigo, único amigo, volte. Juro que serei bom. Se fui mordaz com você, foi só por besteira e teimosia, arrependo-me mais do que se possa dizer. Volte, que tudo será esquecido. Que desgraça você ter acreditado naquela brincadeira. Há dois dias que não paro de chorar. Volte. Seja corajoso, caro amigo. Nada está perdido. Só precisa tornar viagem. Voltaremos a viver aqui corajosamente, pacientemente. Ah! Eu lhe peço. Aliás, para seu bem! Volte, você irá encontrar todos os seus pertences. Espero que agora saiba bem que nada havia de verdade na nossa discussão. Que momento terrível! Mas, quando lhe fiz sinal para descer do navio, por que você não veio? Vivemos dois anos juntos para chegarmos a isto! Que vai fazer? Se não quiser voltar para cá, quer que eu vá encontrá-lo onde estiver?

Sim, eu estava errado.

Oh não me esquecerá, não é verdade?

Não você não pode me esquecer.

Tenho-o sempre ao meu lado.

Diga, responda a seu amigo, será que não devemos viver mais juntos?

Seja corajoso. Responda-me logo.

Não posso permanecer aqui por muito tempo.

Escute apenas seu bom coração.

Diga logo se o devo encontrar.

Seu por toda a vida.

Rimbaud.

Responda logo, não posso permanecer aqui se não até segunda à noite. Não tenho mais nem um penny, não posso botar esta carta no correio. Confiei a *Vermersch* seus livros e manuscritos.

Se não puder vê-lo mais, me engajarei no exército ou na marinha.

Oh volte, torno a chorar a cada hora. Diga para que eu vá encontrá-lo que irei, diga, telegrafe-me. — Preciso partir segunda à noite, e você, para aonde vai, que vai fazer?

Carta a Verlaine
[5 de julho de 1873]

DO NAVIO, V. LHE TELEGRAFA DIZENDO QUE VAI TENTAR, PELA última vez, reconciliar-se com a esposa e, se não o conseguir, que se matará. Resposta de R.:

Caro amigo, tenho sua carta datada "No mar". Desta vez você está errado, e muito errado. Antes de tudo, nada de positivo em sua carta: sua mulher não virá ou virá daqui a três meses, três anos, sei lá. Quanto a matar-se, eu o conheço bem.

Você irá então, à espera de sua mulher e da morte, se debater, andar por aí, encher as pessoas. Então, você não reconheceu até agora que as cóleras eram falsas tanto de uma parte quanto de outra? Mas foi você quem teve as últimas culpas, porquanto, mesmo depois de minha advertência, você perseverou em seus falsos sentimentos. Acha que sua vida seria mais agradável com outros que não eu: *Reflita!* —Ah! Claro que não!—

Só comigo você pode ser livre e, como juro que serei muito amável no futuro, que lamento toda a minha parte dos erros, que tenho enfim as idéias claras, e gosto muito de você, se não quiser voltar, ou que eu vá encontrá-lo, você comete um crime, *e se arrependerá POR MUITOS ANOS da perda de toda a liberdade, e de dissabores mais atrozes* talvez do que todos os que já provou. Depois de tudo, pense no que você era antes de me conhecer.

Quanto a mim, não voltarei para a casa de minha mãe. Vou a Paris, tentarei partir segunda à noite. Você me forçou a vender todas as suas roupas; não havia outro recurso. Não foram ainda vendidas; só na segunda de manhã é que virão buscá-las. Se quiser me enviar cartas, mande-as para L. Forain, 280 rua St-Jacques, para A. Rimbaud. Ele saberá meu paradeiro.

É claro que, se sua mulher voltar, não o comprometerei respondendo, – não escreverei mais.

A única palavra verdadeira é: volte, quero estar com você, eu o amo. Se ouvir isto, demonstrará coragem e um espírito sincero.

Caso contrário, lamentarei por você.

Mas o amo, o beijo e nos veremos.

Rimbaud.

8 Great College etc... até segunda à noite, ou terça de manhã, se me chamar.

ANEXO I

Carta de Vitalie Rimbaud, mãe de R., a Verlaine

Ao que parece, V. comunicou também a Vitalie Rimbaud, com quem já vinha se correspondendo, sua intenção de se matar caso não conseguisse a reconciliação com a ex-esposa. Em resposta, recebeu uma carta de extraordinário bom-senso, que coloca a Sra. Rimbaud numa posição totalmente oposta à da mãe cruel e castradora, beata e intransigente, que era plausível deduzir-se das referências que R. faz (ou fazia) a seu respeito. Escrita num francês correto, que demonstra seu grau de instrução e leitura, essa carta, segundo François Porché (biógrafo de V.) é de "magnífica elevação moral", e, no dizer de Pierre Petitfills (biógrafo de R.) "digna de ser emoldurada":

Caro Senhor,
No momento em que lhe escrevo, espero que a calma e a reflexão tenham voltado ao seu espírito. Matar-se, infeliz! Matar-se quando se é abatido pela desgraça é uma covardia. Matar-se quando se tem uma santa e terna mãe que daria sua vida pela do senhor, que morreria com sua morte, e quando se é pai de um pequenino ser que hoje lhe estende os braços, que lhe sorrirá amanhã e que um dia terá necessidade de seu apoio, de seus conselhos; matar-se em tais condições é uma infâmia: o mundo despreza quem morre assim, e o próprio Deus não pode perdoar um crime tão grande que o afasta de Seu seio. Senhor, ignoro quais sejam suas desgraças com Arthur, mas sempre previ que a continuidade de suas relações não poderia ser ditosa. Por quê? poderá me perguntar. Porque o que não é autorizado, aprovado pela bondade e honestidade dos pais não deve ser bom para os filhos; vocês, jovens, riem e debocham de tudo, mas não é menos verdade que nós temos a nossa experiência, e cada vez que vocês não seguem nossos conselhos acabam sendo infelizes. Está vendo que não o adulo: jamais adulo aqueles a quem amo. O senhor se lamenta de sua vida infeliz, pobre criança! Sabe acaso o que será o amanhã? Espere então! Como compreende a felicidade aqui na terra? O senhor é racional demais para admitir que a felicidade consiste apenas na realização de um projeto, ou na satisfação de um capricho, de uma fantasia: não, uma pessoa que visse assim todos os seus desejos satisfeitos, todas as suas ambições

realizadas, não seria certamente feliz, pois a partir do momento em que o coração não tivesse mais aspirações não teria mais emoções possíveis e portanto não teria mais felicidade; é preciso pois que o coração bata, e que bata no compasso do bem; do bem que fizemos, ou daquele que nos propomos fazer.

Eu também tenho sido muito infeliz, tenho sofrido muito, chorado muito, mas soube fazer com que todas essas aflições revertessem em meu proveito. Deus me concedeu um coração forte, cheio de coragem e de energia; lutei contra todas as adversidades, depois refleti, olhei ao meu redor e me convenci, bem convencida, de que cada um de nós tem no coração uma chaga mais ou menos profunda, sendo que a minha me parecia mais profunda que as demais, e por isso era natural que eu padecesse o meu sofrimento e não o dos outros. Foi então que achei (e acho todos os dias que tenho razão) que a verdadeira felicidade consiste no cumprimento de todos os nossos deveres, por mais penosos que sejam! Faça como eu, caro senhor: seja forte e corajoso contra todas as aflições, afaste de seu coração todos os maus pensamentos, lute, lute sem tréguas contra o que chamamos de injustiça da sorte, e verá que a infelicidade deixará de persegui-lo e voltará a ser feliz. É preciso igualmente trabalhar muito, dar um rumo à sua vida; certamente ainda terá ainda muitos dias infelizes; mas seja qual for a maldade dos homens, jamais perca a esperança em Deus, o único que consola e cura, creia-me.

Terei grande prazer em receber uma carta da senhora sua mãe.

[À margem] Aperto-lhe a mão e não lhe digo adeus: espero bastante encontrá-lo um dia. V. Rimbaud [6 de julho de 1873].

Carta a Verlaine
[7 de julho de 1873]

DE BRUXELAS, ONDE FOI INSTALAR-SE, V. ESCREVE À SRA. SMITH, sua senhoria, uma carta dúbia, na qual, ao mesmo tempo em que lhe pede para enviar-lhe alguns pertences seus, diz-lhe de sua intenção de voltar a Londres. A carta é obviamente mostrada a R.

Segunda de manhã.

Meu caro amigo,
Vi a carta que você enviou à Sra. Smith.
[Infelizmente é tarde demais.]
Você quer voltar a Londres! Não sabe como todo mundo iria recebê-lo aqui! E a cara que me faria Andrieu e outros, se me voltassem a ver com você. Contudo, serei muito corajoso. Diga-me com toda a sinceridade qual é a sua idéia. Quer voltar a Londres por minha causa? E em que dia? Foi minha carta que o induziu a isto? Mas não há nada mais no quarto. – Tudo foi vendido, menos um casaco. Obtive duas libras e dez. Mas a roupa de cama ainda está na lavadeira, e conservei um punhado de coisas para mim: cinco coletes, todas as camisas, as cuecas, colarinhos, luvas, e todos os calçados. Todos os seus livros e *manus* estão seguros. Vendidos, em suma, apenas suas calças, a preta e a cinza, um casaco e um colete, a mochila e a caixa de chapéu. Mas por que não escreve diretamente a mim?

Sim, meu caro garoto, vou ficar mais uma semana. E você virá, não é mesmo? diga-me a verdade. Terá dado uma mostra de coragem. Espero que seja assim. Fique seguro a meu respeito, vou demonstrar bom gênio.
Seu. À sua espera.

RIMB.

Correspondência | Arthur Rimbaud

* * *

Chegando a Bruxelas a 4 de julho, V. vai instalar-se no Grand Hotel Liègeois onde se hospedara em sua última visita, e de lá escreve uma série de cartas, convocando Mathilde e Mme. Verlaine, e anunciando sua intenção de matar-se caso não consiga a reconciliação com a esposa. Mathilde não aparece, alegando anos depois que nem sequer recebera a carta, mas que não teria ido em hipótese alguma; Mme. Verlaine chega a 5 de julho, e R., a 8, já que V. lhe havia escrito, pedindo-lhe para trazer seus manuscritos. Os três vão hospedar-se no Hôtel de Courtrai, ficando os amigos num quarto e a mãe de V. em outro. A 10 de julho, cansado das simulações e indecisões do amigo, R. resolve ir embora, com destino a Paris, pedindo para isso a Mme. Verlaine que lhe desse vinte francos. De volta de um café, onde beberam e discutiram bastante, V. senta-se no quarto à frente de R., tranca a porta a chave, empunha um revólver (que comprara na véspera) e dispara dois tiros contra ele. Uma bala o atinge no punho. Ajudada pelos hóspedes, Mme. Verlaine consegue penetrar no quarto, onde o filho está "como louco", e conduz o ferido ao Hospital Saint-Jean. De volta do hospital, braço na tipóia, Arthur insiste em partir, Mme. Verlaine lhe dá os vinte francos, enquanto o filho suplica ao ferido que fique. Por fim, os três se dirigem à estação, tendo à frente, a mãe e V., que traz o revólver no bolso; e logo atrás, R., que os segue. De repente V. se volta; R., temendo um novo disparo, corre em direção de um guarda e lhe pede que prenda o amigo. V. é preso, processado e condenado a dois anos de detenção na penitenciária de Mons, onde se converterá ao catolicismo. R. permanece no hospital até a extração da bala, no dia 17, e mais alguns dias em Bruxelas, talvez por ordem do juiz, sendo alojado pela Sra. Verlaine numa pensão, cujo nome da proprietária era Pincemaille (palavra premonitória pois significa "avara, unha-de-fome" no velho francês). É lá que R. acaba sendo retratado a óleo por um desconhecido pintor Jef [Joseph] Rosman, provavelmente outro hóspede da casa. A pintura apresenta um R. "abatido, de expressão estranha, quase alucinada". Finalmente, a 20 de julho, R. retorna a Charleville e se dirige a Roche (a propriedade rural da família), abatido, desesperado. Lá, horas trancado no sótão, escreve entre julho e agosto a prosa abissal de *Une Saison*. Para muitos críticos, eis o ponto final de uma carreira literária.

DEPOIMENTOS DE BRUXELAS
(1873)

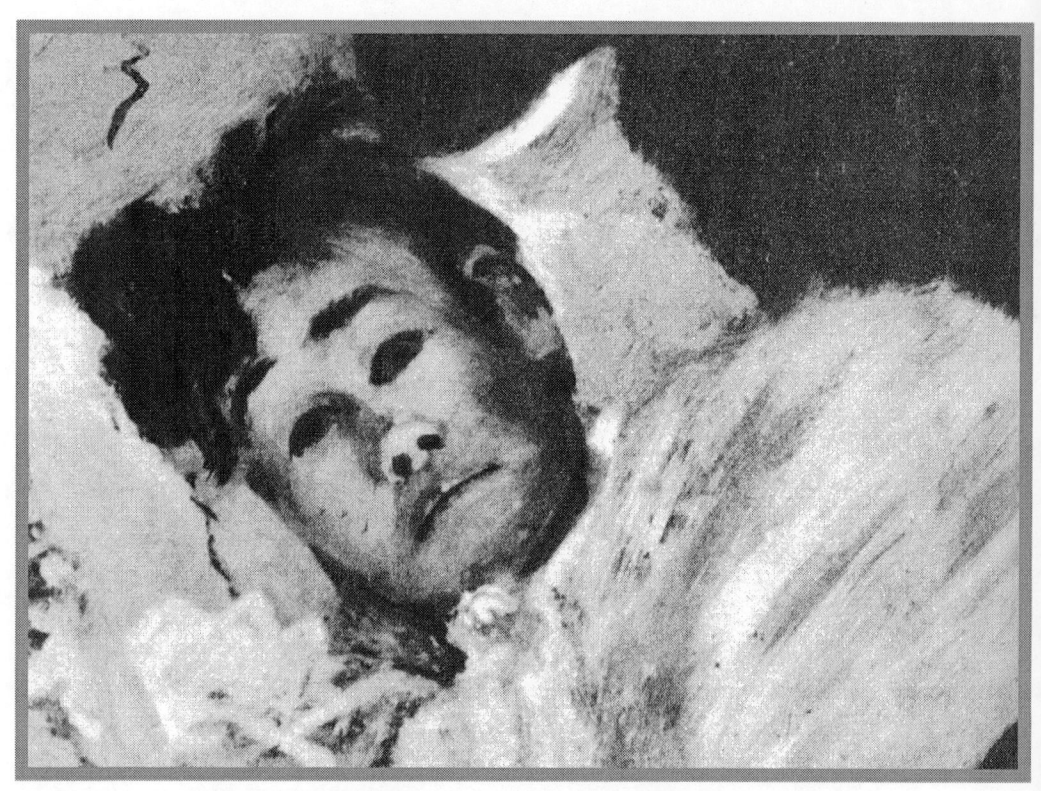

Rimbaud ferido, detalhe de um quadro a óleo de Jef Rosman.

✑ Declaração ao comissário de polícia

10 de julho de 1873 (cerca de 8 horas da noite)

Há dois anos, moro em Londres com o sr. Verlaine. Enviamos correspondências aos jornais e damos lições de francês. O convívio tornou-se impossível, e manifestei o desejo de retornar a Paris.

Há quatro dias, ele me deixou para vir a Bruxelas e me mandou um telegrama para que viesse encontrá-lo aqui. Cheguei há dois dias, e fui me hospedar, com ele e a mãe, na rua des Brasseurs, nº 1. Eu sempre manifestava o desejo de retornar a Paris. Ele me respondia:

"Pois parta, que verá!"

Hoje de manhã, ele foi comprar um revólver nas arcadas das Galerias Saint-Hubert, e na volta me mostrou a arma. Fomos em seguida à Maison des Brasseurs, na Grand'Place, onde continuamos a falar de minha partida. Voltando ao albergue em torno das duas horas, ele fechou a porta à chave, sentou-se diante de mim; depois, armando o revólver, atirou duas vezes, dizendo:

"Toma lá! Vou lhe ensinar a querer partir!"

Os tiros foram disparados a três metros de distância; o primeiro me atingiu no punho esquerdo, o segundo não me acertou. A mãe dele estava presente e me prestou os primeiros socorros. Fui levado depois ao Hospital Saint-Jean, onde me enfaixaram. Estava acompanhado de Verlaine e da mãe dele. Terminado o curativo, voltamos os três para casa. Verlaine continuava me dizendo para não deixá-lo e ficar com ele; mas eu não quis concordar e parti por volta das sete da noite, acompanhado de Verlaine e da mãe. Chegando às proximidades da Praça Rouppe, Verlaine adiantou-se de mim alguns passos, depois voltou-se para mim: vi-o meter a mão no bolso para sacar o revólver; dei meia-volta e corri para trás. Encontrei o agente de polícia a quem dei parte do que me havia acontecido, e este convidou Verlaine a segui-lo à delegacia.

Se esse último me tivesse deixado partir livremente, eu não teria dado queixa contra ele pelo ferimento que me causou.

A. RIMBAUD

* * *

Depoimento ao juiz de instrução

12 de julho de 1873.

Conheci, há cerca de dois anos, o sr. Verlaine em Paris. No ano passado, após desentender-se com a mulher e a família desta, ele me propôs seguir para o estrangeiro em sua companhia; iríamos ganhar a vida de uma forma ou de outra, pois não tenho qualquer fortuna pessoal, e Verlaine só dispunha do fruto de seu trabalho e de algum dinheiro que sua mãe lhe dera. Viemos juntos a Bruxelas no mês de julho do ano passado e aqui permanecemos cerca de dois meses; vendo que nada havia que pudéssemos fazer nesta cidade, partimos para Londres. Lá moramos juntos durante os últimos tempos, ocupando a mesma moradia e dispondo de tudo em comum.

Após uma discussão que tivemos no início da semana passada, discussão nascida de censuras que lhe fiz sobre sua indolência e maneira de agir, relativamente a pessoas de nosso conhecimento, Verlaine me abandonou quase de improviso, sem me comunicar sequer para onde iria. Admiti, contudo, que ele fosse para Bruxelas, ou que passaria por aqui, porquanto havia tomado o barco da Antuérpia. Recebi logo depois uma carta dele datada *"No mar"*, que lhes entregarei, na qual me comunicava que tentaria reconciliar-se com a mulher, e que se ela não atendesse o seu apelo dentro de três dias, ele se mataria; pediu-me também que lhe escrevesse para a posta restante de Bruxelas. Escrevi-lhe em seguida duas cartas nas quais lhe pedia que regressasse a Londres ou permitisse que eu fosse encontrá-lo em Bruxelas. Eu queria que nos juntássemos novamente, pois não tínhamos nenhum motivo de nos separarmos.

Deixei então Londres; cheguei a Bruxelas terça de manhã, e encontrei Verlaine. A mãe dele estava junto. Ele não tinha nenhum projeto definido: não queria ficar em Bruxelas, por achar que não havia nada que pudesse fazer nesta cidade; de minha parte, não desejava retornar a Londres, como ele me propunha, porquanto nossa partida devia ter ocasionado um efeito bastante lastimável no espírito de nossos amigos, e então resolvi voltar para Paris. Verlaine ora manifestava a intenção de me acompanhar, para ir, como dizia, tomar satisfações com a mulher e os sogros; ora recusava acompanhar-me, porque Paris lhe trazia lembranças muito tristes. Andava num estado de exaltação imensa. Contudo não deixava de insistir muito comigo para que permanecesse junto dele: ora estava desesperado, ora entrava em fúria. Não havia qualquer continuidade em suas idéias. Quarta à noite, bebeu além da conta e embriagou-se. Na quinta de manhã, saiu às seis horas; só voltou pelo meio-dia; estava novamente em estado de embriaguez e me mostrou uma pistola que havia comprado, e quando lhe perguntei o que pretendia fazer com ela, respondeu-me brincando: "É para você, para mim, para todo mundo!" Estava excitadíssimo.

Quando estávamos juntos no quarto, ele desceu ainda várias vezes para tomar bebidas; queria sempre me impedir de executar meu projeto de regressar a Paris. Permaneci inabalável. Cheguei a pedir dinheiro à mãe dele para seguir viagem. Então, num dado momento, ele fechou à chave a porta do quarto que dava para o patamar e sentou-se numa caixa que pôs contra a porta. Eu estava de pé, encostado à parede fronteira. Ele me disse então: "Isto é para você, que quer partir!" ou algo desse gênero; apontou a pistola para mim e desferiu um tiro que me atingiu o pulso esquerdo; o primeiro disparo foi quase instantaneamente seguido de um segundo, mas desta vez a arma não estava mais apontada para mim, mas inclinada para o chão.

Verlaine exprimiu em seguida o mais forte desespero pelo que havia feito; correu para o quarto contíguo ocupado pela mãe e atirou-se sobre a cama. Estava como louco: pôs-me a pistola nas mãos e me instigou a que a descarregasse em sua têmpora. Sua atitude era a de profundo arrependimento pelo que lhe havia acontecido.

Por volta das cinco da tarde, ele e a mãe me trouxeram aqui para um curativo. De volta ao hotel, Verlaine e a mãe me propuseram ficar com eles para me tratar, ou de voltar para o hospital até a cura completa. O ferimento me pareceu pouco grave e manifestei a intenção de voltar nessa mesma noite para a França, para Charleville, para a casa de minha mãe. Esta notícia fez Verlaine cair novamente em desespero. A mãe dele deu-me vinte francos para a viagem, e saíram comigo para me acompanhar à estação do Midi. Verlaine estava como louco, fazendo tudo para que eu ficasse; por outro lado, metia constantemente a mão no bolso do casaco em que estava a pistola. Quando chegamos à praça Rouppe, ele adiantou-se alguns passos e depois voltou-se contra mim; sua atitude me fez temer que se entregaria a excessos novamente; voltei-me e fugi correndo. Foi então que pedi a um agente da polícia que o prendesse.

A bala que me atingiu o pulso esquerdo ainda não foi extraída, o médico daqui me informou que dentro de dois a três dias poderá tirá-la.

P: *De que viviam em Londres?*

R: Principalmente do dinheiro que a Sra. Verlaine enviava ao filho. Havia também as lições de francês que dávamos juntos, mas essas lições não rendiam grande coisa, uma dúzia de francos por semana, se tanto.

P: *Sabe o motivo dos dissentimentos entre Verlaine e a esposa?*

R: Verlaine não queria que ela continuasse a morar com os pais.

P: *Ela não invocava também como causa de sofrimento sua intimidade com Verlaine?*

R: Sim, ela nos acusa até mesmo de relações imorais; mas não quero me dar ao trabalho de desmentir semelhante calúnia.

Lido, achado conforme e assinado:

A. Rimbaud, Th. t'Serstevens, C. Ligour.

* * *

∾ Novo depoimento

18 de julho de 1873

Persisto nas declarações que vos fiz anteriormente, ou seja que antes de dar um tiro de revólver, Verlaine fizera toda espécie de instâncias no sentido de me reter junto dele. É verdade que em determinado momento manifestou a intenção de ir a Paris para tentar uma reconciliação com a mulher, e queria me impedir de acompanhá-lo; mas mudava de idéia a cada instante, não se detinha em nenhum projeto. De modo que não posso encontrar qualquer móvel sério ao atentado que ele cometeu contra mim. Além do mais, estava completamente desvairado: em estado de embriaguez, pois havia bebido pela manhã, como aliás tem o hábito de fazer quando está entregue a si mesmo.

Ontem me extraíram da mão a bala de revólver que me feriu: o médico me disse que em três ou quatro dias minha ferida vai sarar.

Espero voltar à França, à casa de minha mãe, que mora em Charleville.

Lido, achado conforme e assinado:

A. Rimbaud, Th. t'Serstevens, C. Ligour.

* * *

~ Termo de renúncia

Eu, abaixo-assinado, Arthur Rimbaud, de 19 anos, escritor, domiciliado habitualmente em Charleville (Ardenas, França), declaro, em nome da verdade, que na quinta-feira, 10 do corrente, por volta das 2 horas, no momento em que, no quarto de sua mãe, me desferiu um tiro de revólver que me feriu ligeiramente no punho esquerdo, o Sr. Paul Verlaine estava em tal estado de embriaguez que não tinha a menor consciência de seu ato.

Que estou intimamente persuadido que, ao adquirir essa arma, o Sr. Verlaine não tinha qualquer intenção hostil contra mim e que não teve premeditação criminosa no ato de fechar à chave a porta do quarto em que estávamos.

Que a causa da embriaguez do Sr. Verlaine era devida simplesmente à idéia das contrariedades com sua mulher, a Sra. Verlaine.

Declaro além disso propor de bom grado e consentir em minha renúncia pura e simples de toda ação criminal, correcional e civil, e desisto desde hoje dos benefícios de toda demanda judicial que seria ou poderia ser intentada pelo Ministério público contra o Sr. Verlaine pelo fato de que se trata.

A. Rimbaud

Sábado, 19 de julho de 1873.

EPÍLOGO

R. vai encontrar em Roche a família entregue às fainas do campo. Com o pulso esquerdo ferido e sem muita aptidão para os trabalhos braçais, passa os dias trancado no sótão ("entre soluços e gemidos", segundo testemunho de sua irmã Isabelle), escrevendo furiosamente para terminar o livro em que depositava tanta esperança ("Minha sorte depende desse livro", havia escrito a Demeny). Ao terminá-lo, já tem o título definitivo: não mais "Livro pagão" ou "Livro negro", mas "Uma Estadia no Inferno", que, segundo alguns, é o relato espiritual do drama pelo qual passou e que agora exorciza e vomita com sua prosa de diamante. Suas relações com a mãe parecem, nessa altura, cordiais, pois Vitalie, talvez agora consciente do gênio que tem em casa, além de não exigir sua participação nos trabalhos agrícolas, ainda incentiva a criação literária do filho. Interessa-se pelo que ele escreve, pede-lhe que leia o livro, quer saber o significado de tudo aquilo. "Quis dizer o que está dito, literalmente e em todos os sentidos". Essa embaraçosa resposta não impede Vitalie de aquiescer em financiar a edição do livro. R. volta a Bruxelas e procura o editor Poot & Cia., cujo estabelecimento teria certamente chamado sua atenção por estar localizado a poucos passos do hospital Saint-Jean, onde esteve internado. A edição será de 500 exemplares, a serem vendidos a 1 franco o volume; mas R., de posse dos seus dez exemplares de autor, jamais retorna ao livreiro para retirar a encomenda, distribuindo-os entre os amigos mais íntimos. O exemplar de V. foi provavelmente enviado pelo correio, e serviu em 1886 para a reedição da obra na revista *La Vogue*. A edição ficou perdida nos armazéns da Poot & Cia. até 1901, quando foram encontrados pelo advogado Leon Losseau, que pesquisava exemplares antigos da revista *Bélgica judiciária*, ali igualmente editada. A lenda que diz ter R. queimado toda a edição numa espécie de auto-de-fé ficava assim renegada. O que é certamente possível seria a queima dos restantes exemplares de autor (ele distribuiu cerca de seis ou sete apenas) por não lhe parecer que o livro pudesse interessar a mais ninguém. Curioso é que a família não recebeu ou não conservou nenhum exemplar da obra tão duramente concebida e tão surpreendentemente financiada.

Não se sabe onde R. passou o inverno de 1873-1874. Sabe-se que esteve brevemente em Paris, onde travou conhecimento com o poeta Germain Nouveau (outro louco, outro andarilho), e, desejando aprofundar seus conhecimentos de inglês para empreender grandes viagens, seguiu em companhia deste, em fins de março de 1874, para Londres, onde viverá por todo aquele ano dando lições de francês em vários colégios na Inglaterra e na Escócia. Alguns comentaristas datam dessa época *As Iluminações* – para outros o livro mais importante de Rimbaud.

A associação dura pouco, mas tudo indica que os dois amigos se separaram em bons termos; em junho desse ano, Noveau já está de regresso a Paris. Por essa época, R. esteve hospitalizado e, talvez por essa razão, tenha sugerido à mãe que o viesse visitar em Londres. Esta e a filha (também de nome Vitalie) chegam em princípio de julho e com ele passarão todo o mês. O regresso de ambas coincide com o emprego, provavelmente de professor de francês, que R. consegue nas imediações de Londres, onde é quase certo que tenha permanecido até o final daquele ano. São obscuras as informações que se têm desse período, mas, em janeiro de 75, R. regressa a Charleville e vai, logo após, para Stuttgart, a fim de aprender alemão e trabalhar como preceptor da família Lübner. É possível que, depois de ter aprendido inglês, R. quisesse acrescentar outro idioma ao seu currículo com vistas a ser intérprete, guia de viagem ou mesmo arranjar outra atividade profissional. É em Sttutgart que Verlaine, após cumprir a pena reduzida para um ano e meio e ter-se convertido ao catolicismo, vai encontrá-lo para o conduzir ao bom caminho.

Carta a Ernest Delahaye

[Stuttgart] de fevereiro de [18]75.

Verlaine chegou aqui um dia destes, um terço nas garras... Três horas depois já havíamos renegado seu deus e o feito sangrar as 98 chagas de N. S. Passou aqui dois dias e meio, muito moderado e seguindo minha *remonstração*[1] retornou a Paris para, em seguida, acabar indo estudar *lá na ilha*.[2]

Só me resta uma semana de Wagner[3] e deploro esse dinheiro que paga o ódio, todo esse tempo perdido para nada. No dia 15 terei Ein freundliches Zimmer[4] não importa onde, e estraçalho a língua com frenesi, tanto e tanto que terei terminado em dois meses o mais tardar.

Tudo aqui é inferior, exceto uma coisa: Riessling,[5] por isso te kovido a beberr uma kopa no frente dos kolinas que te firam naxer, à tua saúde imperbeduosa.[6] Faz sol e gela, é uma chatura.

(Depois do dia 15, posta restante de Stuttgart.)
    Teu.

                                Rimb.

---

1. R. altera o sentido da palavra "demonstração" aplicando-lhe um "re" inicial que a transforma numa negativa veemente e determinada. Depreende-se que a tentativa de conversão acaba sendo um tiro pela culatra, já que R. diz ter feito V. renegar seu deus. Tudo indica – diversamente de outros relatos pouco confiáveis – que a separação se fez em termos cordiais, já que V. parte levando consigo os originais das "Iluminações" para entregá-los a Germain Nouveau com vistas à impressão.
2. R. aconselha V. a voltar para a Inglaterra, o que este faz quase em seguida ao perceber o mau acolhimento que teria junto aos artistas de Paris.
3. Há várias explicações para esta palavra, talvez a mais cabível seja de que se trate do nome da rua (Wagnerstrasse) em que R. morava e donde se transfere pouco depois para a Marienstrasse, 2.

4. Esse "quarto tranqüilo" a que R. se refere será precisamente o que viria a ocupar na Marienstrasse.
5. Riessling, famoso vinho branco alemão produzido no vale do Reno e do Mosela.
6. R. faz em seguida toda uma frase imitando a prosódia alemã.

* * *

PRIMEIRAS VIAGENS
(1875-1878)

As pessoas não habituadas ao espetáculo das montanhas aprendem também que uma montanha pode ter picos, mas o pico não é a montanha.

GÊNOVA, 17 de NOVEMBRO DE 1878

O passo do São Gotardo, que Rimbaud descreve em sua carta de 17.11.1878

"A partir de 1875, durante três ou quatro anos, a vida de R. será uma sucessão de viagens e permanências mais ou menos prolongadas em países estrangeiros, na Europa ou em regiões mais longínquas. Até 1874, suas peregrinações fora da Europa limitavam-se à Bélgica e ao Reino Unido. Antes de se fixar em países limítrofes do Mar Vermelho, R. iria percorrer várias regiões (...) Essas peregrinações não foram sem tréguas porque eram regularmente entrecortadas por pausas na casa materna, e tinham cada qual um desígnio preciso: (...) os primeiros deslocamentos tiveram um fim essencialmente lingüístico. Nos anos seguintes, tenderam todos para um único fim: conseguir uma colocação, estabelecer-se." (Jean-Jacques Lefrère)

R. partiu de Charleville para a Alemanha (Stuttgart) a 13 de fevereiro de 1875 e lá permaneceu cerca de dois meses e meio. A viagem e estadia foram financiadas pela mãe, que via com bons olhos esse aprendizado de línguas, denotativo de que o filho pretendia arranjar um emprego de guia, intérprete ou professor.

Carta aos seus

17 de março de 1875.

Caros amigos,

Não quis escrever antes de ter um novo endereço. Hoje acuso o recebimento de sua última remessa de 50 francos. E aqui vai o modelo para enviar cartas ao meu endereço:

Wurtemberg,
Senhor Athur Rimbaud
2, Marien Strasse, 3 tr.
       Stuttgart.

"3 tr." significa 3º andar.

Tenho aqui um quarto bastante grande, bem mobiliado, no centro da cidade, por dez florins, ou seja 21 francos e 50 cêntimos, serviço incluído; e me oferecem pensão por 60 francos ao mês: mas não tenho precisão, de resto: essas pequenas vantagens acabam sempre em trapaça e sujeição, por mais econômicas que pareçam. Vou ver se consigo me manter até 15 de abril com o que me resta (ainda 50 francos), quando irei precisar de adiantamento: pois, ou devo ficar por mais um mês para exercitar-me bem, ou porei anúncios procurando colocações que, se resultarem (viagem, por ex.) vão requerer algum dinheiro. Espero que achem moderado e razoável. Procuro absorver as maneiras daqui por todos os meios possíveis, procuro informar-me; mesmo assim sofro bastante com o gênio deles. Saúdo o exército,[1] espero que Vitalie e Isabelle estejam bem, peço que me avisem se quiserem alguma coisa daqui, e sou seu dedicado.

A. Rimbaud.

Para Charleville

---

1. R. se refere ao irmão Frédéric, que havia se alistado no Exército.

* * *

Correspondência | Arthur Rimbaud

~ Carta à irmã Isabelle *[fragmento]*

R. PARTIU DE CHARLEVILLE PARA STUTTGART A 13 DE FEVEREIRO de 1875 e lá permaneceu cerca de dois meses e meio, ao fim dos quais, sem avisar a família, põe-se em marcha em direção da Itália, com o mesmo fito de estudar a língua. Após cruzar a Suíça de trem, tendo o dinheiro acabado, empreende a travessia dos Alpes a pé. De uma das etapas, escreve por fim à irmã:

[...] Estou num belo vale que me conduzirá ao lago Maior e à velha Itália. Dormi no coração do Ticino[1] numa granja solitária onde ruminava uma vaca ossuda que aquiesceu em me ceder um pouco de sua palha [...]

---

1. Região montanhosa da Suíça, na vertente meridional dos Alpes.

ARTHUR RIMBAUD | *Correspondência*

Carta a Ernest Delahaye

Passando pelo Lago Maior, R. chega a Milão, cansado e sem recursos, onde é recolhido por uma "senhora caridosa", referida por V. numa carta como *una vedova molto gentile*. Aí passa algum tempo a fim de recuperar forças e seguir para a Espanha, onde pretende se alistar no exército carlista. Atravessa a Lombardia e chega a Livorno, mas sofrendo de insolação no caminho de Siena, é internado graças ao cônsul francês num hospital de Livorno e em seguida repatriado a 15 de junho para Marselha. Em vez de seguir para Charleville, talvez temendo as diatribes da mãe, R. se dirige a Paris, onde teria arranjado emprego de répetiteur (explicador, professor particular) na Maison-Alfort. A mãe e as duas irmãs vêm visitá-lo, pois a jovem Vitalie sofre de uma sinovite (inflamação das articulações) que requer tratamento. Sabe-se que, nessa ocasião, R. procurou a Sra. Verlaine (mãe), que estava ausente. Em outubro, R. regressa a Charleville. Daí, escreve a Delahaye, então professor em Soissons, a 103 km de Paris. Os termos da carta permitem afirmar que R. tinha nessa altura o projeto sério de estudar ciências. A carta contém ainda o que se considera o último poema de R. (se assim puder ser chamada a simples brincadeira):

14 outr. [18]75.

Caro amigo,

Recebi o Postcard e a carta de V.[1] há oito dias. Para simplificar tudo, instruí o Correio para me enviar as cartas para cá, de modo que podes escrever-me para aqui, caso não haja nada na [posta] restante. Não comento as últimas grosserias do Loyola,[2] e não me dou a qualquer trabalho atualmente nesse sentido, já que tudo indica a 2ª "porção" do "contingente" da "classe de '74" vai ser chamada[3] a três de novembro seguinte ou próximo: a caserna de noite: "Sonho[4]"

> On a faim dans la chambrée —
> C'est vrai...
> Émanations, explosions. Un genie:
> "Je suis le Gruère! —
> Lefêbvre: "Keller!"
> Le Génie: "Je suis le Brie! —
> Les soldats coupent sur leur pain:
> "C'est la vie!
> Le Génie. — "Je suis le Roquefort!
> — Ça s'ra nt'mort!...
> — Je suis le Gruère
> Et le Brie!... etc.
> — Valse —
> On nous a joints, Lefêbvre et moi...
> etc...

Preocupações desse gênero só nos permitem absorbeber.[5] Contudo, despedir cortesmente, segundo as ocases,[6] os "Loyolas" que replicarem.

Um pequeno favor: pode me dizer precisamente e de modo conciso — em que consiste o bacharelado atual em ciências, parte clássica e matem., etc., e quais os títulos, de imediato, (e os meios de consegui-los) dos livros utilizados em seu colégio; por ex. para esse "bacharelado", os livros que seriam os mesmos para as várias universidades; em todo caso, com professores ou alunos competentes, informar-se sobre o ponto de vista que lhe dou. Atenho-me sobretudo a coisas precisas, dado que a aquisição desses livros se fará proximamente. Instrução militar e bacharelado, como vê, me proporcionariam duas ou três agradáveis temporadas! Ao diabo, pois, esse "gentil labor". Tenha apenas a bondade de me indicar a melhor maneira possível de entrar nessa.

Aqui nada de nada.

Agrada-me pensar que o Petdeloup[7] e os melosos cheios de feijões patrióticos[8] ou não, não lhe dêem mais distrações que o necessário. Pelo menos não fede tanto a neve, como aqui.

Seu "na medida de minhas forças".

Escreva para:

A. Rimbaud.
31, rua St. Barthélémy,
Charleville (Ardenas), é claro.

P. S. — A correspondência clandestina chega ao ponto de ter o "Némery"[9] confiado os jornais do Loyola a um *agente da polícia* para mos trazer!

Senhor Ernest Delahaye, Rethel.

---

1. Postcard, em inglês = cartão postal. R. e V. continuam se correspondendo, embora em termos cada vez mais acrimoniosos.
2. Ref. a Santo Inácio de Loyola, fundador da Companhia de Jesus, termo empregado aqui para designar a beatice de V., que se havia tornado católico e tentara em vão converter R.
3. Embora o irmão Frédéric estivesse servindo o Exército, ficando assim R. dispensado do serviço militar, ele (a 2ª porção) devia, no futuro, apresentar-se à sua circunscrição.
4. R., nesses versos burlescos, imagina-se na caserna sentindo o odor mefítico dos outros recrutas, suas emanações e flatulências. Tradução literal: *Tem-se fome na caserna — / É verdade... / Emanações, explosões. Um engenheiro militar: /"Eu sou o Gruère! — / Lefèbvre: "Keller!" / O Engenheiro: "Eu sou o Brie! — / Os soldados cortam o pão: /"É a vida! / O Engenheiro: — "Eu sou o Roquefort! / — Vai ser nossa morte!... / — Eu sou o Gruère / E o Brie!... etc. / — Valsa — / Nos juntaram, Lefèbvre e eu... / etc..* A palavra Gruyère (nome de um queijo suíço) aparece deformada como se fosse um nome próprio. O mesmo ocorre com Keller, que, lido à francesa (oxítono) torna-se um sintagma de *Quel air!* (Que ar!). No manifesto *Situação Surrealista do Objeto. Situação do Objeto Surrealista* (1935), André Breton assim se refere a este que chama de "último poema" de Rimbaud: "triunfo absoluto do delírio panteístico, onde o maravilhoso desposa o trivial sem obstáculos".

5. Mais uma de suas deformações habituais, aqui uma junção de absorver+beber.
6. Abreviação de ocasiões.
7. Literalmente, "peido de lobo". Nome de um personagem de história em quadrinhos, pelo qual R. designa o reitor do colégio de Delahaye em Soisson.
8. Os alunos do colégio, que se alimentavam essencialmente do feijão local (a qualidade "soissons" era muito reputada).
9. Deformação de Hémery, colega de colégio de ambos, mais tarde secretário da Prefeitura de Charleville.

* * *

Arthur Rimbaud | *Correspondência*

✒ Carta *(em inglês)*
ao Consulado Americano em Bremen

R. PASSOU O INVERNO DE 1887 EM CASA DA MÃE, DEDICADO AO estudo de línguas estrangeiras, mas em maio já se encontra em Bremen, que era na época a principal cidade alemã de emigração para os Estados Unidos. Certamente com essa intenção é que tenta engajar-se na marinha norte-americana, endereçando o seguinte currículo ao cônsul dos Estados Unidos naquela cidade:

Bremen the 14 mai 77.

The untersigned Arthur Rimbaud – Born in Charleville (France) – Aged 23 – 5 ft. 6. height – Good healthy, – Late teacher of sciences and languages – Recently deserted from the 47th Regiment of the French army, – Actually in Bremen without any means, the French Consul refusing any Relief, –

Would like to know on which conditions he could conclude an immediate engagement in the American navy.

Speaks and writes English, German, French, Italian and Spanish.

Has been four months as a sailor in a Scotch bark, from Java to Queenstown, from August to December 76.

Would be very honoured and grateful to receive an answer.

John Arthur Rimbaud

[O abaixo-assinado Arthur Rimbaud – Nascido em Charleville (França) – 23 anos – Estatura 5 pés e 6 – Em boas condições de saúde – Ex-professor de ciências e línguas – Recentemente desertado do 47º Regimento do Exército francês, – Atualmente em Bremen sem meios de subsistência, recusando-se o Cônsul francês a qualquer auxílio].

Gostaria de saber em que condições poderia conseguir um imediato engajamento na Marinha americana.[1]

Fala e escreve inglês, alemão, francês, italiano e espanhol.

Serviu quatro meses como marinheiro num barco escocês, de Java a Queenstown, de agosto a dezembro de '76.

Ficaria honrado e agradecido de receber uma resposta.

John Arthur Rimbaud]

---

1. A petição de R. seria normalmente recusada, já que só eram admitidos norte-americanos natos na marinha de guerra. Os estudiosos especulam sobre o fato de ter ele próprio se desclassificado dizendo-se desertor (que de fato era, mas não do 47º regimento, onde serviu seu pai. Vingança inconsciente?)

* * *

Carta aos seus familiares

De Bremen, segue para Hamburgo onde ingressa na companhia circense Loisset (Le Cirque de Paris), que em seguida excursionará pela Escandinávia. Entre outras pequenas tarefas, deve ter trabalhado como intérprete. Após umas poucas semanas, depois de conhecer Copenhague e Estocolmo, R. deserta. Recorrendo, como de hábito, ao consulado francês, encontra desta vez melhor acolhida e é repatriado para o Havre, de onde segue (provavelmente a pé) para Charleville.
Em nova tentativa, decide seguir para a Alexandria, onde seria fácil achar trabalho na construção do canal de Suez. A caminho do Egito, adoece a bordo e, febril, é desembarcado em Civita-Vecchia; o médico diagnostica inflamação das paredes internas do abdômen em conseqüência de caminhadas em excesso. Após alguns dias de repouso no hospital da cidade, R. alcança Roma e regressa a Charleville, onde se recupera e até mesmo ajuda a família nos trabalhos do campo. Finalmente, em outubro de 1878, parte para a grande aventura: atravessa a pé o São Gotardo, chega a Milão e depois a Gênova, porto italiano, do qual poderia embarcar de navio para a Alexandria. Esta será a última carta de R. em que se mostram ainda suas qualidades literárias e seu poder de descrição. A partir daí, suas comunicações à família adquirem um tom prosaico, meramente informativo, prestações de contas, roteiros de viagens e andanças, encomendas de livros e materiais de natureza vária. No caso presente, a aventura em si era bastante significativa, pois se tratava da travessia dos Alpes, pelo passo de São Gotardo, feita a pé, no inverno. Por estranha coincidência, nessa mesma data, o capitão Rimbaud, seu pai, desde muito separado de Vitalie, morre em Dijon, onde morava em companhia de uma doméstica de nome Adelaide.

Gênova, domingo, 17 de novembro de [18]78.

Caros amigos,
Cheguei esta manhã a Gênova e recebi suas cartas. Uma passagem para o Egito é paga em ouro, de modo que não há nenhuma vantagem.[1] Parto segunda 19, às 9 da noite. Chegada no fim do mês. O modo como cheguei aqui foi acidentado, mas amenizado de tempos a tempos pela estação. Em linha reta das Ardenas à Suíça, querendo alcançar, em Remiremont, a baldeação alemã para Wasserling, tive que atravessar os Vosges: primeiro em diligência, depois a pé, pois nenhuma diligência podia mais circular com cinqüenta centímetros de neve em média e dentro de uma tormenta notável. Mas a empresa prevista era a passagem do Gotardo, que não se atravessa mais em viatura nesta estação, e por onde eu não podia passar [senão] em viatura.

Em Altdorf, na extremidade meridional do lago dos Quatro-Cantões, que bordejamos num vapor, começa o caminho para o [monte] São Gotardo. Em Amsteg, a uns quinze quilômetros de Altdorf, a estrada começa a subir e a dar voltas segundo as características alpinas. Acabaram-se os vales, agora só contemplamos os precipícios, aliás por cima dos marcos decamétricos da estrada. Antes de chegar a Andermatt. Passa-se por um estreito de um horror admirável, chamado Ponte do Diabo, – menos belo no entanto que a Via Mala de Splügen, cuja gravura vocês têm. Em Göschenen, um vilarejo que se tornou cidade graças à afluência de operários, vê-se no fundo da garganta a abertura do famoso túnel, os escritórios e as cantinas da empresa. Aliás, todo esta região de aspecto tão feroz é muito trabalhosa e trabalhada. Se não vemos britadeiras a vapor no desfiladeiro, ouve-se um pouco por toda parte a serra e a picareta na altura invisível. Sem mencionar que a indústria da região é sobretudo madeireira. Há muitas escavações mineradoras. Os hospedeiros oferecem espécimes minerais mais ou menos curiosos, que o diabo, dizem, vem comprar no alto das colinas para revender na cidade.

Depois começa a verdadeira subida, no Hospital, creio: a princípio, quase uma escalada, por atalhos, depois plainos ou simplesmente a estrada carroçável. É preciso imaginar que não se pode segui-la o tempo todo, pois ela sobe apenas em ziguezagues ou em aclives muito suaves, o que tomaria um tempo infindo, quando a pique não é mais que 4.900 de altura, para cada face, e até menos de 4.900, dada a elevação dos arredores. Mas não se sobe a pique, segue-se as escaladas habituais, ou já trilhadas. As pessoas não habituadas ao espetáculo das montanhas aprendem também que uma montanha pode ter picos, mas que o pico não é a montanha. O cume do São Gotardo tem pois vários quilômetros de superfície.

A estrada, que tem apenas seis metros de largura, está tomada em todo o lado direito por um deslize de neve de quase dois metros de altura, que, a cada instante, estende sobre a estrada uma barreira de um metro de altura, sendo preciso fendê-la sob uma atroz tempestade de granizo. Vejam só! Nenhuma sombra acima, abaixo ou em torno, embora estejamos circundados por objetos enormes; já não há estrada, precipícios, gargantas nem céu: apenas o branco para se imaginar, tocar, ver ou não ver, pois é impossível retirar os olhos daquela mesmice branca que se acredita ser o centro da vereda. Impossível levantar o rosto com um vento frio tão penetrante, os cílios e o bigode em estalactites, as orelhas laceradas, o pescoço inchado. Sem a sombra de nós mesmos, e dos postes telegráficos, que seguem a suposta estrada, estaríamos tão transtornados como uma ave no braseiro.

Temos que vazar um metro de altura num quilômetro de comprimento. Há muito que não vemos os joelhos. É causticante. Ofegando, porque dentro de meia-hora a tormenta pode no enterrar sem muito esforço, nós nos estimulamos com gritos, (nunca se sobe sozinho, mas em grupos). Por fim surge um abrigo cantoneiro: ali se paga 1,50 por uma tigela de água salgada. Em frente. Mas o vento se enfurece, o caminho se cobre visivelmente. Eis um comboio de trenós, um cavalo caído e enterrado a meio. Mas o caminho se perde. De que lado dos marcos estaria? (Só há marcos de um lado.) Desvia-se, afunda-se até as costelas, até debaixo dos braços... Uma sombra pálida por trás de uma excavação: é o refúgio do Gotardo, estabelecimento civil e hospitaleiro, horrível construção de pinho e pedra; um pequeno campanário. Ao som da sineta, um jovem vesgo nos recebe; sobe-se para uma sala baixa e imunda onde recebemos grátis pão e queijo, sopa e um trago de aguardente. Vemos os enormes cães amarelos das histórias conhecidas. Logo chegam meio mortos os retardatários da montanha. À noite somos uns trinta, que são distribuídos, após a sopa, em duros enxergões com insuficientes cobertas. À noite, ouvem-se os hospedeiros exaltar em cânticos sagrados o prazer de roubar um dia a mais aos governantes que subvencionam seu tugúrio.[2]

De manhã, após o pão-queijo-pinga, confortados por essa hospitalidade gratuita que podemos prolongar enquanto durar a tempestade, saímos: nesta manhã, ao sol, a montanha está maravilhosa: sem vento, só descidas, pelos atalhos, inclinações quilométricas que nos fazem chegar a Airolo, do outro lado do túnel, onde a estrada readquire seu caráter alpino, circular e estrangulado, mas descendente. É o Tecino.

A estrada continua com neve por mais de trinta quilômetros além do Gotardo. Somente depois de 30 k, em Giornico, é que o vale se alarga um pouco. Algumas ramada de vinhas e pequenos trechos de prado são cuidadosamente adubados com folhas e outros detritos dos pinheiros, usados provavelmente como forragem e cama para os animais. Na estrada desfilam cabras, bois e vacas cinzas, porcos negros. Em Bellinzona, há um grande mercado de animais. Em Lugano, a vinte léguas do Gotardo, toma-se o trem e vai-se do agradável lago de Lugano ao agradável lago de Como. Depois, o trajeto conhecido.

Sou sempre seu, agradeço-lhes e daqui a uns vinte dias vocês terão outra carta.

Seu amigo.

1. Diante do fracasso da tentativa anterior de chegar a Alexandria via Marselha, R. tenta, de trem e a pé, através da Suíça e da Itália, alcançar Gênova para o embarque, julgando erroneamente que dali a passagem seria mais barata.
2. R. não poupa a família, profundamente religiosa, com essa observação de caráter anti-clerical.

Carta aos seus

R. RELATA À FAMÍLIA A PRÓXIMA OBTENÇÃO DE SEU PRIMEIRO emprego, num empreendimento agrícola — atividade que ele exercia muito esporadicamente nos raros períodos em que voltava a casa. Vitalie deve ter achado cômico o filho pedir-lhe uma declaração de que ele trabalhava em sua propriedade rural.

Alexandria [dezembro] 1878.

Caros amigos,

Aqui cheguei depois de uns dez dias de travessia, e, passada uma quinzena em que aqui estou, eis que somente agora as coisas começam a melhorar! Vou ter um emprego brevemente; e já trabalho bastante para viver, modestamente é verdade. Ou estarei empregado em uma grande exploração agrícola a cerca de dez léguas daqui (já fui até lá, mas só vão ter alguma coisa daqui a algumas semanas); — ou então entrarei para os serviços aduaneiros anglo-egípcios, com um bom salário; — ou, ainda, penso que talvez seja melhor partir proximamente para Chipre, ilha inglesa, como intérprete de um grupo de trabalhadores. Em todo caso, prometeram-me alguma coisa; e é com um engenheiro francês — homem prestativo e de talento — que estou tratando. Tudo o que me pedem é o seguinte: uma palavra sua, mamãe, autenticada pela prefeitura daí, assim dizendo:

"Eu, abaixo-assinada, Senhora Rimbaud, proprietária em Roche, declaro que meu filho Arthur Rimbaud trabalhou até agora em minha propriedade, deixando Roche por vontade própria no dia 20 de outubro de 1878, e que se comportou honradamente aqui e em outras partes, não estando atualmente sujeito ao serviço militar.

Ass.: Sra. R..."

E o visto da prefeitura, que é o mais necessário.

Sem esse documento não me darão uma colocação fixa, ainda que continuem a me dar ocupações ocasionais. Mas evite dizer que permaneci por pouco tempo em Roche, porque vão querer saber mais coisas, e isto não acabaria nunca; depois, isto fará com que o pessoal da companhia agrícola saiba que estou em condições de dirigir os trabalhos.

Peço-lhe por favor que me envie essa declaração o mais breve possível: é coisa bem simples e dará bons resultados, pelo menos o de me arranjar uma boa situação para todo o inverno.

Vou enviar-lhe brevemente detalhes e descrições da Alexandria e da vida egípcia. Hoje não tenho tempo. Digo-lhes até breve. Cumprimento ao F[rédéric], se estiver aí. Aqui faz calor como no verão de Roche.

Mandem notícias.

A. Rimbaud
Correio francês, Alexandria,
Egito.

CARTAS DE CHIPRE
(1879-1880)

❦

Além disso, embora seja muito quente nas planícies, aqui no alto faz,
e continuará fazendo durante todo o mês,
um frio desagradável; chove, cai geada,
venta de derrubar uma pessoa.

23 DE MAIO DE 1880

Interior da Casa Thial por volta de 1880.

CEDIDA PELA TURQUIA À GRÃ BRETANHA PELO TRATADO DE SAN Stefano (julho de 1878), a ilha de Chipre conheceu a partir daí grande desenvolvimento, com os ingleses desejosos de explorá-la melhor, organizando a construção de portos, canais, serviços públicos. Em dezembro de 1878, Rimbaud está aí empregado na firma francesa E. Jean & Thial fils, que viera do Egito com outras empresas européias visando às oportunidades comerciais que se abriam na nova possessão inglesa. R. dirige-se aos seus – a mãe Vitalie, a irmã Isabelle e o irmão Frédéric – chamando-os sempre de *Chers amis* (Caros amigos), e o teor de suas cartas, escritas às pressas para aproveitar o correio marítimo irregular e impiedosamente lento, relata apenas as agruras de uma vida insípida num clima insuportável às voltas com um trabalho exasperador. Em novembro daquele ano, seu pai, o capitão Rimbaud, morria em Dijon, mas não há referências a este fato senão a 24 de abril do ano seguinte, quando R. menciona o envio de uma procuração para habilitar-se à partilha.

✑ Carta aos seus

E. Jean & Thial Filhos
Empresários
Larnaca (Chipre)

Larnaca (Chipre), 15 de fevereiro de 1879.

Caros amigos,
Não lhes escrevi antes, pois não sabia para que parte iriam me mandar. Contudo vocês deviam ter recebido uma carta da Alexandria em que lhes falava de um próximo compromisso em Chipre. Amanhã,

16 de fevereiro, vai fazer dois meses certos que estou empregado aqui. Os patrões ficam em Lanarca, o porto principal de Chipre. Eu supervisiono uma pedreira no deserto, à beira-mar: estamos fazendo também um canal. Temos ainda que fazer o embarque de pedras em cinco navios e no vapor da Companhia. Dispomos ainda de um forno de cal, uma olaria, etc... O lugarejo mais próximo fica a uma hora de marcha. Aqui só há um caos de rochas, o rio e o mar. Só há uma casa. Nenhuma terra, nem jardins, nem árvores. No verão, faz oitenta graus de calor. No momento, temos quase sempre cinqüenta. É inverno. Chove às vezes. Alimentamo-nos de caça, de galinhas, etc... Todos os europeus ficaram doentes, exceto eu. Éramos aqui no campo uns vinte europeus no máximo. Os primeiros chegaram a 9 de dezembro. Três ou quatro morreram. Os trabalhadores cipriotas vêm dos lugarejos vizinhos; são empregados até sessenta por dia. Sou eu que os dirijo: anoto as jornadas, disponho do material, faço relatórios à Companhia, tomo conta da alimentação e controlo as despesas; faço os pagamentos; ontem, fiz um pequeno pagamento de quinhentos francos aos operários gregos.

Ganho por mês cento e cinqüenta francos, creio: não recebi até agora senão uns vinte francos. Em breve serei pago integralmente e creio mesmo despedido, pois acho que uma nova companhia virá instalar-se em nosso lugar e encarregar-se de tudo. Foi por causa dessa incerteza que demorei a escrever. Em todo caso, como a minha alimentação só me custa 2,25 por dia, e sem estar devendo muito ao patrão, sempre há de me restar alguma coisa enquanto aguardo outro trabalho, que sempre vai haver para mim aqui em Chipre. Vão fazer estradas de ferro, fortes, casernas, hospitais, portos, canais, etc... A 1º de março, serão distribuídas concessões de terrenos, sem outras despesas que o registro das escrituras.

Como estão as coisas por aí? Prefeririam que eu voltasse? Como vão os pequenos negócios? Escrevam-me o mais cedo possível.

Arthur Rimbaud
Posta restante, em Larnaca
(Chipre)

Escrevo-lhes daqui do deserto e não sei quando a carta seguirá.

* * *

❦ Carta aos seus

A PROCURAÇÃO A QUE R. SE REFERE NESTA CARTA SERÁ provavelmente a que respeita à sucessão do pai. Expedida pelo Consulado francês em Lanarca, devia ser encaminhada a Vitalie, mas R. já teme que a remessa não poderá ser feita com a pressa esperada.

Larnaca (Chipre), 24 de abril de 1879.

Somente hoje pude retirar a procuração na chancelaria, mas creio que irá perder o navio e ter que aguardar a partida do próximo, na quinta-feira.

Continuo sendo o chefe do canteiro de obras nas pedreiras da Companhia, e faço explodir as pedras para serem talhadas.

O calor é muito forte. Ceifa-se o grão. As pulgas são um tremendo suplício, noite e dia. Além disso, os mosquitos. É preciso dormir à beira-mar, no deserto. Andei me desentendendo com os operários e tive que pedir armas.

Gasto muito. A 16 de maio completarei meu quinto mês aqui.

Acho que vou voltar; mas queria antes que me mandassem notícias. Escrevam-me, pois.

Não lhes dou meu endereço nas pedreiras, porque o correio não vem nunca até aqui, mas só à cidade, que fica a seis léguas.

A. Rimbaud,
posta restante, Larnaca (Chipre)

Já há quinze dias me informaram de Paris que a tenda e o punhal tinham sido expedidos e não recebi nada até agora.

É aflitivo.

* * *

Carta aos seus

Resistindo mais tempo que os outros europeus que trabalhavam na pedreira, Rimbaud, tendo bebido água salobra, acabou por contrair tifo. Tem que regressar à França para se tratar em casa dos "caros amigos". Em Roche, a mãe convoca o Dr. Huguin, médico de Attingny, que diagnostica febre tifóide. Visitado nessa época pelo sempre fiel Delahaye, que lhe faz perguntas sobre literatura, R. responde: "Nem penso mais nisto". Em março de 1880, R. embarca em Marselha com destino a Alexandria e acaba por se reintegrar na antiga firma Jean et Thial fils. Chegando a Chipre, é contratado pelos ingleses como mestre de obras, chefiando operários na construção da residência do governador. R. começa a fazer seus pedidos de remessa de livros técnicos com os quais pretendia provavelmente ampliar suas aptidões para o trabalho local.

Mont-Troodos (Chipre), domingo 23 de maio de 1880.
Desculpem por não haver escrito antes. Talvez tivessem necessidade de saber onde eu estava; mas até então estive realmente impossibilitado de lhes transmitir minhas notícias.

Não achei o que fazer no Egito e parti para Chipre há quase um mês. Ao chegar, soube da falência de meus antigos patrões. Ao fim de uma semana, consegui no entanto encontrar o emprego em que agora estou. Sou supervisor do palácio que estão construindo para o governo geral, no cimo do Troodos, a mais alta montanha de Chipre [2.100 metros].

Até pouco, trabalhava sozinho com o engenheiro, num dos barracos de madeira que formam o acampamento. Ontem chegaram uns cinqüenta operários e a obra vai começar. Sou apenas capataz, até agora só ganho duzentos francos por mês. Acabo de receber a quinzena, mas tenho muitas despesas: é preciso sempre viajar a cavalo; os transportes são excessivamente difíceis, os lugarejos muito distantes uns dos outros, a alimentação caríssima. Além disso, embora seja muito quente nas planícies, aqui no alto faz, e continuará fazendo durante todo o mês, um frio desagradável; chove, cai geada, venta de derrubar uma pessoa. Foi-me preciso comprar colchão, cobertas, casaco, botas, etc., etc.

No alto da montanha há um campo em que as tropas inglesas irão chegar dentro de poucas semanas, assim que começar a fazer calor demais lá embaixo e menos frio nas montanhas. Aí então o serviço de provisões estará assegurado.

Estou, pois, presentemente, a serviço da administração inglesa: conto ser aumentado em breve e devo continuar empregado até terminar este trabalho, que acabará provavelmente por volta de setembro. Assim, poderei obter um bom certificado, para arranjar trabalho em outras construções que certamente vão ocorrer, e conseguir botar de parte alguns cem francos.

Não vou lá muito bem; tenho palpitações cardíacas que me incomodam bastante. Mas o melhor é não pensar nisto. Além do mais, que adianta? Contudo o ar aqui é muito saudável. Na montanha só há pinheiros e avencas.

Escrevo esta carta hoje, domingo; mas o correio fica a dez léguas daqui, num porto chamado Limassol, e não sei quando terei oportunidade de ir lá ou mandá-la por alguém. Provavelmente só na próxima semana.

Agora preciso pedir-lhes um favor. Tenho necessidade absoluta, para o meu trabalho, de dois livros intitulados, um:

Álbum das serrarias florestais e agrícolas, em inglês, preço 3 francos, cotendo 128 desenhos.

(Para tanto, escrevam vocês mesmos ao Sr. Arbey, construtor-mecânico, Cours de Vincennes, Paris.)

Em seguida:

Livro de bolso do carpinteiro, coleção de 140 esboços, por Merly, preço 6 francos.

(Pedir à casa Lacroix, editora, rua dos Saints-Pères, Paris.)

É preciso que peçam por mim e me enviem esses dois livros, o mais breve possível, para o endereço abaixo:

>Senhor Arthur Rimbaud
>Posta restante
>Limassol (Chipre).

Será preciso que paguem por mim essas obras, eu lhes peço. *O correio daqui não aceita dinheiro, de modo que não lhes posso enviar.* Seria preciso comprar um pequeno objeto qualquer, que o correio aceitasse, e esconder o dinheiro dentro. Mas isso é proibido e não estou disposto a fazê-lo. No futuro, porém, se precisar que me enviem outra coisa, procurarei fazer com que o dinheiro lhes chegue dessa maneira.

Sabem o tempo que leva para algo chegar a Chipre com essa ida e volta; e aqui onde me encontro, mesmo com toda diligência, não acredito receber os livros antes de *seis semanas.*

Até agora não falei senão de mim. Perdoem-me. É que achei que vocês devem estar com boa saúde e que tudo corre bem. Com certeza, estarão sentindo mais calor do que eu. Dêem-me logo notícias do trenzinho.[1] Como vai o velho Michel? E a Cotaiche?[2]

Tentarei mandar-lhes proximamente um pouco do famoso vinho da Comendadoria.[3]

Muitas lembranças.

Seu.

>Arthur Rimbaud.
>Posta restante, Limassol (Chipre).

A propósito, ia esquecendo o assunto do certificado militar. Vou prevenir o cônsul da França aqui, e ver no que vai dar.

1. Muitos tradutores entenderam incorretamente a expressão *nouvelles du petit train* como notícias de pouca monta ou de pequeno interesse. Jean-Jacques Lefrère, no entanto, afirma que se trata realmente de um trenzinho que desde 1873 fazia ponto final na estação de Voncq, a 2 km de Roche. Não se sabe, porém, o motivo do interesse de R.
2. O velho (père, no original) Michel era um empregado da fazenda de Vitalie, em Roche. Seu acento luxemburguês fazia-o pronunciar Cotaîche (cotéixe) o nome da égua Comtesse. Essas notas íntimas demonstram o clima de descontração que R. passou na fazenda durante sua convalescença.
3. O mais doce dos vinhos produzidos na ilha de Chipre, cujas vinhas se estendiam até Limassol. Quanto ao seu envio, não se sabe se ficou na boa intenção.

* * *

✒ Carta aos seus

Sexta-feira, 4 de junho de 1880.

Caros amigos,

Ainda não consegui fazer com que lhes chegasse uma carta. Amanhã porém confio esta a uma pessoa que vai a Limassol. Tenham a grande gentileza de me responder e de me mandar o que peço,[1] pois tenho absoluta necessidade. Continuo sempre empregado aqui. Agora faz bom tempo. Vou partir dentro de alguns dias para uma empreitada de pedras de cantaria e cal em que espero ganhar alguma coisa.

Até breve.

A. Rimbaud
Posta restante,
Limassol (Chipre)

---

1. Vitalie incumbiu-se religiosamente do envio dos livros que R. não chegou a receber, pois ele já havia deixado a ilha quando chegaram à posta-restante de Limassol.

CARTAS DE ADEN

(1880)

❧

*Aden é um rochedo horrível,
sem uma folha de grama nem uma gota de água pura:
bebe-se água do mar destilada.*

25 DE AGOSTO DE 1880

Rimbaud, de pé, à esquerda segurando o fuzil pela ponta do cano.

APÓS UM DESENTENDIMENTO, SOBRE O QUAL HÁ VÁRIAS VERSÕES, inclusive a de que teria acertado involuntariamente uma pedra na cabeça de num operário, ocasionando-lhe a morte, R., em conseqüência disso, foge de Chipre em direção a Alexandria, indo em seguida para o Mar Vermelho. Em suas andanças, conhece o compatriota Trébuchet, que se dedica à exportação de café e que lhe dá uma carta de recomendação para a firma Viannay, Bradey et Cie., estabelecida em Aden. R. aí chega na primeira quinzena de agosto de 1880.

✑ Carta aos seus

Aden, 17 de agosto de 1880.

Caros amigos,

Saí de Chipre com 400 francos, após quase dois meses, depois de discussões que tive com o pagador geral e o engenheiro. Se tivesse ficado, chegaria a uma boa posição em alguns meses. Mas posso ainda retornar.

Procurei trabalho em todos os portos do Mar Vermelho, em Djedda, Suakim, Massaua, Hodeida, etc. Vim para cá após ter tentado encontrar alguma coisa para fazer na Abissínia. Estive doente ao chegar. Empreguei-me com um comerciante de café, onde só ganho sete francos. Quando tiver algumas centenas de francos, partirei para Zanzibar, onde, segundo dizem, há o que fazer.

Mandem-me notícias suas.

Rimbaud
Acampamento de Aden

A tarifa do correio é mais de 25 cêntimos. Aden não está compreendida na União postal.

— A propósito, vocês me mandaram os livros, para Chipre?

Carta aos seus

Aden, 25 de agosto de 1880

Caros amigos,

Creio já haver mandando uma carta para vocês contando como tive infelizmente de deixar Chipre e como cheguei aqui depois de haver rodado pelo Mar Vermelho.

Trabalho aqui no escritório de um comerciante de café. O gerente da Companhia é um general reformado.[1] Já fazemos algum negócio e vamos fazer bem mais. Quanto a mim, não ganho muito, nada mais que seis francos por dia; mas se eu ficar, e é bem preciso que eu fique, pois isto aqui é tão longe de tudo que vale a pena ficar alguns meses só para ganhar algumas centenas de francos e ir embora em caso de necessidade – se eu ficar, creio que me darão um cargo de confiança, talvez uma agência em outra cidade, e assim poderei ganhar alguma coisa mais depressa.

Aden é um rochedo horrível, sem uma folha de grama nem uma gota de água pura: bebe-se água do mar destilada. O calor é excessivo, principalmente em junho e setembro, os meses mais quentes. A temperatura constante, dia e noite, num escritório muito fresco e bem ventilado, é de 35 graus. Tudo é muito caro e assim por diante. Mas, que fazer: estou aqui como um prisioneiro e, com toda certeza, terei que ficar pelo menos uns três meses antes de me aprumar ou arranjar um emprego melhor.

E a casa? Terminou a colheita?

Contem-me as novidades daí.

Arthur Rimbaud.

---

1. Oficial reformado da legião do Ródano, durante a guerra de 1870, o dito "Coronel Dubar" foi empregado de uma firma comercial em Lyon antes de ir para Aden com Alfred Bardey, de quem se tornou colaborador desde 1880. Recrutou R. para o serviço de triagem de café atendendo a recomendação de seu amigo Trébuchet.

Correspondência | Arthur Rimbaud

✒ Carta aos seus

Aden, 22 de setembro de 1880.

Caros amigos,
Recebi a carta de 9 de set., e, como sai para a França um correio amanhã, já respondo.

Estou tão bem quanto se pode estar por aqui. A firma faz negócios de várias centenas de milhares de francos por mês. Sou o único empregado e tudo passa por minhas mãos; estou agora bem informado sobre o comércio de café. Tenho a inteira confiança do patrão. Apenas, sou mal pago: só ganho cinco francos por dia, casa, comida e roupa lavada, etc., etc., com cavalo e charrete, o que representa bem uns doze francos por dia. Mas como sou o único empregado com alguma inteligência em Aden, no fim do meu segundo mês aqui, ou seja, a 16 de outubro, se não me derem duzentos francos por mês, livres de despesas, irei embora. Prefiro partir a deixar-me explorar. Já tenho cerca de 200 francos no bolso. Irei provavelmente a Zanzibar, onde há o que fazer. Aliás, aqui também há muito o que fazer. Várias empresas comerciais vão se estabelecer na costa da Abissínia. A firma tem também caravanas na África; é possível ainda que eu parta para lá, onde obterei bons ganhos e me aborrecerei menos que em Aden, que é, todo mundo reconhece, o lugar mais aborrecido do mundo, depois, claro, desse em que vocês moram.[1]

Faz 40 graus de calor aqui, na casa: sua-se litros de água por dia. Mas mesmo que fossem 60, como quando estava em Massaua!

Vejo que tiveram um ótimo verão. Tanto melhor. É a desforra do famoso inverno.

Os livros não me chegaram, porque (estou bem certo) alguém se apropriou deles em meu lugar, assim que deixei Troodos. Continuo a precisar deles, bem como de outros mais, mas não lhes peço nada, porquanto não ouso enviar dinheiro antes de estar seguro de que não vou precisar dele, por exemplo, no caso de partir no fim do mês.

Desejo-lhes muita sorte e um verão de 50 anos seguidos.

Respondam-me sempre para o mesmo endereço; se eu for embora, farei com que reexpeçam.

Rimbaud
Maison Viannay, Bardey & Cia. Aden

— Escrevam bem meu endereço, pois há aqui um Rimbaud, agente das Messageries maritimes. Tive que pagar mais 10 cêntimos de suplemento da tarifa postal.

Acho que não devem encorajar Frédéric a vir se estabelecer em Roche, mesmo havendo poucas ocupações em outros lugares. Ele se aborrecerá logo, e não se pode contar com sua permanência. Quanto à idéia de se casar, quando não se tem dinheiro nem a perspectiva ou a possibilidade de ganhá-lo, não será uma idéia infeliz?[2] De minha parte, quem me condenasse ao casamento, em tais circunstâncias, seria melhor que me assassinasse logo. Mas cada qual com sua idéia, o que ele pensa não me diz respeito, nem me afeta em nada, e lhe desejo toda a felicidade possível neste mundo e em particular aí no cantão de Attigny (Ardenas).

Seu.

---

1. R. não poupa a família com uma de suas ironias mordazes.
2. Fréderic casou-se, contra a vontade da mãe, com Rose-Marie Justin, moça pobre do lugar, cuja reputação era pouco recomendável. Tiveram três filhos que, à morte desta, foram criados por Vitalie. Fréderic rompeu com a família a partir de seu casamento, quis mover uma ação contra a mãe, andou difamando o irmão. Acabou chofer de ônibus em Attigny.

Correspondência | Arthur Rimbaud

❦ Carta aos seus

O QUE MAIS IMPRESSIONA NESTA CARTA É A QUANTIDADE DE livros que R. pede a Vitalie que lhe envie! Teria ele a pretensão de exercer todas aquelas atividades? Curioso notar que, com pouco, passou dos estudos lingüísticos (livros sobre o ensino do árabe) aos ofícios manuais, estes em graus bastante diferenciados. Como Vitalie executava religiosamente as encomendas, deslocando-se de Roche à estação postal vezes sem conta, essa dedicação materna — fosse feita ou não com interesse nas remessas monetárias do filho — muito concorreu para o abrandamento do retrato negativo que em geral os biógrafos lhe atribuíam.

Aden, 2 de novembro de 1880.

Caros amigos,

Ainda estou aqui por algum tempo, embora já comprometido com outro posto para o qual devo seguir em breve. A firma abriu uma agência no Harar, região que podem encontrar no mapa a sudeste da Abissínia. De lá exportam café, peles, borracha, etc., os quais se adquirem em troca de tecidos de algodão e outras mercadorias. A região é bem salubre e fresca graças à altura. Não há quaisquer estradas e quase nenhuma comunicação. Vai-se de Aden ao Harar: primeiro, por mar, de Aden a Zeilah, porto da costa africana; de lá ao Harar, de caravana, em vinte dias.

O Sr. Bardey,[1] um dos donos da firma, fez uma viagem inicial, abriu uma agência e trouxe bastante mercadoria. Lá deixou um representante, sob as ordens de quem vou trabalhar. Fui contratado, a partir de 1º de novembro, com salário de 150 rupias, ou seja, 330 francos ou 11 francos por dia, mais alimentação, todas as despesas de viagem e 2% sobre os lucros. Contudo, só partirei daqui a um mês ou seis semanas, porque devo levar para lá uma grande quantia em dinheiro que ainda não está disponível. Não preciso dizer que não se pode ir lá senão armado, e que há perigo de se deixar a pele nas unhas dos Galas — embora o perigo já não seja mais tão sério.

Agora, quero lhes pedir um pequeno favor, que, como não devem estar muito ocupados no momento, não lhes dará muito trabalho. Quero que me façam um envio de livros. Escrevi à matriz [da firma] em Lyon para lhes enviar a soma de 100 francos. Não mando eu mesmo porque iriam me cobrar 8% de despesas. A firma levará essa quantia a débito de minha conta. Nada mais simples.

Ao receberem esta, enviem a nota seguinte, que devem copiar e remeter pelo correio, ao endereço: "*Lacroix, editor*, rua dos Saints-Pères, Paris".

Ao Sr. Lacroix

Roche, tanto do tanto... etc.

Senhor,

Queira enviar, o mais breve possível, as obras abaixo, constantes de seu catálogo:

Tratado de Metalurgia (o preço deve ser) .... 4 fr. 00
Hidráulica urbana e agrícola .... 3 fr. 00
Comando de navios a vapor .... 5 fr. 00
Arquitetura naval .... 3 fr. 00
Pólvoras e Salitres .... 5 fr. 00
Mineralogia .... 10 fr. 00
Alvenaria, de Démanet .... 6 fr. 00
Livro de bolso do Carpinteiro .... 6 fr. 00

Há um tratado sobre *Poços artesianos*, de F. Garnier. Eu lhe seria imensamente grato se pudesse me conseguir esse tratado, mesmo que não tenha sido editado pelo senhor, e me indicar na resposta o endereço de algum fabricante de aparelhos para perfuração instantânea, se tal lhe for possível.

Consta de seu catálogo, se bem me lembro, uma *Instrução para a montagem de serrarias*. Peço-lhe a gentileza de mo enviar.

Seria preferível que o senhor me enviasse pela volta do correio o custo total desses volumes, indicando a forma de pagamento que preferir.

Faço questão de encontrar o tratado dos *Poços artesianos*, que me encomendaram. Pedem-me também o preço de uma obra sobre *Construções metálicas*, que deve constar de seu catálogo, e de uma obra completa sobre todas as *Matérias têxteis*, que o senhor me expedirá, esta última somente.

Aguardo esclarecimentos no mais breve lapso possível, pois essas obras devem ser expedidas para uma pessoa que irá partir da França dentro de quatro dias.

Se o senhor preferir o pagamento por reembolso postal, pode fazer a expedição imediatamente.

Rimbaud,
Roche, etc.

Depois do que vocês enviarão a quantia que lhes for pedida e me expedirão o pacote de livros.

Esta carta deverá chegar aí por volta de 20 de novembro, ao mesmo tempo que um vale potal da casa Viannay, de Lyon, no valor da soma que indiquei aqui. O primeiro navio das Messageries partirá de Marselha para Aden no dia 26 de novembro, chegando aqui a 11 de dezembro. Em oito dias vocês terão bastante tempo para cuidar de meu pedido.

Devem ainda encomendar ao *Sr. Arbey, construtor,* cours de Vincennes, Paris, o *Álbum das Serrarias agrícolas e florestais* que vocês devem ter me enviado para Chipre e que não recebi. Mandarei 3 francos para isto.

Peçam também ao Sr. Pilter, cais Jemmapes, seu grande Catálogo ilustrado de Máquinas agrícolas, PORTE PAGO.

Por fim, à *Livraria Roret*:

Manual do Segeiro,

Manual do Curtidor de peles,
O perfeito Serralheiro, de Berthault.
Exploração de Minas, de J. F. Blanc.
Manual do Vidreiro.
— *do Ladrilheiro.*
— *do Louceiro, Poteiro, etc.*
— *do Fundidor de metais.*
— *do Fabricante de velas.*
Guia do Armeiro.

Consultem o preço dessas obras e as encomendem pelo reembolso postal, se for possível; e o mais breve; tenho precisão sobretudo do *Curtidor*.

Peçam o *Catálogo completo da Livraria da Escola central*, de Paris.

Pedem-me o endereço dos *Construtores de aparelhos de mergulho*: podem pedir esse endereço a Pilter, ao mesmo tempo que o catálogo das Máquinas.

Ficarei em sérios apuros se tudo isto não me chegar por volta de 11 de dezembro. Em conseqüência, esforcem-se para que tudo esteja em Marselha pelo dia 26 de novembro. Ajuntem ao pacote o *Manual de Telegrafia, o Pequeno Marceneiro e o Pintor de casas*.

— Há dois meses que escrevi e ainda não recebi os livros árabes que solicitei.[2] Vocês devem fazer os envios pela Companhia das Messageries maritimes. É melhor que se informem.

Hoje estou de fato ocupado demais para lhes escrever mais demoradamente. Só desejo que passem bem e que o inverno não lhes seja muito duro. Mandem-me notícias detalhadas. De minha parte, espero fazer algumas economias.

Quando me enviarem o recibo dos 100 francos que lhes mandei, vou reembolsar a companhia imediatamente.

Rimbaud.

1. Alfred Bardey (1854-1934) criou em 1880 a firma comercial Viannay, Bardey & Cia. com o objetivo de importar produtos coloniais. Encarregou-se pessoalmente da abertura da agência em Aden, escoadouro natural dos cafés moka (do Iêmen) e berbera (das costas da África). Pouco tempo depois, confiou a R. a direção do escritório em Harar. Permaneceu na firma até 1885, regressando definitivamente à França em 1897. Tornou-se membro da Sociedade de Geografia de Paris em 1881 e redigiu inúmeros estudos sobre a região, incentivando inclusive R. a escrever sobre o "itinerário do Choa a Harar". Escreveu suas memórias nas quais evoca a figura de R. ("sua vida foi ilibada e meritória; habitualmente tranqüilo e taciturno, tornava-se exageradamente grosseiro nos momentos difíceis").

2. R. jamais iria receber esses livros que pertenceram ao pai, guardados no sótão da casa onde ele e Frédéric costumavam consultá-los. Vitalie, num dia de desespero, para se vingar do marido que a abandonara, incinerou tudo que pudesse evocar sua lembrança.

Arthur Rimbaud | *Correspondência*

CARTAS DO HARAR
(1880-1881)

❦

Desejo conhecer a totalidade do que se fabrica de melhor na França (ou no estrangeiro) quanto a instrumentos de matemática, óptica, astronomia, eletricidade, meteorologia, pneumática, mecânica, hidráulica e mineralogia. Se existe na França fábricas interessantes desse gênero, ou se o senhor conhece melhor as estrangeiras, eu lhe seria mais que grato se me pudesse fornecer tais endereços ou catálogos.

30 DE JANEIRO DE 1881

Mercador de Harar, foto de Rimbaud.

Correspondência | Arthur Rimbaud

✒ Carta aos seus

A 2 DE NOVEMBRO DE 1880, R. É INDICADO PARA A SUCURSAL DE Harar, que a firma acabara de abrir na Abissínia. A 10 de novembro, assina um contrato pelo qual receberá 150 rupias, além dos benefícios de alojamento e alimentação e uma participação de 1% nos lucros. Embarca em Aden, passa por Zeilah, na Somália britânica, atravessa os 400 quilômetros que separam Zeilah de Harar, aproveitando-se de uma caravana que seguia nessa direção, chegando ao seu destino a 13 de dezembro.

Harar, 13 de dezembro de 1880.

Caros amigos,
 Cheguei a esta região após vinte dias a cavalo através do deserto da Somália. Harar é uma cidade colonizada pelos egípcios e sob a administração deles. A guarnição é de vários milhares de homens. É aqui que fica nossa agência e os armazéns. Os produtos comerciais da região são o café, o marfim, as peles, etc. A região é elevada, mas não infértil. O clima, fresco mas não insalubre. Aqui todas as mercadorias importadas da Europa chegam em camelos. Há, além disso, muito o que fazer na região. Não temos aqui correio regular. Somos obrigados a mandar nossas cartas a Aden, em raras ocasiões. Esta só lhes chegará pois daqui a bastante tempo. Espero que tenham recebido os 100 francos que lhes mandei por intermédio da matriz de Lyon, e que tenham tido meios de me expedir os objetos que pedi. Ignoro porém quando irei recebê-los.
 Encontro-me aqui entre os Galas. Penso que terei de seguir adiante muito em breve. Peço-lhes que me mandem notícias o mais freqüentemente possível. Espero que suas atividades estejam bem e que gozem de boa saúde. Arranjarei meios de escrever ainda em breve. Enderecem as cartas ou encomendas assim:

Sr. Dubar, agente geral em Aden
Para o Sr. Rimbaud, Harar.

Carta aos seus

Harar, 15 de janeiro de 1881.

Escrevi-lhes duas vezes em dezembro de 1880, e ainda não recebi naturalmente respostas daí. Escrevi em dezembro dizendo que lhes seria enviada uma segunda soma de cem francos, que talvez já tenham recebido, e que devem utilizar para o fim que lhes disse. Tenho grande necessidade de tudo o que lhes pedi, e suponho que os primeiros objetos já tenham chegado a Aden. Mas de Aden até aqui ainda levam um mês. Vai-nos chegar uma enorme quantidade de mercadorias da Europa, e vamos ter muito trabalho. Vou em breve fazer uma longa jornada pelo deserto, para comprar camelos. Naturalmente, temos cavalos, armas e o resto. A região não é desagradável: neste momento o tempo é como se fosse maio aí na França.

Recebi as duas cartas que me mandaram em novembro; mas perdi-as em seguida. Como tive, porém, tempo de relê-las, recordo que me acusaram recepção dos primeiros cem francos que lhes fiz enviar. Mando-lhes outros cem francos, caso lhes tenha ocasionado despesas. Com esse será o 3º envio, e vou parar aí até segunda ordem; além disso, quando receber uma resposta desta, já terá chegado o mês de abril. Não lhes disse que estou contratado aqui por três anos; o que não me impedirá de sair sem mais aquela, se me fizerem alguma sujeira. Meu salário é de 300 francos por mês, livres de quaisquer despesas, e uma porcentagem sobre os lucros.

Vamos ter, aqui na vila, um bispo católico[1] que será provavelmente o único católico da região. Estamos no país dos Galas.

Mandamos vir um aparelho fotográfico, e lhes enviarei vistas do país e das gentes. Receberemos também o material usado para o ensino de história natural e poderei enviar-lhes pássaros e animais ainda não vistos na Europa. Já tenho aqui algumas curiosidades que aguardo a oportunidade de mandar.

Fiquei feliz em saber que pensam em mim e que as atividades aí vão bem. Espero que tudo corra da melhor maneira possível para vocês. De minha parte, tratarei de tornar meu trabalho interessante e lucrativo.

Tenho, agora, que lhes fazer algumas encomendas fáceis. Enviem a seguinte carta ao Sr. Lacroix, livreiro-editor, em Paris:

Ao Sr. Lacroix

Senhor,

Existe uma obra de autor alemão ou suíço, publicada na Alemanha há alguns anos e traduzida em francês, levando o título *Guia do Viajante ou Manual teórico e prático do Explorador*. O título é este ou algo assim. Essa obra, disseram-me, é um compêndio muito abrangente de todo o conhecimento necessário ao Explorador, de topografia, mineralogia, hidrografia, história natural, etc., etc.

Achando-me no momento em local onde não posso obter nem o nome do autor, nem o endereço dos editores-tradutores, supus que essa obra seria de seu conhecimento e que o senhor poderia me dar informações a respeito. Ficaria muito satisfeito se o senhor tivesse condições de me enviar essa obra imediatamente, especificando a forma de pagamento de sua preferência.

Com meus agradecimentos,

Rimbaud,

Roche, por Attigny, Ardenas (França).

E esta, enviem ao Sr. Bautin, fabricante de instrumentos de precisão, em Paris, rua du Quatre-Septenmbre, 6:

Ao Sr. BAUTIN

Aden, 30 de janeiro 1881.

Caro Senhor,

Querendo intermediar a venda de instrumentos de precisão em geral no Oriente, tomo a liberdade de escrever-lhe para lhe pedir o seguinte favor:

Desejo conhecer a totalidade do que se fabrica de melhor na França (ou no estrangeiro) quanto a instrumentos de matemática, óptica, astronomia, eletricidade, meteorologia, pneumática, mecânica, hidráulica e mineralogia. Não me interesso por aparelhos de cirurgia. Ficaria muito grato pudessem me conseguir todos os catálogos referentes a esse conjunto, e valho-me nesta circunstância de sua benévola competência. Pedem-me igualmente catálogos de fábricas de brinquedos de armar, pirotecnia, prestidigitação, modelos mecânicos e de construção em miniatura, etc. Se existe na França fábricas interessantes desse gênero, ou se o senhor conhece melhor as estrangeiras, eu lhe seria mais que grato se me pudesse fornecer tais endereços ou catálogos.

O senhor deve remeter as comunicações nesse sentido para o seguinte endereço: "Rimbaud, Roche, por Attigny, Ardennas, França." O signatário se encarregará naturalmente de todas as despesas de frete que ocorram, e se prontifica a adiantá-las imediatamente a seu pedido.

Peço enviar igualmente, se existe algum trabalho sério e absolutamente moderno e prático, um *Manual completo do fabricante de aparelhos de precisão*.

Agradecendo-lhe cordialmente,

RIMBAUD
Aden, Arábia.

Façam preceder esta carta das palavras seguintes:

Caro Senhor,
Transmitimos-lhe uma carta endereçada ao senhor por um parente nosso que reside no Oriente, e ficaríamos gratos se o senhor pudesse dar a ela a devida atenção. Ficamos a seu dispor quanto às despesas que possam ocorrer.

Sra. Rimbaud,

Roche, por Attigny, Ardenas.

Por fim, informem-se se não existe em Paris uma Livraria da Escola de Minas; e se existir, mandem-me o catálogo.

Seu de todo coração.

RIMBAUD,
Maison Viannay, Bardey,
Aden, Arábia.

---

1. Monsenhor Taurin-Cahagne chegou em companhia de cinco franciscanos, designado vigário apostólico dos Galas; já estivera na Etiópia em 1879. Apoiado por Menelik, pôde instalar-se no Harar onde ergueu uma nova missão católica.

* * *

Arthur Rimbaud | *Correspondência*

✎ Carta aos seus

Harar, 15 de fevereiro de 1881.

Caros amigos,

Recebi sua carta de 8 de dezembro, e creio mesmo lhes ter escrito uma depois disso. Aliás, já nem me lembro ao certo, pois andei em excursão.

Lembro-lhes que mandei ordens para que lhes enviassem 300 francos: 1º de Aden; 2º de Harar, aí por volta de 10 de dezembro; 3º de Harar, em torno de 10 de janeiro. Conto que a esta altura já tenham recebido as três remessas de cem francos cada e me expedido tudo quanto lhes pedi. Agradeço-lhes desde já pelo envio de que me informam, mas que só receberei daqui a dois meses, talvez.

Mandem-me as *Construções metálicas*, de Monge, preço: 10 francos.

Não espero me demorar muito tempo por aqui; em breve vou saber quando irei partir. Não encontrei o que presumia; e vivo de maneira muito aborrecida e sem proveito. Assim que tiver 1.500 ou 2.000 francos, partirei, e ficarei muito contente. Espero encontrar algo melhor um pouco mais longe. Mandem-me notícias sobre as obras do [canal do] do Panamá:[1] irei, assim que começarem. Ficaria feliz de ir-me daqui mesmo agora. Apanhei uma doença, pouco perigosa em si:[2] mas este clima é traiçoeiro para qualquer espécie de moléstia. As feridas nunca cicatrizam. Um corte de um milímetro no dedo supura durante meses e vira gangrena muito facilmente. Por outro lado, a administração egípcia só dispõe de alguns médicos e medicamentos insuficientes. O clima é muito úmido no verão: é insalubre; sinto-me aqui o pior possível, é frio de mais para mim.

Quanto aos livros, não me enviem mais esses manuais *Roret*.

Já lá se vão quatro meses que encomendei roupas em Lyon, e não receberei nada antes de dois meses.

Não se deve imaginar que este país aqui seja inteiramente selvagem. Temos o exército, artilharia e cavalaria, egípcio, e sua administração. O conjunto é idêntico ao que existe na Europa; só que é um bando de cachorros e facínoras. Os indígenas são os Galas, todos agricultores e pastores: gente tranqüila, quando não atacados. A região é excelente, embora relativamente fria e úmida; mas a agricultura aqui não é avançada. O comércio compreende principalmente peles de animais, que são criados para serem depois esfolados; e mais café, marfim, ouro; perfumes, incenso, almíscar, etc. O mal é que estamos a 60 léguas do mar e que os transportes custem demasiado caro.

Alegro-me de saber que suas atividades domésticas vão indo tão bem quanto possível. Não lhes desejo uma reedição do inverno de 1879-80, do qual me lembro o suficiente para evitar para sempre a ocasião de sofrer outro parecido.[3]

Se encontrarem um exemplar desaparelhado do Bottin, Paris e Estrangeiro (ainda que bem antigo), por *alguns francos*, mandem para mim, numa caixa: tenho muita necessidade dele.

Enfiem também uma meia libra de sementes de beterraba sacarífera num canto da embalagem.

Encomendem – se tiverem alguma sobra de dinheiro – na livraria Lacroix o *Dictionary of Engineering military and civil*, preço 15 francos. Deste não tenho tanta pressa.

Estejam certos de que tenho muito interesse por esses livros.

Nosso material de fotografia e de preparação de história natural ainda não chegou, e acho que partirei daqui antes que tenham chegado.

Tenho um monte de coisas para pedir; mas é preciso que me mandem antes o Bottin.

A propósito, como é possível que não tenham encontrado o dicionário árabe? Ele deve estar aí em casa com certeza.

Digam a F[rédéric] para procurar nos papéis árabes um caderno intitulado: *Brincadeiras, jogos de palavras, etc.*, em árabe; e deve haver aí também uma coleção de *diálogos*, de *canções* ou não sei mais o quê, útil a quem aprende a língua. Se houver alguma obra em árabe, me mandem; mas tudo isto como itens de embalagem, pois não valem as despesas de transporte.[4]

Vou mandar lhes entregar uns vinte quilos de café moca por minha conta, se isto não custar muito em direitos alfandegários.

Digo-lhes: até breve! Na esperança de um tempo melhor e de um trabalho menos idiota; pois, se imaginam que vivo como um príncipe, pobre de mim, estou certo de que vivo de maneira extremamente estúpida e estupidificante.

Esta segue com uma caravana, e não lhes chegará antes de fins de março. É uma das "delícias" da situação. E mesmo a pior.

Seu,

RIMBAUD.

---

1. As obras de abertura do canal de Panamá, sob a direção de Ferdinand de Lesseps, começaram em 1881 e foram interrompidas em 1889 por falta de capital. Embora tenha manifestado seu desejo de ir trabalhar nas obras do canal tão logo essas começassem, o fato é que R. jamais realizou esse desejo, como também nunca partiu para Zanzibar, como anunciou à família numa carta.
2. Segundo depoimento de Alfred Bardey, seu patrão, R. havia contraído sífilis (doença venérea) e tomava todas as precauções para não contaminar os demais, separando seus utensílios de comer e beber. (Em carta de 16.7.1897 a Paterne Berrichon.)
3. R. se refere ao tempo que, tendo adquirido malária ou febre tifóide em Aden, regressou a Roche para recuperar-se, ali permanecendo até março de 1880.
4. R. ignorava que Vitalie havia queimado, numa espécie de auto-de-fé exorcisante das lembranças do marido, todos os papéis do capitão Rimbaud que estavam guardados no sótão!

❧ Carta aos seus

Harar, 12 de março de 1881.

Caros amigos,

Recebi anteontem uma carta daí sem data, mas com timbre, creio, de 6 de fevereiro de 1881.

Já tinha recebido, pelas cartas precedentes, a notícia de sua remessa; e o pacote deve se encontrar no momento em Aden. Só que ignoro quando tomará o rumo de Harar. Os negócios desta empresa são por demais embrulhados.

Mas, vocês dizem que receberam minha carta de 13 de dezembro de 1880. Então, devem ter recebido pela mesma ocasião a soma de cem francos que incumbi a Matriz de lhes enviar na data de 13 de dezembro de 1880; e como sua carta deve ter saído daí por volta de 10 de fevereiro, deviam ter igualmente recebido uma 3ª soma de cem francos, que recomendei à Matriz lhes fosse enviada na data de 10 de janeiro de 1881, em carta a eles, e carta a vocês, nessa mesma data de 10 de janeiro.

Escrevi para saber como foi resolvido tudo isto. Aparentemente vocês ainda não tinham recebido minha carta de 10 de janeiro na data em que escreveram a sua, ou seja, a 16 de fevereiro; mas me pergunto o que aconteceu com o pedido de dinheiro que acompanhava minha carta de 14 de dezembro de 1880, carta que vocês dizem ter recebido. Em todo caso, nada se perdeu se nada foi enviado. Vou me informar definitivamente. — Imaginem que encomendei duas roupas em Lyon em novembro de 1880 e ficarei ainda um longo tempo sem as receber. Enquanto espero, passo frio aqui, vestido como estou com as roupas de algodão de Aden.

Vou saber, dentro de um mês, se irei continuar aqui ou caçar rumo, e estarei de volta a Aden no momento em que receberem esta. Tive aborrecimentos absurdos em Harar, e não há o que fazer aqui, no momento, como se pensava. Se deixo esta região, descerei provavelmente para Zanzibar, e encontrarei talvez ocupação nos Grandes Lagos. — Gostaria que se apresentassem ocupações interessantes em algum lugar, mas aqui as notícias não chegam com freqüência.

Que a distância não seja um motivo para me privar de suas notícias. Escrevam sempre para Aden, que de lá me mandarão.

Em breve outras notícias.

Boa saúde e felicidade para todos.

RIMBAUD.

* * *

Carta aos seus

Harar, domingo 16 de abril de 1881.

Caros amigos,

Recebi uma carta de vocês, de cuja data não me lembro: perdi recentemente essa carta. Nela me acusavam o recebimento da soma de cem francos; era a segunda, vocês dizem. É isso mesmo. A outra, segundo eu, ou seja a 3ª, não lhes deve ter chegado: meu pedido certamente se extraviou. Guardem pois esses cem francos de reserva.

Continuo em suspenso. Os negócios não são lá grande coisa. Quem sabe quanto tempo ainda vou ficar aqui? É possível que em breve faça uma excursão no interior do país. Chegou um grupo de missionários franceses; é possível que eu os siga a regiões até agora inacessíveis aos brancos, desta parte.

A remessa que me fizeram ainda não me chegou; todavia, deve estar em Aden, e espero recebê-la daqui a alguns meses. Imaginem que encomendei umas roupas em Lyon, há sete meses, e elas nem sonham chegar aqui!

Nada de muito interessante por agora.

Desejo-lhes estômagos menos em perigo que o meu, e ocupações menos tediosas que as minhas.

Rimbaud.

* * *

Carta aos seus

ESTA É QUASE UMA CARTA DE DESPEDIDA, PORÉM VAZADA COM A contenção habitual de R., sem nenhuma dramaticidade. Serve mais para prevenir que, se não voltasse da região inóspita que pretendia explorar, a família deveria reclamar os bens monetários que deixava, acrescentando "caso achem que valha a pena".

Harar, 4 de maio de 1881.

Caros amigos,

Vocês estão no verão e aqui é inverno, quer dizer, faz bastante calor, mas chove bastante. Isto deve durar alguns meses.

A colheita do café vai ser feita daqui a seis meses.

Quanto a mim, conto sair brevemente desta cidade para ir traficar no desconhecido. Há um grande lago a alguns dias de jornada daqui, que fica na região do marfim: vou tentar alcançá-la. Mas a região deve ser inóspita.

Vou comprar um cavalo e seguir para lá. No caso em que as coisas não dêem certo, e que eu permaneça aqui, quero prevenir-lhes que a soma de 7 vezes 150 rupias, depositada na agência de Aden, me pertence e que vocês poderão reclamar, caso achem que valha a pena.

Mandem-me um número de um jornal qualquer de trabalhos públicos, para que eu saiba o que se passa. Estão trabalhando no Panamá?

Escrevam aos Srs. Wurster& Cia., editores em Zurique, na Suíça, e peçam que lhes enviem tão logo o *Manual do Viajante*, de M. Kaltbrünner, contra reembolso postal ou como desejarem. Enviem também as *Construções marítimas*, de Bonniceau, livraria Lacroix.

Expeçam para a agência de Aden.

Passem bem. Adeus.

A. Rimbaud.

Carta aos seus

Habitualmente vazadas em termos quase comerciais ou meramente informativas de suas atividades e andanças, R. nesta carta deixa à mostra seu lado sentimental. Informado pela mãe de que esta andara adoentada e recolhida ao leito, R. se rejubila por sua recuperação e deixa à mostra o seu total desapego à vida.

Harar, 25 de maio de 1881.

Caros amigos,

Cara mamãe, recebi sua carta de 5 de maio. Estou feliz por saber que recuperou a saúde e que pode permanecer em repouso. Na sua idade, seria uma infelicidade ter que trabalhar.[1] Ah! quanto a mim, não me apego à vida, e se vivo é porque me habituei a viver de cansaço; mas se for obrigado a continuar me fatigando como até agora, e de me nutrir de sofrimentos tão veementes quanto absurdos nestes climas atrozes, receio com isto abreviar minha existência.

Continuo aqui nas mesmas condições e, dentro de três meses, poderia enviar-lhe 5.000 de economias; mas penso que vou guardá-los para começar algum pequeno negócio por minha conta nestas paragens, pois não tenho a intenção de passar a vida inteira nesta escravidão.

Enfim, que possamos aproveitar alguns anos de verdadeiro repouso nesta vida; e por sorte que esta vida é uma só, o que é evidente, pois não podemos imaginar uma outra vida com um tormento maior que este!

Do todo seu,

Rimbaud.

---

1. Esta é uma das cartas mais ternas e desesperadas que Rimbaud enviou à mãe. Vitalie estivera doente e ela própria comunicara ao filho em 5 de maio. Curioso ver

como filho e mãe trocavam considerações principalmente sobre seu estado de saúde. Vitalie completara 56 anos havia pouco. Apesar de se ter exaurido nos trabalhos da colheita, conseguira manter seus empregados e mesmo arranjara uma criada para o serviço grosseiro (*apud* Françoise Lalande, *in* Madame Rimbaud).

* * *

Carta aos seus

Harar, 10 de junho de 1881.

Caros amigos,

Estou voltando de uma incursão de reconhecimento, e retorno amanhã para uma nova expedição em busca de marfim.

Meu endereço é sempre o mesmo, e receberei com prazer as notícias daí.

Rimbaud.

— Há muito tempo que não recebo nada de vocês.

* * *

≈ Carta aos seus

Harar, 2 de julho de 1881.

Caros amigos,

Estou voltando do interior, onde comprei uma quantidade considerável de couros crus.

Agora estou com um pouco de febre. Devo voltar dentro de alguns dias para uma região totalmente inexplorada pelos europeus; e, se decidir finalmente pôr-me a caminho, será uma viagem de seis semanas, difícil e perigosa, mas que pode trazer lucro. — Serei o único responsável por essa pequena expedição. Espero que tudo corra o menos mal possível. Em todo o caso, não se preocupem comigo.

Devem estar muito atarefados por esta altura; e lhes desejo bom êxito em suas ocupações.

Seu,

Rimbaud.

P. S. Não estarei em contravenção com a lei militar? Jamais saberei como estou a esse respeito.[1]

---

1. Até o fim da vida, R. se atormentará com a idéia de estar em falta com a "lei militar". Ele fora dispensado da prestação de serviço com a conscrição de Fréderic, a lei isentando as famílias rurais de alistar ambos os arrimos, mas, mesmo assim, devia inscrever-se na reserva. O certificado de dispensa do serviço militar (a "caderneta", a que ele se refere em várias cartas) se havia perdido provavelmente em uma de suas andanças e ele temia, caso solicitasse uma segunda via, que as autoridades o reconvocassem.

* * *

Carta aos seus

Harar, Sexta-feira 22 de julho de 1881.

Caros amigos,
Recebi recentemente carta de vocês, datada de maio ou junho. Vocês se admiram do atraso da correspondência, o que não é justo: ela chega mais ou menos com regularidade, embora a grandes intervalos; e quanto aos pacotes, caixas e livros que me mandaram, recebi todos a seu tempo, há cerca de quatro meses, e acusei recebimento.

A distância é grande, eis tudo; há um deserto a transpor, o que duplica a distância postal.

Não os esqueço de maneira alguma, como poderia? e se minhas cartas são demasiado curtas, é que, sempre em expedições, tenho que me apressar nas horas de partida dos correios. Mas penso muito em vocês, não penso senão em vocês. E que querem que lhes conte deste meu trabalho, que já tanto me repugna, e desta região, pela qual tenho horror, e assim por diante. De que vale contar-lhes as tentativas que fiz com esforços extraordinários e que só me trouxeram a febre, que me mantém já há quinze dias nas condições em que a tive em Roche há dois anos passados? Mas, que querem? estou agora habituado a tudo, nada me causa temor.

Em breve farei um acordo com a Matriz para que meus salários cheguem regularmente às suas mãos na França, a cada trimestre. Farei com que lhes paguem tudo o que me é devido até agora, e, em seguida, a coisa seguirá regularmente. Que querem que eu faça com um dinheiro improdutivo na África?

Com a soma que receberem, comprem imediatamente títulos de valor ou de uma renda qualquer e os registrem em meu nome junto a um notário de confiança; ou arranjem outro modo qualquer que lhes pareça conveniente, colocando-a junto a um notário ou banqueiro seguro das vizinhanças. As duas única coisas que desejo são que seja bem aplicada com segurança e *em meu nome*; 2º que renda juros regularmente.

Precisaria apenas estar seguro de não me achar em contravenção com o serviço militar, para que não me venham impedir de aproveitar meu dinheiro depois, de um modo ou de outro.

Vocês poderão, a seu critério, retirar a quantidade que acharem conveniente dos juros das somas assim aplicadas.

A primeira soma que poderão receber dentro de três meses poderá elevar-se a 3 000 francos.

Tudo isto é muito natural. Não tenho necessidade de dinheiro no momento, e nada há em que possa aplicar esse dinheiro aqui.

Desejo-lhes êxito em suas ocupações. Não se afadiguem, seria uma coisa insensata! A saúde e a vida não são mais preciosas que todas as outras porcarias do mundo?

Vivam com tranqüilidade.

Rimbaud.

* * *

༄ Carta aos seus

Harar, 5 de agosto de 1881.

Caros amigos,

Acabo de pedir que instruam à Matriz na França para fazerem chegar-lhes às mãos, em moeda francesa, a soma de mil cento e sessenta e cinco rupias e quatorze anas, o que corresponde a dois mil quatrocentos e setenta francos, com a rupia valendo cerca de 2 fr. e 12 cent. Contudo, o câmbio é variável. Assim que receberem esta pequena soma, apliquem-na da forma que lhes convier, e me informem prontamente.[1]

A partir de agora, tratarei de fazer com que meus salários lhes sejam pagos diretamente na França, de três em três meses.

Tudo isto, aliás, não tem nada de interessante. Começo a me recuperar um pouco da doença. Espero que estejam bem de saúde e que seus afazeres andem de acordo com o desejado. Quanto a mim, fui posto a dura prova aqui, mas espero que um pequeno passeio à costa ou a Aden me refará de todo.

E que diabo saberá a que caminho nosso destino nos conduz?

Seu,

Rimbaud.

---

1. Vitalie, como boa camponesa, não comprou ações nem títulos públicos, nem aplicou o dinheiro a juros, mas adquiriu o que, em sua concepção, nunca se perde nem cai de valor: terras (37 acres e 70 centiacres). R. recebe com estupefação a notícia de que era então proprietário rural.

* * *

ARTHUR RIMBAUD | *Correspondência*

Carta aos seus

Harar, 2 de setembro de 1881.

Caros amigos,

Creio haver-lhes escrito uma vez depois de sua carta de 12 de julho.

Continuo a me aborrecer bastante nesta região da África. O clima é embirrado e úmido; o trabalho que faço é absurdo e embrutecedor, e as condições de existência são em geral também absurdas. Além disso, tive desentendimentos desagradáveis com a direção e o resto, e estou quase decidido a mudar de ares brevemente. Tentarei fazer alguma coisa por conta própria na região; e se não der certo (o que logo saberei), tratarei logo de seguir para, segundo espero, um trabalho mais inteligente sob um céu melhor. Será aliás possível que mesmo nesse caso eu me mantenha associado à firma, – em alguma parte.

Vocês dizem que me enviaram objetos, caixas, roupas, de que não acusei recebimento. Recebi apenas um envio de livros conforme sua lista, juntamente com camisas. Por outro lado, os meus pedidos e correspondência circularam sempre de uma maneira insensata neste buraco.

Imaginem que encomendei duas roupas em Lyon, no ano passado em novembro, e nada chegou até agora!

Tive necessidade de um remédio, há seis meses; encomendei-o em Aden, e ainda não o recebi! – Tudo está a caminho, com os diabos.

Tudo que peço ao mundo é um bom clima e um trabalho adequado, interessante: hei de encontrar isto, garanto, um dia ou outro! Espero, pois, só receber boas notícias de vocês e que estejam saudáveis. Meu maior prazer é receber notícias daí, caros amigos; e lhes desejo mais oportunidades e alegrias do que tenho.

Até a volta,

Rimbaud.

— Dei ordem à firma em Lyon para lhes mandarem para Roche, pelo correio, o total de meus salários em espécie, de 1º de dezembro de 1880 a 31 de julho de 1881, o que monta a 1 165 rupias (a rupia vale mais ou menos dois francos e 12 cêntimos). Peço que me avisem assim que receberem essa soma e a aplicarem convenientemente.

— A respeito do serviço militar, continuo crendo que eu não esteja em falta; e ficarei muito desgostoso se estiver. Informem-se com precisão a respeito. Em breve será necessário obter um passaporte em Aden, e deverei prestar declarações a esse respeito.

Recomendações a F[rédéric].

* * *

❦ Carta aos seus

Harar, 22 de setembro de 1881.

Caros amigos,

Suas notícias estão atrasadas, me parece: nada recebi aqui já faz muito tempo. Dão pouca importância à correspondência, nesta agência!

O inverno vai começar aí. Aqui, vai terminar a estação das chuvas e começar o verão.

Sou o único encarregado dos negócios da agência, neste momento, durante a ausência do diretor. Pedi demissão há uns vinte dias, e espero substituto. Contudo, é possível que eu permaneça no país.

Escrevi devidamente à agência de Lyon para lhes enviarem a soma de 1 165 rupias, proveniente de meus salários de 1º de dezembro a 31 de julho. Receberam?

— Se receberam, apliquem a soma como lhes convier. — A partir de agora, vou receber diretamente do caixa, pois estou para dar o fora de um momento para outro.

Por que não me enviaram, conforme pedi, as obras intituladas:

1º *Manual do Viajante*, de Kaltbrünner (encontra-se na *Reinwald & Companhia*, rua des Saints-Pères, 15, em Paris);

2º *Construções marítimas*, de Bonniceau (casa *Lacroix*)?

Lembro-me de ter pedido isto faz muito tempo e nada me chegou.

Não me deixem tanto tempo sem notícias. Desejo-lhes um outono agradável e toda a prosperidade.

Seu,

Rimbaud.

* * *

Correspondência | Arthur Rimbaud

✑ Carta aos seus

> Maison Viannay
> Bardley et Cie.,
> Aden

Caros amigos,

Estou recebendo hoje, 7 de novembro, três cartas de vocês, de 8, 24 e 25 de setembro. Quanto ao assunto militar, escrevi imediatamente ao cônsul francês em Aden, e o nosso agente geral em Aden juntará um certificado à declaração do cônsul, e a enviará a vocês em seguida, como espero. Não posso deixar a agência aqui, pois isso paralisaria de repente os negócios, já que sou encarregado de tudo e provisoriamente diretor do movimento. Além disso, quero ir numa exploração mais longe ainda. Quanto a prever se isto acontecerá em breve, ou mesmo se acontecerá de todo, não se sabe: tanto que sua carta de 8 de setembro me chegou depois da de 25. Certa vez, recebi uma carta de maio em setembro.

Uma coisa que me parece muito esquisita é que vocês não tenham recebido meu dinheiro, até esta data de 25 de setembro. A ordem de pagamento foi dada e seguiu daqui pelo correio de 4 de agosto, e terá chegado a Lyon, o mais tardar aí por 10 de setembro. Por que não lhes pagaram ainda? Mando-lhes um modelo de reclamação que é preciso endereçar imediatamente a este endereço:

Senhores Mazeran, Viannay et Bardey
  Rua de l'Arbre-Sec, Lyon

Senhores,
Meu filho Rimbaud, empregado em sua agência de Harar, tendo me comunicado por carta de Harar, em..., que havia enviado uma ordem,

pelo correio de Harar do dia 4 de agosto de 1881, à vossa firma de Lyon, para entregar-me em mãos a importância de mil cento e setenta e cinco rupias em francos, ao câmbio de Aden, saldo dos salários do Sr. Rimbaud no Harar, de 1º de dezembro de [18]80 a 30 de julho de [18]81, admira-me que até o momento nada haja recebido relativamente a este assunto. Ficaria grata se os senhores me informassem o que ocorre e que pretendem fazer a respeito.

Queiram, Senhores, aceitar a expressão de meus respeitos.

E se não responderem, reclamem energicamente; se responderem, saibam que a soma é de 1 165 rupias, e o câmbio da rupia 2 fr. 15, ou seja:

$$\underline{215}$$
$$5\ 825$$
$$1165$$
$$\underline{2330}$$
$$= \text{a francos } 2\ 504,75$$

que devem receber.

Em todo caso, não me despacharei daqui sem saber notícias seguras sobre essa soma e sem possuir o recibo ou ao menos uma notícia sua.

Aí agora é inverno, eu estou no verão. As chuvas cessaram; faz bom tempo e bastante calor. Os cafeeiros amadurecem.

Farei em breve uma grande expedição, talvez até o Choa, nome que vocês podem encontrar no mapa. Estejam tranqüilos que jamais me aventurarei sem perfeito conhecimento de causa. Muita coisa teria para se fazer e ganhar aqui se a região não estivesse rodeada de bandidos que impedem o caminho dos melhores mercados. Confio em vocês para aplicar esses pobres fundos. Mas que querem que eu faça com propriedades fundiárias? Tenho alguns fundos para enviar, ainda agora, cerca de 1.500 francos; mas gostaria de ver os primeiros resultados.

Gosto de imaginar que esse negócio dos vinte e oito dias vai se resolver sem dificuldades; vou insistir com Aden para que não deixem a coisa se arrastar. Como é que vão querer que eu ponha de lado todos os meus afazeres durante esses 28 dias?[1]

Haja o que houver, sinto satisfação em pensar que os pequenos trabalhos daí vão indo bem. Se tiverem necessidade de algum, tomem do meu: que é vosso. Quanto a mim, não tenho ninguém com quem me preocupar, salvo minha própria pessoa, que não pede nada.

Todo seu,

Harar, 7 de novembro de 1881.

Rimbaud.

---

1. Vitalie informa R. que as autoridades francesas exigem que ele sirva o exército por 28 dias a fim de regularizar sua situação militar, chegando mesmo a aconselhar seu retorno imediato a Roch, temerosa de possíveis conseqüências. R. lhe havia mandado uma declaração do cônsul francês atestando estar ele empregado em Aden numa firma francesa, documento este que Vitalie devia apresentar às autoridades como justificativa de sua ausência e, ao mesmo tempo, obter dessas autoridades uma segunda via de sua carteira de reservista, exigida pelo cônsul francês em Aden.

* * *

Carta aos seus

Harar, 3 de dezembro de 1881.

Caros amigos,

Esta é para lhes desejar um bom Ano novo em 1882. Boa sorte, boa saúde, e bom tempo. Não tenho tempo para lhes escrever mais que isto. Espero que a declaração, que enviei a Aden ao cônsul da França, tenha sido visada e enviada para o endereço daí, e que essa história do certificado militar acabe bem.

Reclamei junto à Matriz a respeito da soma de 1.160 rupias que lhes devem mandar, ao câmbio de pelo menos 2 francos e 12 cêntimos por rupia. Ainda não me responderam. Se não for paga em breve, farei uma queixa junto ao cônsul francês em Aden.

Estou passando bem.

Todo seu,

Rimbaud.

* * *

Carta ao Sr. Alfred Bardey

De gênio difícil, conforme declarou o próprio Bardey em suas memórias, R. entrava em freqüentes atritos com seu patrão, ora para obter melhor situação na firma, ora porque suas propostas de explorar regiões desconhecidas eram encaradas com cautela por Bardey, ciente dos perigos envolvidos. Depois de uma expedição exaustiva, mas lucrativa para a firma, Bardey acena a R. com um lugar no escritório de Aden, para onde estava de partida. Provavelmente o telegrama ou carta lacônica dirigida a Bradey marca um encontro para a discussão da proposta.

Harar, 9 de dezembro de 1881.

Terei muito prazer em encontrá-lo pessoalmente em Aden.

Rimbaud.

Senhor Alfred Bardey.

* * *

Carta aos seus

Harar, 9 de dezembro de 1881.

Caros amigos,

Esta é apenas para cumprimentá-los.

Não me mandem mais nada para Harar. Parto em breve, e é pouco provável que eu volte novamente aqui.

Assim que chegar a Aden, a menos que vocês me informem do contrário, telegrafarei à Matriz sobre esses malditos 2.500 francos que lhes estão devendo, e darei conhecimento do caso ao cônsul da França. Contudo, creio que até lá lhes terão pago. Espero encontrar outro trabalho, assim que chegar a Aden.

Desejo-lhes um inverninho não muito rigoroso e em boa saúde,

Seu,

Rimbaud.

DE VOLTA A ADEN
(1882-1883)

Vou fazer uma obra para a Sociedade de Geografia, com mapas e gravuras, sobre o Harar e o país dos Galas. Estou mandando vir agora de Lyon uma máquina fotográfica para levar para o Harar e obter vistas dessas regiões desconhecidas.

18 DE JANEIRO DE 1882

Mercado de camelos em Aden.

EM FINS DE 1881, ERNEST DELAHAYE, QUE SE CORRESPONDIA com Paul Verlaine e lhe dava notícias de R., desconhecendo então o paradeiro do amigo de ambos, resolve escrever uma carta à mãe do poeta em Roche, acreditando que este passaria o inverno, como antigamente, em casa da família. Vitalie reenvia a carta ao filho, que está novamente em Aden. Não se conhece o teor da carta de Delahaye, mas é possível que falasse da série *Poetas malditos*, que estava sendo publicada por Verlaine, na qual figurava um longo retrato literário de R. Conhece-se, no entanto, a resposta de R., totalmente isenta das brincadeiras e adulterações de palavras dos "velhos tempos" (ou seja, de havia menos de 10 anos), e tratando apenas de assuntos comerciais (longas encomendas), termina por adulterar o prenome do amigo (de Ernest para Alfred), confundindo-o talvez com o de seu patrão, Alfred Bardley. Essa carta-resposta-encomenda, enviada através de Vitalie, nunca chegou às mãos de Delahaye, não por censura daquela, talvez preocupada com aquele dispêndio de milhares de francos, mas porque o próprio R. lhe mandou, logo depois (24 de fevereiro) um telegrama cancelando o pedido.

R. mantinha a ilusão de que poderia viver e ganhar algum dinheiro escrevendo artigos e fazendo pesquisas para a Sociedade de Geografia de Paris. Certamente a idéia lhe veio de conversas com Bardley, que entrara para aquela sociedade em sua última e então recente viagem a Paris.

Carta aos seus

Aden, 18 de janeiro de 1882.

Caros amigos,

Recebi sua carta de 27 de dezembro, contendo uma carta de Delahaye. Vocês dizem que me escreveram duas vezes a propósito do recebimento daquela quantia de dinheiro. Que aconteceu que tais cartas não me chegaram? E acabei de telegrafar de Aden para Lyon, a 5 de janeiro, insistindo no pagamento da quantia! Também não me disseram o quanto receberam, o que tenho necessidade urgente de saber. Enfim, o bom é que a soma tenha chegado, depois de ficar retida durante estes seis meses! Pergunto-me também a que câmbio lhes teriam pago. De futuro, procurarei outro meio para as minhas remessas de dinheiro, pois o modo de agir dessa gente é muito desagradável. Tenho no momento cerca de 2.000 francos de economias, mas vou precisar deles muito brevemente.

Saí de Harar e voltei para Aden, onde espero romper meu compromisso com a Casa. Encontrarei facilmente outra coisa.

Quanto à história do serviço militar, segue inclusa uma carta do cônsul que me foi dirigida, indicando-lhes o que fiz e quais documentos estão no ministério. Mostrem essa carta à autoridade militar, que isso os tranqüilizará. Se for possível enviar-me uma segunda via de meu certificado perdido, peço-lhes que o façam tão cedo quanto possível, pois o cônsul o está pedindo. Enfim, com o que vocês têm e com o que eu lhes enviei, creio que o assunto ficará resolvido.

Segue junto uma carta para Delahaye, a fim de que tomem conhecimento do assunto. Se ele continuar em Paris, isto me vai ser muito útil: tenho necessidade de adquirir alguns instrumentos de precisão. Pois vou fazer uma obra para a Sociedade de Geografia, com mapas e gravuras, sobre o Harar e o país dos Galas. Estou mandando vir agora de Lyon uma máquina fotográfica para levar para o Harar e obter vistas dessas regiões desconhecidas. Vai ser um ótimo negócio.

Preciso também de instrumentos para fazer levantamentos topográficos e medir altitudes. Quando esse trabalho terminar e for recebido pela Sociedade de Geografia, poderei talvez conseguir fundos para outras viagens. A coisa é muito fácil.

Peço-lhes pois que façam chegar a encomenda inclusa a Delahaye, que se encarregará dessas aquisições, e vocês terão apenas que pagar os custos. Ficará por alguns milhares de francos, mas terei com isto um bom lucro. Ficarei muito agradecido de me fazerem chegar tudo isto o mais cedo possível, *diretamente,* em Aden. Insisto para que aviem totalmente a encomenda; se deixarem faltar qualquer coisa da lista, vão me colocar em grande embaraço.

Todo seu,

Rimbaud.

A Ernest Delahaye

Aden, 18 de janeiro de 1882.

Meu caro Delahaye,

Recebo com prazer suas notícias.

Sem mais preâmbulos, vou explicar como você, caso permaneça em Paris, poderá me prestar um grande favor.

Estou para escrever uma obra sobre o Harar e o país dos Galas que explorei, e submetê-la à Sociedade de Geografia. Estive um ano nessas regiões, empregado numa casa comercial francesa.

Acabo de encomendar de Lyon uma máquina fotográfica que me permitirá, na obra, intercalar vistas dessas estranhas paragens.

Faltam-me instrumentos para a confecção de mapas, e me disponho a adquiri-los. Tenho uma certa soma em depósito com minha mãe, na França; e é com esse dinheiro que cobrirei as despesas.

Eis o de que preciso, e lhe serei infinitamente grato se me providenciar essas aquisições, valendo-se da ajuda de algum entendido, por exemplo, um professor de matemática de seu conhecimento, e recorrendo ao melhor fabricante de Paris:

1º Um *teodolito de viagem,* de pequenas dimensões. Deve ser cuidadosamente regulado e embalado. O preço de um teodolito é bastante elevado. Se custar mais de 1500 a 1800 francos, esqueça o teodolito e compre os dois instrumentos seguintes:

Um bom sextante;

Uma bússola de reconhecimento Cravet, de nível.

2º Comprar uma *coleção mineralógica de 300 amostras.* Isto se encontra no comércio.

3º *Um barômetro aneróide de bolso.*

4º *Uma cadeia de agrimensor, de cânhamo.*

5º *Um estojo de matemática* contendo: uma régua, um esquadro, um transferidor, um compasso de redução, um decímetro, um tira-linhas, etc.

6º *Papel de desenho.*

E os seguintes livros:

Topografia e Geodesia,* do comandante Salneuve *(livraria Dumaine, Paris);*

Trigonometria dos cursos superiores;

Mineralogia dos cursos superiores, ou o melhor curso da Escola de Minas;

Hidrografia, o melhor curso que houver;

Meteorologia, de Marie Davy *(Masson, livreiro)*;

Química industrial, de Wagner *(Savy, livreiro,* rua Hautefeuille);

Manual do Viajante, de Kaltbrünner (edição *Reinwald*);

Instruções para os viajantes assistentes (Livraria do Museu de História natural);

O Céu, de Guillemin;

Por fim, *o Anuário do Departamento de Longitudes para 1882.*

Faça a fatura do conjunto, acrescente seus gastos e receba o pagamento junto à minha depositária, Senhora Rimbaud, em Roche.

Você não imagina o serviço que me prestará. Poderei terminar essa obra e trabalhar em seguida por conta da Sociedade de Geografia.

Não tenho receio de despender alguns milhares de francos, que me serão largamente recompensados.

Rogo-lhe, pois, se você puder, que me adquira o que lhe peço o mais rapidamente possível; principalmente o teodolito e a coleção mineralógica. Na verdade, estou precisando igualmente de tudo. A embalagem deve ser cuidadosa.

No próximo correio, que parte daqui a três meses, mando-lhe detalhes. Enquanto espero, mãos à obra.

Cordiais saudações,

Rimbaud.

Casa Mazeran, Viannay & Bardey,
Em Aden.

Senhor Alfred Delahaye,
8, praça Gerson, Paris.

---

* Senão, o melhor curso de *topografia* que houver.

* * *

Carta aos seus

Aden, 22 de janeiro de 1882.

Caros amigos,

Confirmo-lhes minha carta do dia 18, que seguiu pelo barco inglês e que lhes chegará alguns dias antes desta.

Hoje, uma correspondência de Lyon me faz saber que não lhes pagaram senão 2.250 francos em vez dos 2.469 francos e 80 que me são devidos, contando-se a rupia ao câmbio de 2 francos e 12 cêntimos, como estava especificado na ordem de pagamento. Vou mandar em seguida uma reclamação à casa Matriz e farei queixa junto ao cônsul, pois isto é uma ladroeira pura e simples; e, além do mais, devia esperar por isso, pois esses indivíduos são uns safados e ladrões, que servem apenas para explorar as canseiras de seus empregados. Mas continuo sem saber por que suas cartas que mencionam o pagamento dessa soma não me chegaram às mãos: vocês as endereçaram a eles, em Lyon? Nesse caso, não me admira que nada tenha chegado, pois essa gente procede de maneira a transtornar e interceptar a correspondência de seus empregados.

Prestem atenção, no futuro, para enviarem tudo diretamente para aqui, sem passar por aquele intermédio maldito. Estejam atentos principalmente a propósito do envio dos objetos que lhes pedi na carta de anteontem e na aquisição dos quais estou decidido a empregar a soma que receberam: que nada passe por intermédio deles, pois tudo estaria infalivelmente arruinado ou perdido.

Vocês me fizeram uma primeira remessa de livros, que aqui chegou em maio de 1881. Alguém teve a idéia de embalar alguns vidros de tinta na caixa, e, como os vidros quebraram, todos os livros me chegaram banhados de tinta.

Fizeram-me outra remessa depois daquela? Digam-me, para que eu possa reclamar, se algo se extraviou.

Suponho que tenham remetido minha carta a Delahaye, e que este se terá incumbido das encomendas feitas. Volto a recomendar que os instrumentos de precisão sejam cuidadosamente examinados, antes do embarque, por pessoas competentes, e, em seguida, cuidadosamente embalados e expedidos diretamente para meu endereço em Aden, pelos agentes em Paris das Messageries maritimes.

Preocupo-me em especial com o teodolito, pois é o melhor instrumento topográfico, e o que me pode prestar melhores serviços. Fica entendido que o *sextante* e a *bússola* se destinam a substituir o teodolito, caso este custe muito caro. Suprimam a *coleção mineralógica*, caso esse item impeça a aquisição do teodolito; mas, em todo caso, comprem os livros, para os quais lhes recomendo todo o cuidado.

Preciso também de um *óculo de alcance*, ou *luneta de estado-maior*: a ser comprada ao mesmo tempo, nos mesmos fabricantes, do teodolito e do barômetro.

Definitivamente, suprimam de todo a coleção mineralógica, no momento. Em breve, vou enviar-lhes um milhar de francos: ficarei grato se comprarem *antes de tudo o teodolito*.

Vejam como podem distribuir o dinheiro:

Óculo de alcance, 100 francos; barômetro 100 francos; cadeia de agrimensor e compasso, 40 francos; livros, 200 francos; destinando o restante ao teodolito e às despesas de frete até Aden.

Meu aparelho fotográfico chegará de Lyon dentro de algumas semanas: já mandei os fundos, pagamento adiantado.

Venho insistir para que executem meus pedidos, não me deixando faltar o que lhes peço, se acharem que podem realmente me conseguir essas coisas em boas condições; pois fique bem claro que esses instrumentos só podem ser adquiridos por alguém competente. Caso contrário, guardem o dinheiro, – pois é muito penoso adquiri-lo para o empregar na aquisição de quinquilharias!

Peço-lhes que enviem a carta inclusa ao senhor *Devisme, armeiro,* em Paris. Trata-se de pedido de informações a propósito de uma arma especial para a caça de elefantes. Transmitam-me a resposta em seguida, e verei se lhes devo enviar fundos.

Escrevi solicitando que lhes saldem o restante da dita soma. Ainda restam 219 francos e 80 c. que, suponho, lhes serão enviados por minha recomendação.

Todo seu,

Rimbaud.

— E mandem comprar o teodolito, o barômetro, a cadeia e o telescópio, seja como for, por alguém que conheça o assunto e junto aos bons fabricantes. Se não, vale mais guardarem o dinheiro e se contentarem com a aquisição dos livros.

— Não receberam um dinheiro, por minha ordem, uma primeira vez em novembro de 1880, e uma outra em fevereiro de 1881? Informaram-me isto de Lyon. Façam as contas com precisão, para que eu saiba o que tenho ou o que não tenho.

Ao Sr. Devisme

Aden, 22 de janeiro de 1882.

Caro Senhor,

Estou viajando pelo país dos Galas (África oriental), e, ocupando-me neste momento da formação de um grupo de caçadores de elefantes, ser-lhe-ia realmente grato se o senhor pudesse me orientar, tão acuradamente quanto possível, sobre o seguinte assunto:

Existe alguma arma especial para a caça de elefantes?

Como o sr. a descreveria?

Quais suas recomendações?

Onde pode ser encontrada? A que preço?

Quanto à composição das munições: envenenadas ou explosivas?

Trata-se, em meu caso, da aquisição de duas armas para experiência, — e, possivelmente, se aprovadas, da compra de uma meia dúzia.

Agradecendo-lhe antecipadamente pela resposta, sou
a V. Sa. reconhecido.

Rimbaud

Aden (colônias inglesas)
Senhor Devisme,
Paris.

* * *

❦ Carta aos seus

Aden, 12 de fevereiro de 1882.

Caros amigos,

Recebi sua carta de 21 de janeiro, e espero que tenham recebido as minhas duas últimas com a encomenda de livros e instrumentos, bem como o telegrama, datado de 24, em que as anulava.[1]

Quanto ao recebimento de dinheiro: as cartas daí chegaram a Harar no dia seguinte da minha partida, de modo que não conseguiram me alcançar em Aden senão em fins de janeiro. Em todo caso, tudo indica que me suprimiram uma certa quantia com o câmbio. Mas fiquem tranqüilas, e não façam reclamações. Vou acabar recebendo essa diferença aqui, ou mandarei que lhes seja enviada para a França.

Vocês aplicaram esse dinheiro na compra de terras, e fizeram bem.[2] Assim que o soube, telegrafei-lhes para que não comprassem o que lhes encomendei, e espero que tenham compreendido.

Quando lhes enviar uma nova quantia, poderão empregá-la como lhes expliquei; pois tenho realmente necessidade dos instrumentos que lhes disse. Só que a aquisição se fará mais tarde.

Não espero permanecer muito tempo em Aden, onde precisaria haver interesses mais inteligentes do que os tenho aqui. Se eu partir, e conto partir em breve, será para voltar a Harar, ou descer a Zanzibar, para onde tenho ótimas recomendações; em todo caso, se nada encontrar aí, sempre poderei voltar para cá, onde poderei descobrir trabalhos bem melhores do que este que tenho.

Há cerca de um mês lhes enviei os certificados pedidos, pelo menos os que eu enviei ao ministério da guerra, por intermédio do cônsul da França em Aden.

O Cônsul insiste de toda forma em ver meu certificado [militar]. Não lhe disse que o havia perdido. Se for possível obter uma segunda via, peço-lhes que me enviem.

Boa sorte e boa saúde. Em breve novas notícias.

Rimbaud.

1. R. anula a compra dos instrumentos pedidos diante da informação de Vitalie de que havia empregado o dinheiro na aquisição de terras.
2. É de se imaginar o pasmo e a decepção de R. ao ter essa notícia! Mas diante do *fait accompli* não lhe resta senão achar que a aplicação foi bem feita. R. tornava-se assim proprietário de um terreno rural de 37 ares e 70 centiares, situado bem em frente da fazenda familiar ("o triste buraco"), ele que sempre detestara a vida do campo.

* * *

Carta a Vitalie

Aden, 15 de abril de 1882.

Querida mãe,

Sua carta de 30 de março me chegou a 12 de abril.

Vejo com satisfação que a senhora se restabeleceu, e é preciso que a senhora se assegure disto. Inútil acalentar idéias negras enquanto se existe.

Quanto aos meus rendimentos de capital, de que a senhora fala, eles são bastante parcos e não me apoquento de forma alguma a este respeito. Quem poderia me causar mal, a mim que nada tenho além de mim mesmo? Um capitalista da minha espécie nada tem a temer de suas especulações, nem das dos outros.[1]

Obrigado pela hospitalidade que vocês me oferecem, caros amigos. Fica subentendido que vale tanto de uma parte quanto de outra.

Desculpem-me por haver passado um mês sem lhes escrever. Fui atazanado por toda espécie de trabalho. Continuo na mesma firma, nas mesmas condições; só que trabalho ainda mais e gasto quase tudo, e estou decidido a não permanecer em Aden. Dentro de um mês ou estarei de volta a Harar ou a caminho de Zanzibar.

De futuro, não me esquecerei de lhes escrever em cada mala postal.

Bom tempo e boa a saúde.

Todo seu,

Rimbaud.

---

1. Vitalie certamente se preocupava com as economias que R. trazia escondidas no cinto e mesmo com suas eventuais aplicações em títulos. Suas cartas deviam decerto conter conselhos de prudência e mesmo apelos para que o filho regressasse à França, como se depreende do parágrafo seguinte.

✑ Carta aos seus

Aden, 10 de maio de 1882.

Caros amigos,

Escrevi-lhes duas vezes no abril corrente, e minhas cartas lhes devem ter chegado. Recebo a sua de 23 de abril.

Estejam seguros a meu respeito: a situação não tem nada de extraordinário. Continuo sempre empregado no mesmo ofício, e mourejo como um asno numa região pela qual tenho um horror invencível. Faço das tripas coração para tentar sair daqui e conseguir um emprego mais recreativo. Espero bem que esta espécie de existência acabe antes que eu tenha tempo de me tornar completamente idiotizado. Além disso, tenho muitas despesas em Aden, e isto me dá a vantagem de me fatigar ainda mais do que em outra parte. Em breve vou enviar-lhes algumas centenas de francos para algumas compras. Em todo caso, se eu me for daqui, previno-lhes. Se não escrevo mais é que ando muito fatigado e, além disso, tanto aqui, quanto aí, não há nenhuma novidade.

Antes de tudo, boa saúde.

Rimbaud.

* * *

Carta aos seus

Aden, 10 de julho de 1882.

Caros amigos,

Recebi suas cartas de 19 de junho, e agradeço-lhes pelos bons conselhos.

Eu também espero conseguir algum descanso antes da morte. No que respeita ao presente, estou bastante habituado a toda espécie de aborrecimentos; e, se me queixo, é como se fosse uma maneira de cantar.

É provável que eu parta dentro de um mês ou dois para o Harar, se os negócios do Egito se realizarem. E, desta vez, irei fazer um trabalho sério por lá.

Prevendo essa próxima viagem é que lhes peço fazer chegar ao destinatário a carta que segue junto, na qual encomendo um bom mapa do Harar. Ponham no correio essa carta num envelope para o endereço aqui indicado, e juntem um selo para a resposta.

O preço lhes será informado e vocês enviarão o montante, uma dezena de francos, por vale postal; e assim que o receberem, enviem-me o mapa. Não posso passar sem ele, e não existe nenhum por aqui. Conto, portanto, com vocês.

Novas notícias em breve.

Do seu,

Rimbaud.

* * *

Correspondência | Arthur Rimbaud

~ Carta aos seus

Aden, 31 de julho de 1882.

Caros amigos,

Recebi sua carta de 10 de julho.

Vocês vão indo bem, assim como eu.

Devem ter recebido uma carta minha, em que lhes peço para enviar-me um mapa da Abissínia e do Harar, o *mapa do Instituto geográfico de Peterman*. Espero que o tenham encontrado e que irei recebê-lo. Antes de tudo, não me enviem outro mapa senão aquele.

Meu trabalho aqui permanece o mesmo; e não sei se serei permutado ou se me deixarão no mesmo lugar.

As desordens no Egito tiveram por efeito a perturbação dos negócios desta região;[1] e fico quieto no meu canto, por ora, pois não encontraria nada melhor por aí. Se a ocupação inglesa do Egito for permanente, as coisas vão melhorar. E se os ingleses chegarem até Harar, vamos ter de novo bons tempos por aqui.

Enfim, esperemos o que há de vir.

Sempre seu,

Rimbaud.

---

1. Inaugurado oficialmente em 17.11.1869, o canal de Suez trouxe grandes problemas para a economia egípcia, a ponto de o *kediva* (governante) ter de vender suas ações pessoais para a Inglaterra, a fim de evitar a bancarrota do país. Em 1882, os ingleses derrotaram as tropas do coronel Arabi Pacha, sob a alegação de que este queria aterrar o canal. Em seguida, ocuparam as faixas ao longo de todo o canal para protegê-lo e se instalaram nas cidades costeiras. R. vê com bons olhos a ocupação, que considera benéfica, pois em tais casos os ingleses se empenhavam em grandes obras públicas para amenizar os impactos nacionalistas da invasão. Na verdade, R. irá, mais tarde, trabalhar na construção do palácio do governador (inglês) de Harar.

꧁ Carta aos seus

Aden, 10 de setembro de 1882.

Caros amigos,
Recebi sua carta de julho com o mapa; agradeço-lhes.

Nenhuma novidade na minha situação, que é sempre a mesma. Só tenho treze meses para permanecer na firma; não sei se chegarei ao fim. O atual agente em Aden parte dentro de seis meses; é possível que eu o substitua. O salário seria de uns dez mil francos por ano. É sempre melhor que ser apenas empregado; dessa forma, poderei permanecer aqui ainda uns cinco ou seis anos.

Enfim, veremos como vão ficar esses vaivéns.

Desejo-lhes toda a prosperidade.

Falem com cuidado em suas cartas, pois aqui procuram escrutar a minha correspondência.[1]

Todo seu,

Rimbaud.

---

1. Esse pedido de reserva aos seus, prende-se provavelmente ao receio que tinha R. de que seus patrões tomassem conhecimento de sua irregularidade quanto ao serviço militar.

* * *

Correspondência | Arthur Rimbaud

~ Carta aos seus

Aden, 28 de setembro de 1882.

Meus caros amigos,

Continuo no mesmo lugar; mas espero partir, no fim do ano, para o continente africano, não mais para o Harar e sim para o Choa (Abissínia).

Acabo de escrever ao ex-agente da firma em Aden, o Sr. Coronel Dubar, em Lyon, pedindo-lhe que me envie um aparelho fotográfico completo, com o fim de transportá-lo ao Choa, onde é desconhecido e onde poderá me trazer uma pequena fortuna, em pouco tempo.

Esse senhor Dubar é pessoa muito séria, e me enviará o que me convém. Deve informar-se; e, assim que tiver conseguido o que é preciso, pedirá a vocês os fundos necessários, que lhes estou mandando e que enviarão a ele imediatamente, sem tardança.

Estou lhes mandando a soma de 1.000 francos por intermédio da firma em Lyon. Esta quantia é destinada exclusivamente ao fim acima indicado: — não a empreguem de outra forma sem um aviso meu. Além disso, se forem necessários outros 500 ou 1.000 francos, arranjem-no vocês e mandem para ele tudo o que lhes solicitar. Escrevam-me em seguida dizendo o quanto lhes devo, que em seguida lhes enviarei: tenho, aqui comigo, a soma de 5.000 francos.

A despesa acima me será muito útil; mesmo que circunstâncias contrárias me forcem a permanecer aqui, poderei sempre vender tudo com bom lucro.

Em fins de outubro, vocês receberão 1.000 francos de Lyon. Como já disse, destinam-se exclusivamente a essa compra. Não tenho tempo para me estender mais por hoje. Estimo que estejam em boa saúde e prosperidade.

Todo seu,

Rimbaud.

— Em anexo, cheque de 1000 francos contra a firma de Lyon.

❧ Carta aos seus

Aden, 3 de novembro de 1882.

Caros amigos,

Uma carta de Lyon, de 20 de outubro, me informa que minha bagagem fotográfica já foi adquirida. No momento, deve estar a caminho. Devem, pois, dirigir-se a vocês para o reembolso das despesas. Espero que tenham recebido, há muito, meu cheque de 1.000 francos contra a firma de Lyon, e que de lá lhes tenham enviado o montante com o que vocês farão o pagamento.

Aguardo notícias de lá, e espero que tudo tenha se passado sem tropeços.

Quando souber que este assunto está resolvido, vou lhes mandar novas encomendas, se sobrar dinheiro.

Sigo em janeiro de 1883 para Harar, a serviço da firma.

Boa saúde a todos. Sempre seu,

Rimbaud.

* * *

Carta aos seus

Aden, 16 de novembro de 1882.

Caros amigos,

Recebi sua carta de 24 de outubro. Penso que no momento já terão pago o cheque, e que minha encomenda esteja a caminho.

Se eu partir de Aden será provavelmente por conta da Companhia. Tudo isto só se decidirá dentro de um mês ou dois; por ora, nada me deixam ver de preciso. Quanto a regressar à França, que iria arranjar aí, no momento? É bem preferível que eu trate de amealhar alguma coisa por aqui; em seguida, verei. O importante e o mais urgente para mim é ser independente não importa onde.

O calendário me indica que o sol nasce na França às 7:15 e se põe às 16:15, neste mês de novembro; aqui é sempre mais ou menos de 6 às 6. Desejo-lhes um inverno a seu gosto, – e, desde já (pois quem sabe onde estarei daqui a quinze dias ou um mês), um bom ano novo, ou o que se possa chamar de um bom ano novo, e tudo conforme aspiram, para 1883!

Quando seguir para a África, com minha bagagem fotográfica, vou enviar-lhes coisas interessantes. Aqui em Aden não há nada, nem mesmo uma folha (a menos que seja trazida para cá); é um lugar onde se está apenas por necessidade.

Caso os 1.000 francos não tenham sido inteiramente utilizados, dou-lhes ainda a incumbência de me enviar os seguintes livros, que me serão indispensáveis lá para onde vou e onde não tenho como me informar.

Mandem a lista anexa para a livraria de Attigny, com ordem para que me enviem tudo o mais rapidamente possível (pois se essas coisas não me chegarem em Aden, terei que recebê-las depois com muito atraso).

Se não tiver sobrado dinheiro, mandem-me mesmo assim a encomenda desde logo, e me previnam, para que eu mande o restante. O valor total poderá ser 200 francos. Embalem numa caixa com a declaração "livros" no exterior; expeçam ao Sr. Dubar, com um bilhete solicitando-lhe que remeta o embrulho para Aden, endereçado em meu nome, pela agência das Messageries maritimes. Porque se enviarem a encomenda por intermédio da firma em Lyon, ela jamais me chegará.

Forçado a deixá-los aqui, agradeço-lhes antecipadamente.

Todo seu,

Rimbaud.

* * *

Carta a Vitalie

Aden, 18 de novembro de 1882.

Querida mamãe,

Recebi sua carta de 27 de outubro, na qual diz ter recebido os 1.000 francos de Lyon.

O aparelho custa, como diz, 1.850 francos. Telegrafei-lhe com data de hoje: "Pague com meu dinheiro do ano passado." Quer dizer, o que passou dos 1 000 francos, tire-o dos 2.500 que lhe enviei no ano passado.

Tenho bem uns 4.000 francos aqui, mas estão aplicados junto ao Tesouro inglês, e não posso regatá-los sem pagar um ágio. Além do mais, vou precisar deles proximamente.

Assim, pois, retire 1.000 francos do que eu lhe enviei em 1881: não posso resolver o caso de outra maneira. Pois o que tenho no presente, quando estiver na África, poderei fazer negócios que me renderão o triplo. Se lhe causo transtornos, peço-lhe mil perdões. Mas não posso privar-me desse dinheiro no momento.

Quanto ao aparelho, se estiver bem acondicionado, cobrirá certamente os custos. Disso, não tenho dúvidas. Em todo caso, sempre poderei revendê-lo com lucro. Já que foi enviado, vejamos como as coisas terminam.

Escrevi-lhe ontem, juntando uma encomenda de livros no valor de cerca de 200 francos. Peço remetê-los na forma indicada, sem falhas.

Vou retornar ao Harar como agente da firma, e trabalhar com afinco. Espero conseguir uns quinze mil francos até o fim do próximo ano.

Mais uma vez, perdão pela canseira. Não voltarei a dar-lhe outras. Somente, não se esqueça dos livros.

Todo seu,

Rimbaud.

Carta a Vitalie

O TOM DESTA CARTA DIFERE BASTANTE DAS DEMAIS. VITALIE, sempre econômica, estranha a aquisição de um aparelho fotográfico por 1.850 francos, já que havia, com 2.500, adquirido uma boa porção de terras para o filho. Acha que o estão roubando, além de estar cansada de atender os inúmero pedidos de livros e aparelhos que R. lhe faz. Como não lhe têm chegado outras remessas monetárias, já que R. preferira aplicar suas economias numa "espécie de caixa econômica" administrada pelos ingleses em Aden, ela própria, com seus recursos, tem que pagar o restante da dívida para a obtenção da máquina fotográfica. Reclama do filho, que resolve desprendidamente a questão: ela que fique com as terras em troca das somas que irá gastar com ele. Diante da decisão de não mais se intrometer nos negócios do filho, acaba por deixá-lo sem o ponto de apoio familiar, que o prende ao mundo. R. pela primeira vez usa termos bastante ásperos ao se dirigir a Vitalie. Mas tudo termina com novas encomendas.

Aden, 8 de dezembro de 1882.

Querida mamãe,

Recebi sua carta de 24 de novembro comunicando-me que a quantia foi paga e que a expedição do material está sendo feita. Naturalmente que a firma não iria comprar o material sem saber que havia fundos para cobrir a aquisição. Foi por essa razão que a coisa só se decidiu com o recebimento dos 1.850 francos.

A senhora diz que me estão roubando. Sei muito bem quanto custa só o aparelho: algumas centenas de francos. Mas há os produtos químicos, que são muito numerosos e caros, entre os quais encontram-se compostos de ouro e prata no valor de até 250 francos o quilo, mais as chapas, os papéis, as bacias, os frascos, embalagens dispendiosas que aumentam a soma. Pedi todos esses ingredientes para uma duração de dois anos. De minha parte, acho que consegui um bom negócio. Só tenho um receio, o de que essas coisas se quebrem no trajeto marítimo. Se tudo chegar intacto, conseguirei ótimos lucros, e lhes enviarei coisas curiosas.

Então, em vez de se aborrecer, a senhora devia alegrar-se comigo. Sei o valor do dinheiro; e se arrisco alguma coisa, é com conhecimento de causa.

Peço-lhe a bondade de fazer face a quanto lhe venham a pedir além disso pelas despesas de frete e de embalagem.

A senhora tem aí a soma de 2.500 francos, que lhe enviei há dois anos. Fique com as terras que adquiriu com eles em troco das somas que desembolsou comigo. A coisa é bastante simples, e não haverá aborrecimentos.

O que é mais me entristece é que a senhora termina sua carta dizendo que não interferirá mais em meus negócios. Não é uma boa maneira de ajudar um homem que está a milhas de casa, viajando entre povos selvagens, sem ter um único correspondente em sua terra! Espero bem que modifique essa sua intenção pouco caridosa. Se não posso nem mesmo recorrer à minha família para as minhas encomendas, a quem diabo haveria de recorrer?

Enviei-lhe ultimamente uma lista de livros para me serem enviados aqui. Peço-lhe encarecidamente para não jogar meu pedido no lixo. Estou de saída para o continente africano onde ficarei vários anos; e, sem esses livros, ficarei sem uma imensidade de informações que me serão indispensáveis. Ficaria como um cego; e a falta dessas coisas me prejudicaria muito. Faça pois com que me cheguem prontamente todas essas obras, sem faltar uma; coloque-as numa caixa com a indicação "livros", e envie-me para cá, após pagar o porte, por intermédio do Sr. Dubar.

Acrescente a eles mais estas duas obras:

Tratado completo das estradas de ferro, de Couche (livraria *Dunod*, cais dos Agostinhos, Paris);

Tratado de Mecânica da Escola de Châlons.

Todas essas obras custarão 400 francos. Desembolse esse dinheiro por mim, e pague-se da forma que lhe disse; e não lhe farei desembolsar mais nada, pois parto dentro de um mês para a África.

Apresse-se, pois.

Seu,

Rimbaud.

* * *

✒ Carta à mãe e à irmã

Mazeran, Viannay et Bardey,
Endereço telegráfico:
MVIBA-MARSELHA.

Aden, 6 de janeiro de 1883.

Querida Mamãe,
Querida irmã,[1]

Recebi, já se vão oito dias, a carta em que me desejam um bom ano. Retribuo-lhes mil vezes esses votos, e espero que eles se realizem para todos nós. Penso sempre em Isabelle; é a ela que escrevo toda vez, e desejo-lhe particularmente todas as realizações.

Parto no fim do mês para o Harar. A tal bagagem fotográfica vai me chegar aqui dentro de quinze dias e vou tratar logo de utilizá-la para cobrir as despesas, o que não será muito difícil, pois as reproduções fotográficas destas regiões ignoradas e dos tipos singulares que nelas habitam devem vender-se bem na França; além disso, vou conseguir ali algum lucro imediato de toda a operação.

Estimo bastante que tenham terminado os gastos relativos a este negócio; se no entanto a expedição exigir algumas novas despesas, peço-lhes que as façam, concluindo-as o mais rápido possível.

Enviem-me igualmente os livros.

O Sr. Dubar deve enviar-me também um instrumento científico chamado grafômetro.

Espero obter algum lucro no Harar ainda neste ano, e lhes mandarei a quitação do quanto lhes fiz desembolsar. Por algum tempo não vou mais as incomodar com as minhas encomendas. Peço-lhes sinceramente desculpas, se as incomodei. É que o correio é tão demorado, nessa ida e vinda do Harar, que achei melhor me prevenir por um bom tempo.

Tudo de bem,

Rimbaud.

1. Vitalie deve ter certamente queixado com R. de sua desatenção para com a irmã. Embora as cartas sejam endereçadas aos "caros amigos", o tom parece dirigir-se exclusivamente à mãe, e em várias ocasiões, as cartas são destinadas individualmente a Vitalie.

* * *

Correspondência | Arthur Rimbaud

❦ Carta aos seus

Aden, 15 de janeiro de 1883.

Caros amigos,

Recebi sua última carta, com os votos de ano novo. Obrigado do fundo do coração, e creiam que lhes sou sempre dedicado.

Recebi a lista dos livros adquiridos. Justamente, como dizem, os que faltam são os mais necessários. Um deles é o *tratado de topografia* (não de fotografia, já tenho um tratado de fotografia na bagagem). A topografia é a arte de levantar plantas de terreno: preciso dele. Encaminhem, pois, a carta anexa ao livreiro, e ele encontrará facilmente um tratado de algum autor. O outro é um tratado de *geologia e mineralogia práticas*. Para encontrá-lo, deverá proceder conforme minhas explicações.

Esses dois detalhes faziam parte de uma encomenda anterior; é por isso que insisto em tê-los. Aliás eles me são muito úteis.

Não lhes farei novas encomendas, sem mandar o dinheiro. Desculpem o inconveniente.

....

Isabelle está doida em querer visitar-me neste país.[1] Isto aqui é um fundo de vulcão, sem uma folha de mato. A única vantagem reside no clima salubre e nos bons negócios que se podem fazer aqui. Mas, de março a outubro, o calor é excessivo. Agora que estamos no inverno, o termômetro está marcando 30 graus à sombra e não chove nunca. Há bem um ano que durmo permanentemente ao ar livre. Pessoalmente, gosto muito do clima, pois sempre tive horror à chuva, à lama e ao frio. Contudo, em fins de março, é possível que tenha de voltar a Harar. Lá, é região montanhosa, bastante elevada; de março a outubro chove sem parar e o termômetro cai para 10 graus. A vegetação é magnífica, mas há febres. Se voltar, devo permanecer por lá provavelmente mais um ano.

Tudo isto se decidirá proximamente. Do Harar vou enviar-lhes vistas, paisagens e tipos.

Quanto ao Tesouro inglês de que falei, trata-se simplesmente de uma caderneta de poupança especial em Aden, que rende cerca de 4 ½ por cento. Mas a soma dos depósito é limitada. Não é muito prático.

Até a próxima ocasião.

A. Rimbaud.

Inquirir na biblioteca do Estado Maior, ou em outra livraria da mesma especialidade, sobre o mais recente e mais prático *Tratado de Topografia e de Geodesia* (como os destinados aos alunos da Escola militar, etc.), e fazer com que o mandem.

Livraria Lacroix:

Beudant: *Mineralogia e Geologia,* I vol. In-18, 6 francos.

---

1. A idéia dessa visita terá partido da própria Isabelle depois das demonstrações de afeto que R. lhe faz em carta anterior. Talvez pensasse poder repetir a viagem que sua irmã mais velha e já falecida Vitalie, fez, acompanhando a mãe, quando ambas visitaram R. que estagiava em Londres.

* * *

Carta ao Sr. de Gaspary

UMA RIXA COM UM DOS EMPREGADOS NATIVOS MAIS IMPORTANTES da firma leva R. a se sentir ameaçado, a ponto de relatar o incidente por escrito ao cônsul francês em Aden. Será em conseqüência dessa briga que R. se transfere pouco tempo depois para o Harar.

Aden, 28 de janeiro de 1883.

Senhor Cônsul,

Peço permissão para expor ao vosso julgamento a seguinte circunstância:

Hoje, às 11 horas da manhã, um tal de Ali Chemmak, despenseiro da Firma em que trabalho, tendo se mostrado bastante insolente comigo, permiti-me aplicar-lhe um tapa sem violência.

Os trabalhadores em serviço e diversas testemunhas árabes me imobilizaram em seguida para permitir que o dito Ali Chemmak me esbofeteasse, rasgando-me as vestes e ameaçando-me em seguida com um pedaço de pau que apanhou do chão.

As pessoas presentes intervieram e Ali se retirou, indo em seguida dar queixa à polícia por golpes e ferimentos e subornou várias falsas testemunhas para declararem que eu o havia ameaçado com um punhal, etc., etc., e outras mentiras destinadas a envenenar o caso às minhas custas e incitar contra mim a fúria dos nativos.

Ao comparecer por esta causa à polícia local de Aden, permiti-me, Senhor Cônsul, preveni-lo a propósito das violências e ameaças de que fui vítima da parte dos nativos e pedir sua proteção caso a seqüência do assunto assim o aconselhe.

Tenho a honra, Senhor Cônsul, de ser
Seu Servidor,

                                        Rimbaud.
                            Empregado da firma Mazeran,
                            Viannay & Bardey, em Aden

Senhor de Gaspary
Vice-Cônsul da França,
Aden.

* * *

Carta aos seus

Aden, 8 de fevereiro de 1883.

Querida mamãe, querida irmã,

Recebi uma carta do Sr. Dubar, em fins de janeiro, anunciando-me a partida da bagagem em questão e um aumento de 600 francos na fatura. Paguem os 600 francos por minha conta, e ponto final nesta história. Gastei com ela muito dinheiro, mas a coisa me dará o retorno, estou certo, e não me lamento pois com as despesas.

Por ora, encerremos a lista de despesas, encomendas, etc.

Enviem-me apenas os livros que lhes encomendei; não se esqueçam.

Partirei certamente de Aden dentro de seis semanas, mas lhes escreverei antes disto.

Todo seu,

Rimbaud.

* * *

✒ Carta aos seus

Aden, 14 de março de 1883.

Caros amigos,

Parto a 18 para o Harar, por conta da afirma.

Recebi todas as bagagens que tanto as incomodaram. Espero apenas os três últimos livros.

Vão lhes pedir, talvez muito em breve, de Lyon, a soma de 100 francos, mais ou menos, em pagamento de um *grafômetro* (instrumento para medir ângulos num terreno) que encomendei. Podem pagar; e doravante não lhes pedirei mais nada, sem antes enviar o dinheiro.

Espero conseguir alguns lucros no Harar e poder receber, em um ano, os fundos da Sociedade de Geografia.

Escreverei no dia de minha partida.

Boa sorte e saúde.

Todo seu,

Rimbaud.

* * *

Correspondência | Arthur Rimbaud

✑ Carta aos seus

Aden, 19 de março de 1883

Meus caros amigos,

Recebi sua última carta e a caixa de livros chegou-me ontem à noite. Agradeço-lhes.

O aparelho fotográfico, e todo o resto, está[1] em excelente estado, embora tenha dado um giro pelas ilhas Maurício, e hei de tirar bom proveito de tudo isto.

Quanto aos livros, me serão muito úteis num país onde não há informações, e onde nos tornamos imbecis como um asno se não repassamos um pouco os nossos estudos. Os dias e as noites, sobretudo, são bem longas em Harar, e esses volumes me farão passar o tempo agradavelmente. Pois cumpre dizer que não há nenhum lugar de reunião pública em Harar; somos obrigados a ficar em casa continuamente. Espero além disso fazer um curioso álbum com tudo isto.

Envio-lhes um cheque de cem francos, para descontarem e comprar-me livros cuja lista segue junto. A despesa com livros é muito útil.

Vocês dizem que sobram uns cem francos ainda de meu antigo dinheiro. Quando lhes reclamarem o preço do grafômetro (instrumento de nivelamento) que encomendei em Lyon, paguem com esse resto. Sacrifiquei toda aquela soma. Tenho aqui cinco mil francos, que estão rendendo na própria firma 5% de juros: não estou pois ainda arruinado. Meu contrato com a casa termina em novembro; são pois ainda oito meses a 330 francos que tenho à minha frente, ou sejam cerca de 2 500 francos, de modo que até o fim do ano terei sempre pelo menos 7 000 francos em caixa, sem contar o que puder amealhar em biscates, comprando e vendendo alguma coisa por conta própria. Depois de novembro, se não me recontratarem, poderei sempre tocar um pequeno comércio, que me trará uns 60% em um ano. Gostaria de ajuntar rapidamente, em quatro ou cinco anos, uns cinqüenta mil francos; e me casaria em seguida.

Parto amanhã para Zeilah. Não vão ter notícias minhas antes de dois meses. Desejo-lhes bom tempo, saúde, prosperidade.

Todo seu,

Rimbaud.

— Endereçar sempre para Aden.

Aden, 19 de março de 1883.

Dunod, 49, cais dos Grandes-Agostinhos, Paris:
Debauve, *Execução de trabalhos,* 1 vol. .... F 30
Lalannne-Sganzin, *Cálculos abreviados de terraplenagem* 2
Debauve, *Geodesia* , 1 v. 7,50
Debauve, *Hidráulica,* 1 v. 6
Jacquet, *Traçado de curvas,* 1 v. 6

Livraria Masson:
Delaunay, *Curso elementar de Mecânica* 8
Liais, *Tratado de astronomia aplicada* 10
Total ....F 69,50

1. A concordância, no singular, está em R.

* * *

✒ Carta aos seus

Mazeran, Viannay & Bardey,
Endereço telegráfico:
Maviba-Marselha.

Aden, 20 de março de 83.

Meus caros amigos,

Comunico-lhes pela presente que renovei meu contrato com a firma até fim de dezembro de 1885. Meu salário será agora de 160 rupias por mês e uma certa porcentagem, equivalendo o total a 5 000 francos *líquidos* por ano, além do alojamento e de todas as despesas, que me são sempre concedidas de graça.

Parto depois de amanhã para Zeilah.[1]

Esqueci de lhes dizer que o cheque de 100 francos é pagável na matriz de Marselha (Mazeran, Viannay & Bardey, em Marselha), e não em Lyon.

Acrescentem à lista de livros:

        Livraria Dunod:

Salin, *Manual prático dos assentadores de estradas de ferro,* 1 vol. 2 fr. 50
e
Nordling, *Contratos de terraplenagem* ....1 vol.   5 fr. 00
Debauve, *Túneis e subterrâneos*......................1 vol. 10 fr. 00

Enviem-me todo o cojunto, se possível.

Todo seu,

Rimbaud.

---

1. R. partiu no dia 22 de março, no Steamer Point, levando seus livros e o material fotográfico e chegou a Harar em princípio de abril, onde acabou ficando, em vez de seguir para Zeilah. A firma passara a ter nova organização: Pierre Bardley se ocupava de Aden, R. de Harar e três compatriotas recém-chegados se instalariam em Zeilah.

DE VOLTA AO HARAR
(1883-1884)

De que servem todas essas idas e vindas, todas essas fadigas e aventuras em meio a raças estranhas, e essas línguas com que se tem de atulhar a memória, e a trabalheira insana, se não puder um dia, daqui a alguns anos, descansar num lugar que me apraza um pouco e ter mulher e um filho ao menos a quem dedique o resto de minha vida a educá-lo de acordo com minhas idéias, a dotá-lo e armá-lo da mais completa instrução que houver à época, e a quem antevejo tornando-se um engenheiro de nome, poderoso e rico em função da ciência? Mas quem sabe quanto poderão durar meus dias aqui nestas montanhas?

6 DE MAIO DE 1883

De pé no terraço da casa, foto de Rimbaud feita por ele mesmo.

Carta aos seus

"Quando R. retorna ao Harar, em abril de 1883, nada mudou aparentemente na "cidade das hyenas". Contudo, a paisagem política sofreu grandes transtornos. Lord Cromer, cônsul da Inglaterra no Egito, exerce uma autoridade forte, que se propaga até o Harar. Os britânicos se avocam o direito de intervir em todos os estados dependentes do kediva. Instalam no Harar um governador à sua escolha, o que levará os Bardley a fechar a sucursal em princípios de 1884.

R. não se dá conta imediatamente dessas razões políticas. Consigna no entanto que os negócios vão mal. Era preciso inovar e, para tanto, embrenhar-se pelo país a fim de explorar suas riquezas, em particular o marfim com que ele sonha. Nesse período, ele é ainda um explorador por procuração, valendo-se para isso de um agente da Casa Bardey, o grego Constantino Sotiro. É este quem fornece os dados do relatório sobre o Ogaden, que R. redige em dezembro de 1883 e que será publicado em Paris em fevereiro do ano seguinte.

Os sonhos de R. se voltam para outra direção. O casamento — ainda que, a nos fiarmos no depoimento de Ottorino Rosa [comerciante italiano que acompanhou R. na exploração do país dos galas], este teria vivido algum tempo com uma mulher abissínia. Aos 30 anos, R. se ressente profundamente do fato de não ser pai. A literatura já não existe para ele; no entanto, será nesse mesmo ano (outubro/novembro) que Verlaine fará sua apresentação literária na revista *Lutèce,* o texto que será mais tarde a primeira série de *Os Poetas Malditos.* As fotografias conservam a imagem do empregado submisso, porém mais imaginativo e articulado que os demais". (Pierre Brunel).

✒ Carta aos seus

Mazeran, Viannay & Bardey,
Lyon-Marselha

          Harar, 6 de maio de 1883

Meus caros amigos,
A 30 de abril recebi no Harar sua carta de 26 de março.

Dizem ter-me enviado duas caixas de livros. Recebi somente uma, em Aden, com a qual Dubar disse ter gasto vinte e cinco francos. A outra provav^{nte} chegou a Aden, por agora, com o grafômetro. Pois lhes enviei, antes de partir de Aden, um cheque de 100 francos com outra lista de livros. Devem ter descontado esse cheque; e, provavelmente, adquirido os livros. Enfim, agora, não estou mais ao corrente das datas. Em breve lhes enviarei um outro cheque de 200 francos, pois preciso mandar vir chapas para a fotografia.

Essa encomenda foi bem feita; e, se quiser, recuperarei logo os 2 000 francos que me custou. Todo mundo quer ser fotografado aqui; chegam a dar um guinéu por foto. Ainda não estou bem instalado, nem muito ao corrente; mas logo estarei, e lhes enviarei coisas curiosas.

Anexo duas fotografias minhas feitas por mim mesmo. Estou sempre melhor aqui do que em Aden. Há menos trabalho e bem mais ar, vegetação, etc...

Renovei meu contrato por três anos aqui, mas creio que o estabelecimento irá fechar em breve, pois os lucros não cobrem as despesas. Enfim, está acordado que no dia em que me despedirem me darão três meses de salário como indenização. No fim deste ano, terei completado três anos neste batente.

Isabelle faz mal em não se casar com alguém sério e instruído[1] que se apresente, alguém que tenha futuro. A vida é mesmo assim, e a solidão é uma coisa terrível aqui. Quanto a mim, arrependo-me de não ser casado, de não ter família. Mas, no momento, estou condenado a errar pelo mundo, ligado a uma empresa longínqua, e a cada dia perco o gosto pelo clima, o modo de viver e até mesmo a língua da Europa. Pobre de mim! De que servem todas essas idas e vindas, todas essas fadigas e aventuras em meio a raças estranhas, e essas línguas com que se tem de atulhar a memória, e a trabalheira insana, se não puder um dia, daqui a alguns anos, descansar num lugar que me apraza um pouco e ter mulher e um filho ao menos a quem dedique o resto de minha vida a educá-lo de acordo com minhas idéias, a dotá-lo e armá-lo da mais completa instrução que houver à época, e a quem antevejo tornando-se um engenheiro de nome, poderoso e rico em função da ciência? Mas quem sabe quanto poderão durar meus dias aqui nestas montanhas? E posso desaparecer no meio dessas tribos sem que haja sequer a notícia de que morri.

Vocês me contam novidades políticas. Se soubessem como isto me é indiferente! Há mais de dois anos que não pego num jornal. Todos esses debates me são incompreensíveis, no momento. Como os muçulmanos, sei que o que acontece tem que acontecer, e pronto.

A única coisa que me interessa são as notícias de casa e fico sempre feliz em evocar a paisagem daí e o seu trabalho pastoril. É pena que aí faça tanto frio e seja lúgubre no inverno! Mas agora é primavera e o clima aí, por essa época, corresponde ao que tenho aqui, no Harar, presentemente.

Essas fotografias me mostram, uma, de pé numa varanda da casa, a outra, de pé junto a um cafezal; outra ainda, de braços cruzados, numa plantação de bananas.[2] Tudo ficou embaçado, por causa da água que usei para revelar, que é muito ruim. Mas farei melhores trabalhos em seguida. Estes são apenas para que vocês se lembrem da minha cara. E lhes dar uma idéia da paisagem daqui.

Até a vista,

Rimbaud.

Casa Mazeran, Viannay & Bardey,
Aden.

1. Sua irmã Isabelle havia recusado uma proposta de casamento simplesmente porque o noivo era "da roça". Depois da morte do irmão, veio a casar-se em 1897 com Pierre Dufour, dito Paterne Berichon, pintor e escultor de talento medíocre, e ambos empreenderam um processo de "sacralização" de R.
2. A foto conhecida como "Na plantação de bananas" mostra um R. numa roupa "quase de presidiário, de braços cruzados, numa atitude recatada, submissa ou resignada, como se tivesse de fato adotado o fatalismo dos muçulmanos" (Pierre Brunel). "Um verdadeiro retrato de forçado, de uma tristeza esmagadora – a própria imagem da resignação" (J-J Lefrère).

* * *

✒ Carta aos seus

Harar, 20 de maio de 1883.

Meus caros amigos,

Espero que tenham recebido minha primeira carta do Harar.

Minha última encomenda de livros deve estar a caminho; devem tê-la pago, como lhes pedi, assim como o grafômetro, que me terão enviado ao mesmo tempo.

A fotografia vai bem. Foi uma boa idéia que tive.[1] Em breve lhes mandarei algumas bem feitas.

Pela primeira mala postal, vou fazer com que lhes mandem um cheque para algumas novas pequenas encomendas.

Vou indo bem, meus negócios também; e fico contente em pensar que estejam gozando de saúde e prosperidade.

Rimbaud.

---

1. Excesso de otimismo para agradar a família. Na verdade, a aventura fotográfica — na qual R. gastou milhares de francos, angustiosos dias de espera e decepcionantes resultados nas primeiras tentativas, além da expectativa de obter uma "pequena fortuna" — durou apenas alguns meses. R. revendeu seu aparelho fotográfico — segundo ele — "sem prejuízo", cf. informará à mãe em carta de 14 de abril de 1885 — o que parece pouco provável.

* * *

❦ Carta aos seus

[12 de agosto de 1883]

Caros amigos,

Envio-lhes, anexo, um exemplar de minha procuração de agente[1] no Harar. Tem o visto do consulado francês em Aden.

Suponho que a apresentação desta peça seja suficiente. Apenas, é absolutamente necessário que me devolvam para cá, onde estaria sem condições de prova caso meus poderes sejam contestados. Esse documento me é necessário em meu comércio.

Tratem pois de devolvê-lo, depois de fazerem dele o uso necessário.

Temos um novo cônsul em Aden, que se encontra no momento de viagem a Bombaim.

Se lhes disserem que a data dessa procuração é antiga (20 de março), bastará observar-lhes que, se eu não estivesse mais no mesmo posto, tais poderes teriam revertido à firma e anulados.

Creio, portanto, que isto será suficiente, e que seja esta a última vez.

— É verdade que recebi todos os livros, exceto a última caixa, que continuo esperando.

Sempre seu,

Rimbaud.
Harar, 12 de agosto de 1883.

1. Sempre preocupado com sua situação militar, R. envia aos seus um documento atestando sua condição de empregado de uma firma francesa no exterior.

* * *

Correspondência | Arthur Rimbaud

❦ Carta-relatório aos seus patrões

Aos Srs. Mazeran, Viannay & Bardey

Harar, 25 de agosto de 1883.

O mercado de Harar nunca esteve tão ruim quanto nesta estação deste ano, segundo todos aqui.

— Não há café. O que colhe por ¼ de *frasleh*[1] o agente de Bewin & Mussaia[2] é uma porcaria arrancada do terreno das casas de Harar, e o pagam a 5 táleres e meio.[3]

— Peles inacessíveis para nós pelas razões já mencionadas; além do mais, não chegam. 2 600 couros do governo alcançaram 70 *paras*[4] em leilão; esperamos poder recomprá-los talvez em seguida a P. 1,50 e formar uma caravana. São da mesma qualidade das últimas.

— Peles de cabras. Temos 3 000 em depósito. Os custos de aquisição e transporte de todos os couros da província os elevam a um preço médio de D. 4. Mas organizamos a compra, e cada mês podemos conseguir 2 500 a 3 000 sem que ultrapassem esse preço.

— Marfim. Tentamos organizar alg. coisa, mas faltam-nos homens especiais e mercadorias especiais.

O Sr. Sacconi,[5] que havia conduzido a Ogadine uma expedição paralela à nossa, foi morto com três servidores na tribo dos Hammaden, vizinha de Wabi, a cerca de 250 quilômetros de Harar, no dia 11 de agosto. A notícia chegou-nos de Harar a 23. As causas dessa desgraça foram a má composição do pessoal da expedição, a ignorância dos guias que também os conduziram mal, por caminhos excepcionalmente perigosos, desafiando as tribos beligerantes.

Por fim o péssimo modo de agir do próprio Sr. Sacconi, contrariando (por ignorância) as maneiras, costumes religiosos, direitos dos nativos. A origem do massacre foi uma disputa entre Abbans:[6] o Sr.

Sacconi apoiava um de seus guias e queria impô-lo, à sua passagem, aos Abbans nativos que se ofereciam. Por último, o Sr. Sacconi andava com roupas européias, vestia seus sebianos (carregadores) como hostranis (cristãos), comia presunto, vertia alguns copos nos concílios dos sheiks, cozinhava para si mesmo, e levava a efeito suas tomadas geodésicas suspeitas, assestando seus sextantes a cada ângulo da estrada.

Os nativos que escaparam do massacre são três sebianos somalis e o cozinheiro indiano Hadj-Sheiti, que se refugiaram junto ao Sr. Sotiro a dois dias dali, rumo leste.

O Sr. Sacconi não comprava nada e tinha por objetivo apenas chegar a Wabi[7], para se glorificar disto geograficamente. O Sr. Sotiro deteve-se no primeiro ponto em que achou poder trocar suas mercadorias por outras. Além disso, seguiu um bom caminho, bem diverso daquele do Sr. Socconi. Encontrou um bom abban e parou num bom lugar. Além disso, viaja usando trajes muçulmanos, sob o nome de Adji-Abdallah e aceita todas as formalidades políticas e religiosas dos nativos. O lugar em que parou tornou-se motivo de peregrinação a esse wodad (letrado) e xerife (descendente dos companheiros do profeta). As notícias nos chegam com bastante freqüência, e o esperamos de volta aí pelo fim do mês.

— Estamos organizando outras expedições para breve. Vamos enviar-lhes o dinheiro pelo Sr. Sotiro, ao voltar de Ogadine. O correio, que devia a princípio transportar nossos fundos em frações de 3000 táleres, recusa-se agora a fazê-lo. Lamentamos forçar nossos empregados a fazer essas incursões improdutivas, quando temos necessidade deles aqui para o trabalho externo.

Os importadores de Marselha perderam nossos pedidos.

Lamentamos agora ter de protestar contra a situação a que nos obrigam. Declaramos apenas não sermos responsáveis pelos prejuízos causados. Contudo, recomendamos ainda uma vez, a última, que todos os nossos pedidos para a fabricação de mercadorias sejam atendidos nas quantidades e qualidades solicitadas. Recomendamos todos, um por um, e exigimos a execução. Mas se ninguém quiser se ocupar disto, nada se poderá fazer. O mesmo quanto às mercadorias nativas de Aden, que de futuro iremos comprar pessoalmente. Tudo que nos chega é muito diverso em todos os aspectos daquilo que foi pedido e isto não nos convém. Nossas vendas deste mês não chegarão a 200 táleres, e por conseguinte nossas despesas vão começar a ultrapassar. Se pudessem fazê-lo, e isto é bastante fácil, da maneira como recomendamos, cobriríamos, e bastante, essas despesas, à espera de melhores oportunidades. São outros, e não nós, os responsáveis por isso, bem como pelo prejuízo *pessoal* que nos foi causado.

— Estamos à espera do novo governador, que, parece, possui alguma educação européia. O caçador de elefantes que os senhores nos mandaram de Aden anda perdido pelos desfiladeiros de Darimont e dará com os costados aqui só depois de haver secado os *votris kys* de porco e de preserved milk[8] junto aos Gerris e Bartris.

Em anexo, a caixa de julho esquecida no conteúdo do último correio e o estudo sobre as mercadorias para a região de Harar.

Rimbaud.

Srs. Mazeran, Viannay & Bardey,
Aden.

1. Unidade de medida pesando cerca de 37 libras (16,78 kg).
2. Firma competidora no comércio de café.
3. Estampando a efígie da Imperatriz Maria Teresa da Áustria, o táler era a principal moeda circulante na Abissínia da época. Valia cerca de 4 francos e 50 cêntimos.
4. Nome da moeda turca da época.
5. Pietro Sacconi, mercador, foi morto em Carnagott, perto de Harar. R. assistiu seu enterro em Harar no dia 24 de agosto de 1883.
6. Abbans era o nome local dos guias de caravanas.
7. Rio que Sacconi acreditava ter descoberto.
8. Alimentos equivalentes a carne em conserva e leite em pó.

* * *

7º estudo de mercadorias

Para a região do *Harar Sirwal Habeschi*. Encontrar ou mandar fabricar um tecido de algodão (firme, quente e grosseiro) com a resistência de uma vela de embarcação ligeira, com listas longitudinais vermelhas ou azuis de 5 centímetros de largura, espaçadas de 20 em 20 centímetros.

Mandar fabricar 500 sirwal[1] do tamanho da amostra anexa (não do tecido). Terá êxito junto às tribos galas e abissínias, onde já existe tipos curiosos desse gênero.

Kamis. Do mesmo tecido, uma simples blusa fechada no peito, descendo até os quadris, com a manga interrompida nos cotovelos. Fabricar 500 destes.

Sperraba. 50 borlas de lã vermelha ou verde trançada, atadas às rédeas e às selas, entre os Galas e os Somalis, e 20 metros de franjas longas, da mesma cor e da mesma lã, para pôr diante do peitoral, feitas por tapeceiros.

Mandamos seguir uma companhia de caçadores de tigres, leopardos e leões, aos quais demos recomendações quanto à retirada das peles.

A 4 ou 5 horas do Harar, há uma floresta (Bisédimo) abundante de animais ferozes. Avisamos às pessoas das cidades circunvizinhas e mandamos que caçassem por nós.

Cremos que haja na França armadilhas de aço especiais para a captura de lobos que bem poderiam servir para leopardos. Podem informar-se junto à sociedade de caça ao lobo e, após o exame, enviar-nos duas dessas armadilhas.

Rimbaud.

1. Sirwal, Kamis, sparraba — artigos rudimentares de pano, usados pelas tribos da região do Harar.

* * *

Correspondência | Arthur Rimbaud

༄ Carta a Alfred Bardey

Casa Viannay & Bardey
Lyon-Marselha

Harar, 26 de agosto de 1883.

Recebi a carta em que o senhor acusa a recepção das fotografias. Agradeço-lhe. Elas nada tinham de interessante. Eu havia abandonado esse trabalho por causa das chuvas, pois há três meses que o sol não aparece. Vou recomeçá-lo com o bom tempo e poderei enviar-lhe algumas coisas realmente curiosas.

Tudo o que eu teria a lhe pedir seria apenas que mandasse verificar os artigos que mandei fabricar para o mercado de Harar. Conto com eles para individualizar e estabelecer a agência aqui no país dos Galas. Volto a recomendar todos esses pedidos, um por um, principalmente os *zabouns*, a bijuteria de cobre. Mas todo o resto é igualmente necessário. Mesmo os vestidos hararis (os caros, a 15 th.), por que não poderiam ser feitos?

Apenas por esses detalhes é que poderão ser distinguidos aqui. Espero que alguém esteja se ocupando disto.

— O Sr. Sacconi morreu perto de Wabi, no dia 11 deste, massacrado por sua própria culpa, inutilmente.

O senhor quer outras curiosidades do Harar? A história de Guirane Ahmed tem um segundo volume, dizem-me, bastante mais interessante que o primeiro, geograficam^{te}.

— A propósito, recebi um bilhete do Sr. Pierre Mazeran comunicando-me seu retorno ao Harar em outubro.

Espero que não nos ponham essas novas despesas nas costas e que se abstenham de agravar nossa situação com o envio de um indivíduo incapaz de outra coisa senão de dissipar nossas aplicações e de nos contrariar, nos ridicularizar e nos arruinar aqui de todas as maneiras. — Enfim, pessoalmente suportamos sem temor todas as privações e todos os aborrecimentos sem impaciência, mas não podemos suportar o convívio de um [...]¹

Cordialmente seu,

Rimbaud.

1. A palavra está riscada no original. R., temendo que o substituam no comando da agência de Harar, previne o patrão quanto ao comportamento do futuro enviado.

* * *

Correspondência | Arthur Rimbaud

❧ Carta aos Srs. Mazeran, Viannay & Bardey

Mazeran, Viannay & Bardey.
Lyon-Marselha-Aden
Telegramas: Mazeran-Lyon
Maviba-Marselha.

Harar, 23 de setembro de 1883.

Recebi sua carta de 9 de setembro. Confirmamos a nossa de 9 do corrente. Expediremos, a 23 deste, com a caravana 46: 42 camelos [carregando] couros bois. Preparamos, com a caravana 48, 5 000 peles de cabra para 20 de outubro. A mesma caravana irá levar-lhes provavelmente plumas e marfim de Ogaden, de onde a nossa expedição terá voltado definitivamente em fins de setembro. Estamos tentando uma pequena expedição aos Itous Djardjar; vai levar presentes aos chefes importantes e alguma mercadoria; após as informações que nos trouxerem, trataremos de estabelecer alguma coisa junto a essas tribos em base mais séria. Esperamos bastante dessa iniciativa.

Nossos homens para as expedições de Dankali e do Hawache estão chegando de Zeilah e poremos igualmente em marcha essa campanha interessante.

Duas outras expedições ao Wabi, uma para o Ogaden, outra para Ennya, também estão em preparo. Os rios baixam neste momento e ficaremos informados definitivamente sobre tudo o que se pode fazer no grande círculo de Harar. Um relatório comercial e geográfico seguirá após a conclusão das pesquisas e lhes será enviado para Marselha.

Segundo nossas informações particulares, cremos que o Itou será novamente invadido e definitivamente anexado ao império de Menelik no início de 1884. Lá seria instalada mesmo uma Residência. As fronteiras da administração egípcia e da Abissínia estariam assim definidas regularmente. E o acesso aos Galas, Itous e Arroussis será talvez mais fácil. Quanto à cidade de Harar, ela está fora dos planos da Abissínia.

Vemos com satisfação suas ordens chegarem pouco a pouco. Nunca ouvimos reclamações a respeito da agência de Aden e de atrasos de seus compromissos. Por isso, não sabemos o que fazer dos documentos de justificação que os senhores prepararam. Em outras circunstâncias, procederemos de outro modo. Recomendamos apenas à sua cortesia as pequenas ordens que ficaram em atraso, Gueset, Kehas, Kasdir, Kahrab, Abbayas.[1]

Pérolas entre outras; e juntamos as seguintes: 100 peças Massachussetts Shirting A (30 jardas) de primeira qualidade (a do último envio). Procurem conseguir a peça a alguns anás[2] mais barata. — 100 peças Vilayeti Abou Raia (Colabaland Smill & Co) além das 50 a caminho.

Aumentem para 12 maunds[3] [o pedido das] pequenas pérolas da última remessa e também para 12 maunds o das brancas grandes.

2 novos maunds a Assa-fétida (actite).

2 corja[4] aitabanes dos maiores (o *tobe*[5] de riscas azuis e vermelhas de nossa ordem de 20 de maio).

Por fim, algumas munições que já pedimos duas vezes e a já mencionada gramática somali.

Com nossos sinceros cumprimentos,

Rimbaud.

Srs. Mazeran, Viannay & Bardey,
Aden.

1. Objetos a serem fabricados segundo modelos nativos (machadinhas, estacas, tecidos, etc.) (nota de J.-P. Vaillant)
2. Aná, moeda divisionária da Índia, equivalente a 1/16 da rupia.
3. Maud, medida de peso asiática, equivalente a 28 libras-peso inglesas.
4. Uma corja é um pacote de 20 unidades.
5. O tobe é uma peça de algodão cru que constitui a única veste de certas povoações da África oriental.

* * *

Correspondência | Arthur Rimbaud

✒ Carta aos seus

Harar, 4 de outubro de 1883.

Caros amigos,
Recebi sua carta apavorada.¹

De minha parte, não deixo jamais de lhes escrever a cada mala postal, mas das duas últimas vezes mandei as cartas endereçadas a vocês pelo correio egípcio. Doravante, vou fechá-las sempre no correio.

Continuo com boa saúde, e entregue a meu trabalho. Desejo-lhes outro tanto de saúde e prosperidade. Esta correspondência segue muito às pressas, da próxima escreverei uma longa carta. Todo seu,

Rimbaud.

---

1. Sem notícias do filho desde agosto daquele ano, Vitalie lhe envia uma carta preocupante, pedindo urgentes notícias. Ao que parece suas cartas anteriores chegaram abertas.

* * *

Carta aos seus

Harar, 7 de outubro de 1883.

Meus caros amigos,

Não tenho notícias de sua última remessa de livros, que deve ter se extraviado.

Agradeço-lhes enviar a nota anexa à livraria Hachette, bulevar Saint Germain, 79, Paris; e, assim que lhes enviarem a obra indicada, paguem e a enviem para mim prontamente pelo correio, de maneira a que não se perca.

Desejo-lhes boa saúde e bom tempo.

Todo seu,

Rimbaud.

Ao Sr. Hachette,

Ficaria muito grato se me enviassem o mais breve possível, para o endereço abaixo, contra reembolso postal, a melhor tradução francesa do *Corão* (com o texto árabe em frente, se é que existe assim) – e mesmo sem esse texto.

Queiram aceitar minhas saudações,

Rimbaud.

Roche, por Attigny (Ardenas).

* * *

Correspondência | Arthur Rimbaud

✒ Relatório sobre o Ogaden

Relatório enviado por Alfred Bardey à Sociedade de Geografia (Paris), de que era membro, apresentado na seção de 1º de fevereiro de 1884 e publicado nas *Comptes rendus des séances de la Société de Géografie*, nesse mesmo ano. Pelas *Souvenirs* de Alfred Bardley sabe-se que esse texto foi escrito originalmente por (Constantino) Sotiro após sua missão de junho de 1883 e revisto por R., que se incumbiu de completá-lo. O texto final pareceu tão interessante a Alfred Bardey, que resolveu enviá-lo à associação científica de que fazia parte.

Pelo Sr. Arthur Rimbaud,
Agente dos Srs. Mazeran, Viannay & Bardey,
no Harar (África oriental.)

Harar, 10 de dezembro de 1883.

Eis as informações trazidas por nossa primeira expedição ao Ogaden.

Ogaden é o nome de uma reunião de tribos de origem somali e da região que elas ocupam e que se encontra geralmente delimitada nos mapas entre as tribos somalis dos Habr-Gerhadjis, Dulbohantes, Midjertines e Hawia ao norte, a leste e o sul. A oeste, Ogaden confina com os Galas, pastores Ennyas, até o Wabi, e em seguida o rio Wabi a separa da grande tribo Oromo dos Orussis.

Há dois caminhos do Harar a Ogaden: um pelo leste da cidade, em direção a Bursuque, outro ao sul do monte Condudo pelo War-Ali, comportando três estações até as fronteiras do Ogaden.

Foi o caminho que tomou nosso agente, o Sr. Sotiro; e a distância de Harar ao ponto em que ele parou no Rere-Hersi iguala-se à distância do Harar a Biocabuba no caminho de Zeilah, ou seja cerca de 140 quilômetros. É o caminho menos perigoso e nele se encontra água.

O outro caminho dirige-se para o sudeste de Harar pelo vau da ribeira de Herer, o mercado de Babili, os Wara-Heban, e em seguida as tribos saqueadoras dos somalis-galas de Hawia.

O nome Hawia parece designar principalmente as tribos formadas por uma mistura de galas e somalis, e existe uma fração delas ao noroeste, abaixo do planalto de Harar, uma segunda ao sul do Harar no caminho de Ogaden, enfim uma terceira, bastante considerável, a sudeste de Ogaden, em direção do Sahel, estando as três frações portanto inteiramente separadas e aparentemente sem afinidade.

Como todas as tribos somalis que os rodeiam, os ogadenses são inteiramente nômades e em sua região há falta completa de estradas e mercados. Mesmo do exterior, não há especialmente estradas que levem até lá, e as estradas constantes dos mapas, de Ogaden a Berberah, Mogdischo (Magadoxo) ou Braua, devem indicar simplesmente a direção geral do tráfico.

O Ogaden é um planalto de estepes quase sem ondulações, inclinado em geral a sudeste: sua altura deve ser apenas a metade da (1.800m) do maciço do Harar.

O clima é pois mais quente que o do Harar. Ao que parece, teria duas estações chuvosas, uma em outubro e outra em março. As chuvas são então freqüentes, mas bastante fracas.

Os cursos d'água no Ogden são sem importância. Contam-se quatro, todos descendo do maciço de Harar: um, o Fafan, tem nascente no Condudo, desce pelo Bursuque (ou Barsub), faz um ângulo em todo o Ogaden, e vem desaguar no Wabi no ponto denominado Faf, a meio caminho de Mogdischo; é o curso d'água mais importante do Ogaden. Dois outros pequenos rios são: o Herer, que sai igualmente de Garo Candudo, contorna o Babili e recebe a quatro dias ao sul de Harar, nos Ennyas, o Gobeiley e o Moyo que descem do Alas, e depois se lançam no Wabi em Ogaden, na terra dos Nokob; e o Dokhta, que nasce no Warra Heban (Babili) e desce até o Wabi, provavelmente na direção do Herer.

As fortes chuvas do maciço de Harar e de Bursuque devem ocasionar no Ogaden superior cursos torrenciais passageiros e leves inundações que, ao aparecerem, atraem os gums[1] pastores nessa direção. No tempo da seca, há, ao contrário, um movimento geral de retorno das tribos em direção ao Wabi.

O aspecto geral do Ogaden é, pois, o de estepe de vegetação alta, com clareiras pedregosas; as árvores, pelo menos na parte explorada por nossos viajantes, são as mesmas dos desertos somalis: mimosas, gomeiras, etc. Contudo, nas proximidades do Wabi, a população é sedentária e a agrícola. Cultiva quase exclusivamente o *durah*[2] e até mesmo emprega escravos originários dos Arussis e outros Galas de além-rio. Uma fração da tribo dos Malingurs, no Ogaden superior, planta também acidentalmente o durah, e há igualmente aqui e ali alguns povoados de Cheikhaches cultivadores.

Como todos os pastores dessas regiões, os Ogadenses estão sempre em guerra com seus vizinhos e entre eles próprios.

Os ogadenses têm tradições que remontam às suas origens. Sabemos apenas que descendem primitivamente da Rere Abdallah e da Rere Ishay (*Rere* significa: descendência, família, casa; em gala, diz-se *Warra*). A Rere Abdallah foi sucedida pela Rere Hersi e pela Rere Hammaden: são estes os dois principais ramos familiares do Ogaden superior.

A Rere Isahy engendrou as Reres Ali e Arun. Essas *reres* subdividiam-se em seguida em numerosas famílias secundárias. O conjunto das tribos visitadas pelo Sr. Sotiro é de descendência Rere Hersi, e se denominam Malingurs, Aial, Ughas, Sementar, Magan.

As diversas divisões dos ogadenses têm à frente chefes denominados *oughaz*. O oughaz de Malingur, nosso amigo Omar Hussein, é o mais poderoso do Ogaden superior e parece ter autoridade sobre todas as tribos entre Habr Gerhadji e o Wabi. Seu pai chegou no Harar no tempo de Rauf Pachá, que lhe deu de presente armas e vestes. Quanto a Omar Hussein, ele nunca saiu de suas tribos onde tem fama de guerreiro, e se contenta em respeitar a autoridade egípcia à distância.

Ademais, os egípcios parecem encarar os ogadenses, bem como todos os somalis e dankalis, como súditos ou antes aliados naturais na qualidade de muçulmanos, e não têm nenhuma intenção de invadir seus territórios.

Os ogadenses, pelo menos aqueles que vimos, são de alta estatura, em geral mais vermelhos que negros; mantêm a cabeça nua e os cabelos curtos, vestem-se com roupas bastante limpas, usam no ombro a *sigada,* na cintura o sabre e a cabaça de abluções, na mão o cajado, a lança grande e a pequena, e andam de sandálias.

Sua ocupação diária consiste em acocorar-se em grupos em baixo das árvores, a alguma distância do acampamento e, de armas na mão, deliberar indefinidamente sobre seus vários interesses de pastores. Fora dessas sessões, e também da patrulha a cavalo enquanto dão de beber às criações e das investidas contra seus vizinhos, permanecem completamente inativos. O trato dos animais é confiado inteiramente às mulheres e crianças, bem como a confecção de utensílios domésticos, a construção das cabanas e o despacho das caravanas. Esses utensílios são os conhecidos potes de leite da Somália e as esteiras de camelos que, erguidas sobre estacas, formam as casas das *gacias* (vilas) temporárias.

Alguns ferreiros circulam pelas tribos e fabricam as pontas de lanças e os punhais.

Os ogadenses não conhecem nenhum metal em suas terras.

São muçulmanos fanáticos. Cada acampamento tem seu imã que canta a oração nas horas devidas. Há *Wodads* (letrados) em cada tribo; conhecem o Corão e a escrita árabe e são poetas repentistas.

As famílias ogadenses são muito numerosas. O *abban* [guia] do Sr. Sotiro tinha sessenta filhos e netos. Quando a mulher de um ogadense dá à luz, este se abstém de relações sexuais com ela até que a criança seja capaz de andar sozinha. Naturalmente, ele se casa com uma ou várias outras nesse intervalo, mas sempre com as mesmas reservas.

Os rebanhos consistem de bois de corcova, carneiros de pêlo curto, cabras, cavalos de raça inferior, camelas leiteiras, e enfim, de avestruzes, cuja criação é costumeira entre os ogadenses. Cada vilarejo possui algumas dúzias de avestruzes que pastam à parte, sob a guarda das crianças, chegando mesmo a dormir junto ao fogo das cabanas e, machos e fêmeas, de patas amarradas, caminham em caravana atrás dos camelos, a cuja altura quase se equiparam.

São depenados três ou quatro vezes por ano, e de cada vez lhes retiram uma meia libra de plumas negras e umas sessenta penas brancas. Os donos de avestruzes lhes dão grande valor.

Os avestruzes selvagens são muito numerosos. O caçador, coberto com a plumagem de uma avestruz fêmea, dispara flechas contra o macho que se aproxima.

As plumas mortas têm menos valor que as vivas. Os avestruzes domesticados são capturados com pouca idade, pois os ogadenses não deixam os avestruzes se reproduzir em cativeiro.

Os elefantes não são muito numerosos nem de grande porte, no centro de Ogaden. Contudo são caçados no Fafan, e seu verdadeiro reduto, o lugar onde vão morrer, é em toda a margem do Wabi. Ali, são caçados pelos Dones, um povo somali formado por agricultores Gallas e Suahelis, que vive nas proximidades do rio. Caçam a pé e os matam com suas enormes lanças. Os ogadenses caçam a cavalo: enquanto uma quinzena de cavaleiros distrai o animal pela frente e pelos lados, um caçador adestrado corta, a golpes de sabre, os tendões da parte traseira das pernas do animal.

Utilizam igualmente flechas envenenadas. O veneno, denominado *ouabay* e empregado na Somália inteira, é extraído de raízes de um arbusto, socadas e fervidas. Estamos lhes enviando uma amostra. Segundo os somalis, o solo nos arredores desse arbusto está sempre coberto de despojos de serpentes, e todas as árvores em volta ficam secas. Esse veneno atua, aliás, muito lentamente, porquanto os indígenas feridos por essas flechas (que são igualmente armas de guerra), cortam a parte infetada e conseguem escapar.

Os animais selvagens são muito raros no Ogaden. Os indígenas falam no entanto de serpentes, uma espécie das quais com chifres, cujo próprio sopro é mortal. Os animais selvagens mais comuns são as gazelas, os antílope, as girafas, os rinocerontes, cuja pele serve para a confecção de escudos. O Wabi tem todos os animais dos grandes rios: elefantes, hipopótamos, crocodilos, etc.

Existe entre os ogadenses uma raça de homens tidos como inferiores e bastante numerosos, os Mitganes (ciganos); parecem de fato pertencer à raça somali, cuja língua falam. Só se casam entre si. São eles principalmente que se ocupam da caça de elefantes, avestruzes, etc.

Estão repartidos entre as tribos e, em tempos de guerra, são requisitados como espiões e aliados. O ogadense come elefante, camelo e avestruz, e o mitgan come asno e animais mortos, o que é um pecado.

Os mitganes existem e têm mesmo vilas muito povoadas entre os dankalis de Hauache, onde são afamados caçadores.

Um costume político e uma festa dos ogadenses está na convocação anual das tribos de uma certa região, em dia determinado.

A justiça é exercida nas famílias pelos mais velhos e em público pelos *oughaz*.

Tanto quanto nos lembremos, não vimos em Ogaden uma quantidade de mercadorias tão considerável quanto as obtidas com algumas centenas de dólares que para lá enviamos. É verdade que tudo o que trouxemos de lá acabou nos tornado muito caro, porque a metade de nossas mercadorias teve que ser presenteada aos nossos guias, abbans, anfitriões de todos o lados e em todos os percursos, e o Oughaz recebeu de nós pessoalmente uns cem dólares de abbayas dourados, immahs e presentes de toda espécie que aliás nos ligaram sinceramente a ele, e este é o bom resultado da expedição. O Sr. Sotiro merece realmente felicitações pela prudência e diplomacia que demonstrou neste caso. Enquanto nossos concorrentes foram perseguidos, amaldiçoados, pilhados e assassinados e mesmo, para sua desgraça, causadores de guerras terríveis entre as tribos, nós nos estabelecemos em aliança com o Oughaz e nos tornamos conhecidos em todo o Rere Hersi.

Omar Hussein escreveu-nos no Harar e nos espera para descermos com ele e todos os seus goums até o Wabi, distante apenas alguns dias de nossa primeira estação.

Esta é, com efeito, a nossa meta. Um de nós, ou algum nativo enérgico de nosso lado, recolheria, em poucas semanas, uma tonelada de marfim que poderíamos exportar diretamente por Berbera com franquia de impostos. Alguns Habr-Awals, que partiram para o Wabi com umas poucas sodas ou tobs wilayetis nos ombros, trouxeram para Bulhar centenas de dólares de plumas. Alguns burros carregados ao todo com uma dezena de peças sheeting[3] trouxeram de volta quinze fraslehs de marfim.

Estamos pois decididos a criar um posto no Wabi, e esse posto será aproximadamente no ponto denominado Eimeh, grande povoado permanente situado na margem ogadense do rio, a oito dias de distância de Harar em caravana.

---

1. Equivale a famílias, tribos.
2. Sorgo, cereal semelhante ao milho, muito cultivado na África, Ásia e Japão.
3. Palavra inglesa: pano ou tecido para lençóis.

* * *

✒ Carta aos seus

Harar, 21 de dezembro de 1883.

Continuo passando bem e espero que com vocês seja o mesmo.

Aproveitando a data, desejo-lhes um feliz ano de 1884.

Nada de novo por aqui.

Todo seu,

Rimbaud.

* * *

✑ Carta aos seus

Harar, 14 de janeiro de 1884.

Caros amigos,

Só tenho tempo de cumprimentá-los, anunciando-lhes que a firma, encontrando-se em dificuldades (os transtornos da guerra repercutindo por aqui), está prestes a me mandar liquidar esta agência de Harar. É provável que eu parta daqui para Aden dentro de alguns meses. De minha parte, nada tenho a temer quanto aos negócios da firma.

Passo bem e lhes desejo saúde e prosperidade por todo 1884.

Rimbaud.

* * *

ADEN DE NOVO
(1884-1885)

❦

Minha vida aqui é pois um pesadelo real. Não pensem que a levo fácil. Longe disso: já me dei conta mesmo de que é impossível viver mais penosamente do que eu. Desculpem se lhes conto meus problemas com minúcias. Mas vejo que estou chegando aos 30 anos (a metade da vida!), sentindo-me tremendamente cansado a andar por este mundo sem proveito.

5 DE MAIO DE 1884

A suposta companheira de Rimbaud.

Tendo liquidado o entreposto de Harar, R. segue "sem emprego" para Aden, onde chega seis semanas após, em fins de abril. Seus salários estão garantidos até julho e ele tem como certo que os irmãos Bardey irão reativar a firma. De fato, a sociedade (agora reduzida apenas aos irmãos Alfred e Pierre Bardey) se refaz e R. é novamente contratado por seis meses, de julho a dezembro de 1884. R. leva aí uma vida de asceta, com um trabalho mecânico e desinteressante. Em fins de 1885, os acontecimentos se precipitam e R. rompe com os Bardey, mas estes lhe dão uma carta de recomendação em que elogiam sua probidade. R. sonha em ir para a Índia ou a China, mas será ainda uma vez atraído pela África, onde o espera a caravana de Labatut.

Carta aos seus

Aden, 24 de abril de 1884.

Caros amigos,

Cheguei a Aden, após seis semanas de viagem pelos desertos; foi por isso que não lhes escrevi.

O Harar, no momento, está inabitável, por causa dos transtornos da guerra. Nossa firma foi liquidada no Harar, bem como em Aden, e, no fim deste mês, estarei sem emprego. Contudo, meus salários serão pagos até final de julho, e, daqui até lá, sempre encontrarei algo para fazer.

Penso aliás, e espero, que nossos empregadores vão poder remontar um negócio aqui.

Espero que estejam passando bem e desejo-lhes prosperidade.

Meu endereço atual:

Arthur Rimbaud.

Casa Bardey, Aden.

* * *

Carta aos seus

Mazeran, Viannay & Bardey,
Lyon-Marselha-Aden.

Aden, 5 de maio de 1884.

Meus caros amigos,

Como sabem, nossa companhia foi inteiramente liquidada, e a agência de Harar, que eu dirigia, suprimida; a agência de Aden também foi fechada. As perdas da Cia. na França são, segundo me dizem, de cerca de um milhão; perdas decorrentes contudo de negócios distintos dos daqui, os quais caminhavam de modo bem satisfatório. Enfim, vi-me despedido em fins de abril, e, de acordo com meu contrato, recebi uma indenização de três meses de salário, até fins de julho. Estou atualmente sem emprego, embora continue morando no antigo imóvel da Cia., cujo aluguel foi pago até fins de junho. O Sr. Bardey voltou para Marselha há cerca de dez dias, a fim de levantar novos fundos para continuar os negócios daqui. Espero que ele consiga, mas temo bastante o contrário. Ele me aconselhou a esperar aqui; mas no fim do mês corrente, se as notícias não forem satisfatórias, tratarei de me empregar em outro lugar ou em outra ocupação.

Não há trabalho aqui presentemente, as grandes casas fornecedoras das agências locais voltaram todas para Marselha. Por outro lado, para quem não tem emprego, a vida está caríssima e a existência intoleravelmente tediosa, em especial no começo do verão; e como sabem o verão daqui é o mais quente de todo o mundo!

Não sei de todo onde poderei me encontrar daqui a um mês. Trago comigo entre doze e treze mil francos e, como não se pode confiar em ninguém aqui, somos obrigados a carregar nosso pecúlio no corpo e vigiá-lo permanentemente. E este dinheiro, que me poderia dar uma pequena renda suficiente para me permitir viver sem trabalhar, nada me proporciona senão contínuos aborrecimentos!

Que existência desoladora arrasto por estes climas absurdos e em condições insensatas! Poderia ter, com estas economias, uma pequena renda assegurada; poderia descansar um pouco, depois de longos anos de sofrimento; e em vez disso não posso passar um só dia sem trabalho, como não posso usufruir meu ganho. O Tesouro aqui só aceita depósitos sem juros, e as casas de comércio não são de todo sólidas!

Não lhes posso dar um endereço para resposta, pois ignoro pessoalmente para onde poderei ser arrastado proximamente, por quais caminhos, para onde, por quê e como!

É possível que os ingleses ocupem em breve o Harar; e é possível que eu volte para lá. Poderia abrir ali um pequeno comércio; poderia talvez comprar algumas terras e plantações e tentar viver disso. Pois os climas de Harar e da Abissínia são excelentes, melhores que os da Europa, já que os invernos não são rigorosos; a vida é quase nada, a alimentação é boa e o ar delicioso; ao passo que a permanência nas costas do mar Vermelho enerva as pessoas mais robustas; e um ano lá envelhece as pessoas como quatro anos em outra parte.

Minha vida aqui é pois um pesadelo real. Não pensem que a levo fácil. Longe disso: já me dei conta mesmo de que é impossível viver mais penosamente do que eu.

Se pudermos retomar aqui o trabalho dentro em pouco, as coisas vão melhorar: não consumirei meu infeliz capital em busca de aventuras. Nesse caso, vou ficar todo o tempo possível neste horrível buraco de Aden; pois os empreendimentos pessoais, por outro lado, são muito perigosos na África.

Desculpem se lhes conto meus problemas com minúcias. Mas vejo que estou chegando aos 30 anos (a metade da vida!), sentindo-me tremendamente cansado a andar por este mundo sem proveito.

Espero que a vocês não lhes acorram esses maus sonhos; e gosto de imaginá-los numa vida tranqüila e entregues a ocupações agradáveis. Que continuem assim!

Quanto a mim, estou condenado a viver muito tempo ainda, talvez para sempre, nestas regiões, onde sou conhecido no momento e onde sempre encontrarei trabalho; ao passo que na França seria um estrangeiro e não encontraria nada. Enfim, esperemos o melhor.

Saúde próspera.

Arthur Rimbaud.

Posta restante, *Aden-Camp*.
Arábia.

* * *

❧ Carta aos seus

Aden, 20 de maio de 1884.

Meus caros amigos,

Segundo as últimas notícias, parece certo que a firma aqui vai se restabelecer; e vou permanecer empregado nas mesmas condições, provavelmente em Aden.

Espero que as atividades recomecem já na primeira quinzena de junho.

Digam se lhes posso enviar quatro parcelas de 10 000 mil francos[1] para comprarem títulos do governo em meu nome; porque ando aqui muito embaraçado com este dinheiro.

Sempre seu,

Rimbaud.

---

1. Essa quantia teria sido adulterada por Paterne Berrichon em sua transcrição desta carta e tem sido contestada pela maioria dos comentaristas, já que o próprio R. menciona a cifra de "cerca de vinte mil francos".

* * *

ARTHUR RIMBAUD | *Correspondência*

❧ Carta aos seus

Aden, 29 de maio de 1884.

Meus caros amigos,

Não sei ainda se o trabalho vai recomeçar. Telegrafaram-me para que ficasse, mas começo a achar que está demorando. Há seis semanas que aqui estou sem trabalho; o que, com o calor que faz aqui, é absolutamente intolerável. Mas enfim, é evidente que não vim aqui para ser feliz. E todavia não posso abandonar estas regiões, agora que já sou conhecido aqui e posso encontrar meios de viver, – ao passo que em outra parte eu apenas morreria de fome.

Então, se o trabalho for reiniciado aqui, serei provavelmente readmitido, por alguns anos, uns dois ou três, até julho de 86 ou 87. Terei 32 ou 33 anos nessas datas. Começarei a envelhecer. Será talvez o momento de pegar nos poucos vinte mil francos que consegui amealhar aqui e voltar para a minha terra a fim de me casar, onde serei considerado apenas um velho e onde não haverá senão viúvas que me queiram aceitar!

Enfim, que pelo menos chegue aquele dia em que eu possa sair da escravidão e ter rendimentos suficientes para só trabalhar quando quiser!

Mas quem sabe o que acontecerá amanhã e o que acontecerá em seguida!

Das quantias que lhes enviei nos anos passados, cujo total chegava a 3 600, não sobrou mais nada? Se resta alguma coisa, informem-me.

Jamais recebi sua última caixa de livros. Como é que pôde extraviar-se?

Poderia muito bem enviar-lhes o dinheiro que tenho; mas, se o trabalho não recomeçar, serei forçado a abrir um pequeno negócio meu e vou precisar de capital, que acabará por sumir talvez inteiramente em pouco tempo. Este é o andamento das coisas por toda a parte, principalmente aqui.

Terei ainda que prestar algum serviço militar, depois dos 30 anos? E, se eu voltar à França, será que terei sempre de prestar esse serviço que não prestei? Segundo os termos da lei, parece-me que em caso de ausência motivada, o serviço fica em *suspenso*, e deve ser prestado em caso de regresso.

Desejo-lhes um bom ano e muita prosperidade.

Rimbaud.

Casa Bardey, Aden.

* * *

Carta aos seus

Aden, 16 de junho de 1884.

Caros amigos,

Continuo gozando boa saúde, e conto retomar o trabalho proximamente.

Sempre seu,

Rimbaud.

Casa Bardey, Aden.

— Não escrevam mais para o endereço: Mazeran & Viannay, porque agora a razão social é Bardey (apenas).

* * *

✑ Carta aos seus

Aden, 19 de junho de 1884.

Caros amigos,

Esta é para informar-lhes que me encontro readmitido em Aden por 6 meses, de 1º de julho a 31 de dezembro de 1884, nas mesmas condições. Os negócios vão retomar, e, por ora, encontro-me domiciliado no mesmo endereço, em Aden.

Quanto à caixa de livros que não me chegou no ano passado, ela deve ter ficado na agência das Messageries em Marselha, e decerto não me foi remetida naturalmente por eu não ter lá um correspondente para aceitar o conhecimento de carga e pagar o frete. Se vocês a enviaram então para aquela agência das Messageries, reclamem-na de volta e procurem reexpedir os livros em pacotes separados, pelo correio. Não compreendo como ela possa ter-se perdido.

Sempre seu,

Rimbaud.

* * *

✑ Carta aos seus

Aden, 10 de julho de 1884.

Meus caros amigos,

Há dez dias que assumi meu novo emprego, para o qual fui contratado até fins de dezembro de 1884.

Fico-lhes muito reconhecido por sua oferta.[1] Mas, enquanto encontrar trabalho e puder bem ou mal suportá-lo, o melhor é ficar com ele e guardar alguns cobres.

Gostaria de lhes enviar pelo menos dez mil francos; mas, como os negócios não andam bem no momento, é possível que eu seja forçado a deixar o emprego e trabalhar por conta própria proximamente. Mas como afinal se está seguro aqui, vou esperar ainda alguns meses.

Desejo-lhes uma boa colheita e um verão mais ameno que o daqui (45° à sombra).

Rimbaud.

Casa Bardey, Aden.

---

1. R. reponde a Vitalie agradecendo a sugestão que esta lhe fizera de retornar à França e se ocupar da exploração agrícola da propriedade de Roche.

* * *

❦ Carta aos seus

Aden, 31 de julho de 1884.

Meus caros amigos,

Eis que se passou um mês em meu novo emprego; e espero passar ainda outros cinco assim tão bem. Espero igualmente ser readmitido em seguida.

O verão vai terminar dentro de dois meses, ou seja em fins de setembro. O inverno aqui dura seis meses, de outubro ao fim de março: chamamos de inverno a estação em que o termômetro baixa às vezes a 25 graus (acima de zero). O inverno é portanto tão quente quanto o verão daí. Não chove quase nunca durante o curso do dito inverno.

Quanto ao verão, temos sempre 40 graus. É muito enervante e muito deprimente. Por isso aproveito todas as ocasiões para estar ocupado em outra parte.

Desejo-lhes boa colheita, e que o cólera passe bem longe daí.

Sempre seu,

Rimbaud.

* * *

Arthur Rimbaud | *Correspondência*

✒ Carta aos seus

Aden, 10 de setembro de 1884.

Meus caros amigos,

Há muito que não recebo notícias suas. Estimo que tudo esteja correndo bem por aí e lhes desejo boas colheitas e um longo outono. Espero que gozem de boa saúde e estejam em paz, como de hábito.

Este já é o terceiro mês decorrido de meu novo contrato de seis meses. Os negócios vão mal; e acho que, em fins de dezembro, terei que procurar outro emprego, que encontrarei facilmente em outra parte, como espero. Não lhes enviei meu dinheiro porque não sei para onde irei; não sei onde estarei proximamente e se não terei de empregar essa quantia em algum comércio lucrativo.

Pode acontecer que, no caso em que eu deva deixar Aden, eu vá a Bombaim onde conseguirei aplicar o dinheiro que tenho a bons juros em bancos sólidos, o que me permitiria quase viver de minhas rendas. 24 000 rupias a 6% dariam 1 440 rupias por ano 8 francos por dia. E eu poderia viver com isto, enquanto esperasse emprego.[1]

Quem não for um grande negociante dispondo de fundos ou de créditos consideráveis, quem não tiver senão um pequeno capital, arrisca-se aqui bem mais a perdê-los do que os ver frutificar; pois estamos rodeados de mil perigos, e a vida, se quisermos viver com um pouco mais de conforto, custa-nos mais do que ganhamos. Porque os empregados, no Oriente, são hoje tão mal pagos quanto na Europa; sua sorte é ainda bem mais precária, em razão dos climas funestos e da existência exasperante que se leva.

Eu já estou mais ou menos acostumado a todos os climas, frios ou quentes, frescos ou secos, e já não corro o risco de apanhar febres e outras doenças de aclimatação, mas sinto que envelheço muito rapidamente nestas ocupações idiotas e tendo por companhia selvagens e imbecis.

Em suma, creio que pensam como eu: desde que ganho minha vida aqui, e já que todo homem é escravo dessa fatalidade miserável, tanto faz em Aden quanto em qualquer lugar; vale até mais em Aden que em outra parte, onde sou desconhecido, onde já me esqueceram completamente e onde eu teria que recomeçar! Logo, enquanto estiver ganhando aqui meu pão, não é melhor ficar aqui? Não devo ficar aqui, enquanto não tiver o necessário para viver tranqüilo? Ora, é mais que provável que jamais eu venha a ter, e que não viverei nem morrerei tranqüilo. Enfim, o necessário para dizem os muçulmanos: Está escrito! – É a vida: que não tem nada de engraçado!²

O verão terminou aqui em fins de setembro; e, a partir de agora, não teremos mais que 25 a 30° centígrados durante o dia, e 20 a 25 à noite. É o que chamamos de inverno, em Aden.

Todo o litoral deste imundo mar Vermelho vive assim torturado por esses calores. Há um navio de guerra francês em Obock, em que, dos 70 homens que compõem a tripulação, 65 estão doentes com febres tropicais; e o comandante morreu ontem. Contudo, Obock, que fica a quatro horas de vapor daqui, é mais fresco que em Aden, onde o clima é muito salubre e só enervante pelo excesso de calor.

Sempre seu,

Rimbaud.

1. Jules Mosquet e Antoine Adam, editores da Obra Completa de R., da Pléiade, acharam por bem suprimir todo este parágrafo, que atribuem a uma falsificação de Berrichon.
2. Informa Jean-Jacques Lefrère que o parágrafo a seguir foi suprimido desta carta, vítima da censura de Berrichon: "E o famoso Frédéric, já deu fim às suas escapulidas? Que ridículas histórias são estas que vocês me contam a seu respeito? Então o homem foi tomado de frêmitos casamenteiros? Dêem-me notícias de tudo".

* * *

Carta aos seus

Aden, 2 de outubro de 1884.

Caros amigos,

Há muito que não recebo notícias suas.

De minha parte, minha situação continua na mesma. Não estou nem melhor nem pior do que antes ou depois; nada tenho de interessante para lhes informar desta vez.

Desejo-lhes somente boa saúde e prosperidade.

Todo seu,

Rimbaud.

Casa Bardey, Aden.

* * *

Correspondência | ARTHUR RIMBAUD

✒ Carta aos seus

Aden, 7 de outubro de 1884.

Meus caros amigos,
Recebo sua carta de 23 7^{bro}, com notícias que me entristecem, pois o que me contam de Frédéric é muito desagradável e pode nos trazer grandes prejuízos.[1] Ficaria, por exemplo, muito aborrecido se soubessem que tenho tal bisca por irmão. Isso não me admira, aliás, vindo de Frédéric: sempre foi um grande idiota, como sabemos, e sempre admiramos de ser tão cabeça dura.

Não precisam me dizer para não manter correspondência com ele. Quanto a dar-lhe alg. coisa, o que eu ganho é muito sofrido para que eu o dê de presente a um beduíno dessa espécie que materialmente está menos fatigado do que eu, não tenho dúvidas. Enfim, espero, tanto para vocês quanto por mim, que ele acabe logo com essa comédia.

Quanto a ficar dando à língua a meu respeito, minha conduta é conhecida tanto aqui quanto em qualquer parte. Posso lhes enviar o atestado de desempenho *excepcional* que a extinta Companhia Mazeran me concedeu por *quatro anos de serviços de 1880 a 84* e gozo de boa reputação aqui, o que me permitirá ganhar a vida convenientemente. Se tive momentos infelizes no passado, não quer dizer que tenha buscado viver às custas de outrem nem por meio do mal.

Estamos agora no inverno: a temperatura média é de 25 acima de zero. Tudo vai bem. Quando meu contrato terminar em dezembro, espero que seja renovado com vantagem para mim. Sempre arranjarei uma maneira de viver honradamente por aqui.

Temos aqui perto a triste colônia francesa de Obrock, onde estamos tentando abrir um estabelecimento; mas acho que não vamos conseguir nada. Aquilo ali é uma praia deserta, queimada, sem víveres, sem comércio, boa apenas para manter depósitos de carvão para os navios de guerra que vão para a China e Madagascar.

A costa da Somália e o Harar estão prestes a passar das mãos do pobre Egito para a dos ingleses, que aliás não têm forças suficientes para manter todas essas colônias. A ocupação inglesa dá cabo de todo o comércio das costas, do Suez a Gardafui. A Inglaterra está terrivelmente embaraçada com os conflitos do Egito, e é bastante provável que eles acabarão muito mal para ela.

Todo seu,

Rimbaud.

1. Nunca ficou determinado o que Frédéric havia dito a propósito (ou contra) o irmão mais novo, seu grande amigo na infância. Segundo alguns comentaristas, Frédéric teria tentado extorquir dinheiro de R. sob ameaça de revelar fatos "desagradáveis" de seu passado aos seus atuais patrões em Aden, onde R. gozava de grande consideração.

* * *

✒ Carta aos seus

Mazeran, Viannay & Bardey
Endereço telegráfico;
MAVIBA-MARSELHA

Aden, 30 de dezembro de 1884.

Meus caros amigos,

Recebi sua carta de 12 de dezembro e agradeço-lhes os votos de prosperidade e de boa saúde, que lhes retribuo para cada dia do próximo ano.

Como dizem, minha vocação jamais será para a lavoura,[1] e não tenho objeções em ver essas terras arrendadas: espero, por vocês, que elas sejam arrendadas rapidamente e bem. Manter a casa é sempre uma boa coisa. Quanto a eu ir descansar aí com vocês, isto me seria muito agradável: iria sentir-me, de fato, muito feliz por poder descansar; mas não vejo jamais se esboçar a ocasião do repouso. Até agora, tenho arranjado como viver aqui; se eu me for, que encontrarei em troca? Como poderei refugiar-me no campo onde ninguém me conhece, onde não poderei ter oportunidade de ganhar seja o que for? Como vocês dizem, só poderei ir aí para descansar; e, para descansar, é preciso que se tenha rendas; para se casar, é preciso ter rendas; e tais rendas é o que não tenho. Por muito tempo ainda, estou condenado a ir no encalço do quanto me enseja viver, até que eu possa catar, à força de muito cansaço, algo que me permita repousar por um momento.

Tenho em mãos atualmente treze mil francos.[2] Que querem que eu faça com eles na França? Que casamento acham que eu arranjaria com isto? Mulheres pobres e honestas são encontráveis em todo o mundo! Posso ir me casar aí, e ficar não obstante forçado a viajar para viver?

Enfim, passei trinta anos a me amolar consideravelmente e não sinto que isto vai se acabar, longe disto, ou pelo menos que acabará melhor.

Enfim, se me puderem dar uma boa sugestão, ficarei bem contente.

Os negócios vão muito mal por aqui, no momento. Não sei se vou ser readmitido, ou pelo menos, em que condições me readmitirão. Tenho quatro anos e meio aqui; não gostaria de ser rebaixado, mas não obstante os negócios vão muito mal.

O verão também vai voltar dentro de três ou quatro meses, e a permanência aqui se tornará atroz.

São justamente os ingleses, com sua política absurda, que no momento arruínam o comércio de todas estas costas. Quiseram modificar tudo e acabaram por fazer pior que os egípcios e os turcos que eles arruinaram. O Gordon[3] deles é um idiota, o Wolseley[4] um asno, e todas as suas empresas uma seqüência insensata de absurdos e depredações. Quanto a notícias do Sudão, sabemos tanto quanto vocês na França, não chega mais ninguém da África, tudo está desorganizado, e a administração inglesa de Aden só se interessa por anunciar mentiras; mas é muito provável que a expedição do Sudão não se realize.

Também a França vem fazendo besteiras nestas bandas: ocuparam, faz um mês, toda a baía de Tadjura, para cortar dessa forma as entradas das rotas do Harar e da Abissínia. Mas estas costas são absolutamente desoladas, e as despesas que andam fazendo por lá são totalmente inúteis se não puderem avançar proximamente em direção dos planaltos do interior (Harar), que são belas regiões, muito saudáveis e produtivas.

Observamos também que Madagascar, que é uma boa colônia, não cairá tão breve em nosso poder; e gastamos centenas de milhões com Tonquim,[5] que, segundo todos os que vêem de lá, é uma região miserável e impossível de ser defendida das invasões.

Acho que nenhuma outra nação tem uma política colonial tão inepta quanto a França. — Se a Inglaterra comete erros e faz gastos, tem pelo menos interesses sérios e perspectivas importantes. Mas nenhuma potência sabe desbaratar seu dinheiro, em pura perda, como o faz a França.

Daqui a oito dias, mando-lhes dizer se fui readmitido ou o que devo fazer.

Todo seu,

Rimbaud.

Aden-Camp.

1. R. responde a uma carta em que Vitalie lhe propõe arrendar as terras que havia comprado em seu nome.
2. Segundo Berrichon eram 43 000. A importância precisa foi debatida incansavelmente pelos estudiosos sem que se chegasse a uma conclusão definitiva.
3. Charles Gordon (1833-85), oficial inglês cuja responsabilidade, por decreto governamental, era a de pacificar as províncias equatoriais.
4. Sir Joseph Garnet, mais conhecido como Conde Wolseley (1822-1913), comandante das forças britânicas no Egito, principal responsável pelo "êxito" das realizações coloniais na área.
5. Região do Viet-nam do Norte, no mar da China. Em 1863, o almirante La Grandière conseguiu que o Cambodja ficasse sob o protetorado francês. Em 1866-1868, a expedição de F. Garnier explorou a região do Mekong e ocupou o delta do Tonquim, mas o explorador foi assassinado pelos bandeiras-negras. A França desocupou então a maior parte do Tonquim. A colônia da Conchinchina, os protetorados de Annam, Tonquim e o Cambodja foram reunidos na União Indochinesa (1887), à qual vieram juntar-se o Laos (1893) e o Kuang-tcheu-wan (1898).

* * *

Arthur Rimbaud | *Correspondência*

❦ Carta aos seus

Aden, 15de janeiro de 1885.

Meus caros amigos,

Recebi sua carta de 26 X^{bro1}. 84. Obrigado pelos seus bons votos. Que o inverno lhes seja curto e o ano feliz!

Continuo indo bem, neste sórdido país.

Fui readmitido por um ano, isto é, até fins de 85; mas é possível que, ainda desta vez, os negócios sejam suspensos antes desse prazo. Estas regiões aqui se tornaram muito más, depois dos conflitos do Egito. Continuo nas mesmas condições. Ganho 300 francos livres por mês, sem contar meus outros gastos que são pagos e representam outros 300 francos por mês. Este emprego é pois de 7 000 francos por ano, dos quais me sobrarão cerca de 3 500 a 4 000 francos líquidos no fim do ano. Não pensem que sou capitalista: todo o meu capital presentemente é de 13 000 francos, e será de cerca de 17 000 F. no fim do ano. Terei trabalhado cinco anos para ajuntar essa quantia. Mas o que fazer em outra parte? Foi melhor agüentar com paciência a vida aqui onde eu podia trabalhar; pois, quais são minhas perspectivas em outra parte? Mas, tanto faz, os anos passam e não acumulo nada, jamais chegarei a viver de rendas nestes países.

Meu trabalho aqui consiste em fazer compras de café. Compro cerca de duzentos mil francos por mês. Em 1883, cheguei a comprar mais de 3 milhões durante o ano, e meu lucro com isso não foi mais que o meu pobre salário, ou seja, três, quatro mil francos por ano: como vêem, os empregos são mal pagos por toda a parte. É verdade que a antiga firma entrou em falência, com prejuízo de novecentos mil francos, mas não atribuível aos negócios de Aden, que, se não davam lucro, também não davam prejuízo. Compro também muitas outras coisas: borracha, incenso, plumas de avestruz, marfim, couros crus, cravo-da-índia, etc., etc.

Não lhes mando a minha fotografia; evito cuidadosamente todas as despesas inúteis. Além do mais, estou muito mal vestido; aqui só podemos usar roupas de algodão muito leves; as pessoas que viveram alguns anos aqui não conseguem mais passar o inverno na Europa pois morreriam logo de algum mal do peito. Portanto, se eu voltar será apenas no verão e serei forçado a descer, no inverno, pelo menos em direção ao Mediterrâneo. Em todo caso, não esperem que meu humor se torne menos vagabundo, pelo contrário, se eu tivesse meios de viajar sem ser forçado a parar para trabalhar e ganhar a existência, não me veriam mais de dois meses no mesmo lugar. O mundo é muito grande e cheio de paragens magníficas que nem a existência de mil homens seria suficiente para visitá-las. Mas, por outro lado, não gostaria de vagabundear na miséria, gostaria de ter alguns milhares de francos de renda e poder passar o ano em duas ou três regiões diferentes, vivendo modestamente e fazendo alguns pequenos negócios para pagar as despesas. Mas acharia muito ter que viver sempre no mesmo lugar. Enfim, o mais provável, é acabarmos indo para onde não queríamos e acabar-se fazendo o que não se queria fazer, vivendo e morrendo de maneira inteiramente diversa da que gostaríamos, sem esperar qualquer espécie de compensação.

Quanto às edições do Corão,[2] há muito que as recebi, faz mesmo um ano, ainda no Harar. Quanto aos outros livros, devem de fato ter sido vendidos. Gostaria muito de lhes pedir que me mandassem alguns livros, mas já perdi muito dinheiro com eles. Todavia, não tenho qualquer distração aqui, onde não há jornais, nem bibliotecas, e onde vivemos como selvagens.

Escrevam, porém, à livraria Hachette, creio, e perguntem-lhes qual a *mais recente edição do Dicionário de Comércio e de Navegação*, de Guillaumin. — Se houver uma edição recente, depois de 1880, podem me enviar: são dois grossos volumes que custam cem francos, mas podem ser adquiridos com desconto na casa Sauton. Mas se houver só edições antigas, não quero. — Aguardem minha próxima carta sobre o assunto.

Todo seu,

Rimbaud.

1. Dezembro [1885].
2. Livro encomendado na carta de 7 de outubro de 1883.

* * *

Correspondência | Arthur Rimbaud

✍ Carta aos seus

"Esta é uma das cartas mais precisas de R. *sobre seus salários e despesas*, mas igualmente sobre a situação das colônias européias às margens do mar Vermelho. Em todo caso, a descrição é sem complacência, dando a impressão de um verdadeiro inferno sobre a terra" (P. Brunel)

Aden, 14 de abril de 1885.

Meus caros amigos,

Recebi sua carta de 17 de março e vejo que os negócios vão tão bem quanto possível.

Se reclamam do frio, eu reclamo do calor, que acaba de recomeçar aqui. É sufocante e vai continuar assim até final de setembro. Sofro de uma febre gástrica, não consigo digerir nada, meu estômago tornou-se muito fraco aqui e deixa-me infeliz todo o verão; não sei como irei passar este verão agora, temo bastante ter que sair daqui, minha saúde está muito afetada, um ano aqui vale por cinco em outra parte. Na África, ao contrário (no Harar ou na Abissínia), faz bom tempo, e me sentiria melhor do que na Europa. Mas depois que os ingleses chegaram ao litoral, o comércio de toda essa região costeira se arruinou inteiramente.

Continuo com o mesmo salário: não gasto *nem um vintém*. Os 3 600 fr que ganho, mantenho-os intactos até o fim do ano, ou quase isto, pois em 4 anos e 4 meses, ainda tenho em mãos 14 500 fr. Foi com grande pesar que vendi o aparelho fotográfico, mas sem prejuízo.[1] Quando lhes dizia que meu emprego vale 6 000 fr, incluo os gastos de alimentação e alojamento que eles pagam por mim, pois tudo aqui é muito caro. Bebo exclusivamente água e só com isto gasto *quinze francos* por mês! Não fumo nunca, visto roupas de algodão: meus gastos com higiene não chegam a 50 fr por ano. Vive-se horrivelmente aqui, pagando-se tão caro. Dormimos ao relento, todas as noites do ano, e apesar disto meu alojamento me custa 40 francos por mês! E assim vai. Enfim, levamos aqui a vida mais atroz do mundo; e, certamente, não ficarei mais aqui no ano que vem. Vocês não gostariam por nada deste mundo de levar a vida que estou levando: a gente vem pensando ganhar algum dinheiro, mas um franco em outro lugar valeria uns 5 daqui.

Não recebemos nenhum jornal, não existem bibliotecas; quanto aos europeus, só há alguns empregados de comércio idiotas, que consomem seus salários no bilhar e partem depois daqui maldizendo a região.

O comércio destes países era muito bom, ainda há poucos anos. O principal produto é o café chamado moca: todo o moca sai daqui, depois que Moka ficou deserta. Há em seguida uma imensidão de artigos, couros crus, marfins, plumas, borracha, incenso, etc., etc., etc., e a importação é também muito variada. Quanto a nós, só trabalhamos com café, e sou encarregado das compras e expedições. Comprei cerca de oitocentos mil francos em seis meses, mas os mocas baixaram na França, esse comércio cai de preço todos os dias, os lucros mal cobrem os gastos, sempre muito elevados.

Os negócios estão se tornando muito difíceis por estas bandas, e vivo tão pobremente quanto possível, tentando sair daqui com alguma economia. Todos os dias estou ocupado de 7 h às 5 h, e nunca tenho um dia de descanso. Quando terminará esta vida?

Quem sabe? Talvez nos bombardeiem proximamente. Os ingleses se indispuseram com toda a Europa.

A guerra começou no Afeganistão, e os ingleses só sairão de lá se o cederem provisoriamente à Rússia, e a Rússia, depois de alguns anos, voltará à carga contra eles.

No Sudão, a expedição de Kartum bateu em retirada; e, como conheço estes climas, deve estar reduzida a dois terços. Para os lados de Suakim, creio que os ingleses não avançarão por ora, antes de saber como vão ficar os negócios da Índia. Além disso, esses desertos são intransponíveis, de maio a setembro, para exércitos de grande porte.

Em Obock, a pequena administração francesa ocupa-se em comezainas e em raspar os fundos do governo, que não farão jamais render um níquel a essa pavorosa colônia, colonizada até agora apenas por uma dezena de flibusteiros.

Os italianos vieram se meter em Massaua, ninguém sabe como. É provável que tenham de retirar-se, já que a Inglaterra nada pode fazer mais por eles.

Em Aden, prevendo as guerras, estão refazendo todo o sistema de fortificações. Gostaria de ver este lugar reduzido a poeira, – mas não enquanto eu estiver aqui!

Além disso, espero não ter que despender mais nenhuma parte da minha existência neste lugar imundo.

Todo seu,

Rimbaud.

1. Vide nota 1 da carta de 20 de maio de 1883.

* * *

✒ Carta aos seus

Aden, 26 de maio de 1885.

Caros amigos,

Estou bem apesar de tudo, e lhes desejo bem mais que isto.

Estamos em nossas estufas primaveris; a pele goteja, o estômago azeda, o cérebro se turva, os negócios ficam infectos, as notícias são más.[1]

Seja lá o que se tenha dito antes, o certo é que se teme cada vez mais que a guerra russo-inglesa venha ser em breve declarada. De resto os ingleses continuam se armando na Índia, e, na Europa, buscam conciliar-se com os turcos.

A guerra do Sudão terminou vergonhosamente para os nossos ingleses. Abandonam tudo para concentrar seus esforços no próprio Egito: provavelmente haverá em seguida questões sobre o Canal.

A pobre França está numa situação igualmente ridícula em Tonkin, onde é grandemente possível que, apesar das promessas de paz, os chineses ponham ao mar o restante das tropas. E a guerra de Madagascar também parece abandonada.

Tenho um novo contrato aqui até fins de 1885. É bastante provável que não chegue a termo: os negócios ficaram de tal forma improdutivos que mais vale a pena abandoná-los. Meu capital chega a quinze mil francos no momento; isto me daria em Bombaim, a 6% em qualquer banco que seja, uma renda de 900 francos que me permitiria viver enquanto espero um bom emprego. Mas veremos o que acontece até o fim do ano.

À espera de suas notícias.

Rimbaud.

Casa Bardey, Aden.

---

1. Esta seqüência, ainda que de longe, lembra o R. da Saison.

Carta aos Sr. Franzoj

ESTA ESTRANHA CARTA DEU AZO A MUITA ESPECULAÇÃO EM TORNO de uma mulher abissínia com quem R. teria morado em Aden, à qual permitia trajar-se à européia e fumar cigarros em público. Escrava, segundo alguns, criada, segundo outros, ou mesmo tudo isto, conforme Enid Starkie: "Durante o ano em que foi obrigado a passar em Aden (1885), viveu numa casa que alugou para morar com sua companheira, embora tivesse casa e comida de graça na firma Bardey. União, ao que parece, íntima e feliz". Acrescenta Pierre Brunel: "Teria mesmo mandado ensinar-lhe o francês na missão católica, separando-se depois seja porque não lhe desse filhos, seja porque se preocupasse com sua próxima expedição ao Choa". Segundo Alfred Bardey: "Ela foi repatriada convenientemente". Alfredo Franzoj era um jornalista, dublê de geógrafo-explorador, que conheceu R. em Tadjura. Nessa altura, estava para seguir numa expedição ao Choa, enquanto R. se preparava para a missão que o iria ocupar desastradamente nos meses seguintes. Há suposições de que a abissínia com quem R. viveu tenha sido trazida ao Harrar por Franzoj, mas nada prova contudo que esta carta diga respeito à mesma pessoa.

[Setembro de 1885]
Caro Senhor Franzoj,

Desculpe-me, mas mandei essa mulher embora definitivamente.

Dei-lhe alguns táleres e ela tomará a embarcação que se encontra em Rasali para Obock, e de lá irá para onde quiser.

Agüentei por muito tempo esta encenação[1] diante de mim.

Se não fui tão estúpido de trazê-la do Choa, não o serei igualmente de levá-la de volta.

Saudações,

Rimbaud.

1. Em francês, mascarade, equivalente mais ou menos a pantomima. Discute-se se

R. queria dizer que o relacionamento era fictício, apenas para efeito demonstrativo, ou se estava cansado de uma possível exploração por parte da mulher. É sabido que uma irmã desta veio também para Harrar e se tornou empregada-concubina de Françoise Grisard.

* * *

Carta aos seus

Aden, 28 de setembro de 1885.

Meus caros amigos,

Recebi sua carta de fins de agosto.

Não escrevi porque não sabia se iria permanecer aqui. Isto vai decidir-se no fim do mês, como podem ver pelo contrato anexo,[1] que exige um aviso prévio de três meses antes de expirar-se. Envio-lhes este contrato para que o possam apresentar em caso de reclamações militares. Se continuar aqui, meu novo contrato terá início em 1º de outubro. Talvez faça novo contrato por seis meses; mas não passarei mais aqui o próximo verão, como espero. O verão termina por volta de 15 de outubro. Vocês não têm a menor idéia desta região. Não há nenhuma árvore aqui, nem mesmo seca, nenhuma folha de relva, nenhuma partícula de terra, nem uma gota de água doce. Aden é uma cratera de vulcão extinto e coberto no fundo pela areia do mar. Aqui não se vê nem se toca absolutamente em outra coisa senão em lava e areia incapazes de produzir o mais raquítico vegetal. Tudo ao redor daqui é um deserto absolutamente árido. Mas os paredões da cratera impedem a entrada do ar, e assamos no fundo deste buraco como num forno de cal. Só mesmo sendo muito forçado a trabalhar, para ganhar o pão, que alguém se emprega num inferno destes! Não se tem nenhum convívio senão com os beduínos locais, e acaba-se ficando um imbecil total em poucos anos. Enfim, tudo o que eu quero é ajuntar aqui uma soma que, aplicada além, me dê uma renda fixa suficiente para viver.

Infelizmente, o câmbio da rupia em francos em Bombaim baixa todos os dias; o *dinheiro* se deprecia por toda a parte; o pequeno capital que tenho (16 000 francos) perde o valor, pois está em rupias; tudo isto é abominável: países horrendos e negócios deploráveis, o que envenena a existência.

A rupia era cotada antigamente a 2 fr. 10 cent. no comércio: atualmente está valendo apenas 1.90! Caiu tudo isto em três meses. Se a convenção monetária for abandonada, a rupia subirá talvez para 2 francos. Tenho agora 8 000 rupias. Esta soma daria, na Índia, a 6%, 480 rupias por ano, com o que eu poderia viver.

A Índia é mais agradável que a Arábia. Também poderia ir para Tonkin;[2] deve haver alguns empregos por lá, atualmente. E se não houver, pode-se esticar até o canal de Panamá,[3] cujas obras estão longe de acabar.

Gostaria bem de mandar esta quantia para a França, mas com isto lucraria muito pouco; se comprada a 4%, perdem-se os juros de dois anos; e a 3% não vale nem a pena. Além disso, ao câmbio atual da rupia, seria necessário sempre esperar; atualmente, não me dariam mais que 1.90 para pagamento em espécie na França. 10% de perda, nada agradável após cinco anos de trabalho!

Se assinar novo contrato, envio-lhes cópia. Mande-me de volta o que lhes enviei quando não precisarem mais dele.

Sempre seu,

Rimbaud.

---

1. Contrato com a casa Bardey, de Aden.
Entre os abaixo-assinados,
Sr. Pierre Bardey, negociante em Aden
E o Sr. Arthur Rimbaud,
Fica estabelecido o seguinte:
O Sr. Rimbaud, admitido como empregado do Sr. Bardey, compromete-se a executar tudo o serviço que lhe for requerido com relação aos negócios de seu comércio, de 1º de janeiro de 1885 a 31 de dezembro do mesmo ano.
Em troca, o Sr. P. Bardey acorda ao Sr. Rimbaud, além de alojamento na firma e alimentação, um salário de cento e cinqüenta rupias por mês durante a duração do contrato.
No caso em que o Sr. Bardey queira privar-se dos serviços do Sr. Rimbaud, deverá pagar-lhe três meses de salário como toda indenização a partir da data de sua demissão.

No caso em que o Sr. Rimbaud não renove seu contrato, deverá prevenir o Sr. P. Bardey três meses antes do fim do ano, e reciprocamente.
Aden, 10 de janeiro de 1885
Rimbaud.
P. Bardey
2. R. referiu-se em carta de 30.12.1884 a Tonkin como "uma região miserável e impossível de ser defendida das invasões".
3. Velho projeto de R. Depois de haver construído o canal de Suez, Ferdinand de Lesseps (1805-1894) formou em 1881 uma companhia (desfeita em 1889) para a abertura do canal de Panamá, só entregue à navegação internacional em agosto de 1914.

* * *

Arthur Rimbaud | *Correspondência*

❦ Carta aos seus

Aden, 22 de outubro de 1885.

Caros amigos,

Quando receberem esta, eu estarei provavelmente em Tadjura[1] na costa do Dankali, anexa à colônia de Obock.

Deixei meu emprego em Aden, após violenta discussão com esses ignóbeis salafrários que pretendiam me escravizar para sempre[2]. Prestei muito serviço a essa gente, e imaginavam que, para agradar-lhes, ficaria com eles toda a vida. Fizeram tudo para me reter; mas mandei-os para o inferno com suas vantagens, seu comércio e sua maldita firma e sua imunda cidade! Sem contar que sempre me causaram aborrecimentos e sempre buscaram me prejudicar. Enfim, que vão para o inferno!... Deram-me excelentes certificados pelos cinco anos.

Estão me chegando alguns milhares de fuzis da Europa. Vou formar uma caravana e levar essa mercadoria a Menelik,[3] rei do Choa.

A rota para o Choa é muito longa: dois meses de marcha quase até a capital, Ankober, e as regiões que temos de atravessar até lá são terríveis desertos. Mas, lá em cima, na Abissínia, o clima é delicioso, a população cristã e hospitaleira, a vida é muito barata. Lá só existem alguns europeus, uma dezena ao todo, que se ocupam do comércio de armas, compradas pelo rei por um bom preço. Se não me ocorrerem incidentes, espero chegar, ser pago em seguida e retornar com um lucro de 25 a 30 mil francos, conseguidos em menos de um ano.

Se o negócio der certo, vocês me verão na França por volta do outono de 1886, a fim de adquirir por conta própria novas mercadorias. Espero que tudo corra bem. Esperem também por mim; preciso muito disto.

Se puder, após três ou quatro anos, acrescentar uns cem mil francos ao que já tenho, deixarei feliz esta desastrada região.

Enviei-lhes, pela penúltima mala postal, meu contrato de trabalho para servir de prova junto à autoridade militar. Espero que agora tudo esteja em ordem. Apesar de tudo, vocês jamais conseguiram me dizer ao certo que espécie de serviço tenho de prestar; de modo que, se eu me apresentar junto a um cônsul para obter um certificado qualquer, serei incapaz de informá-lo sobre a minha situação, já que eu próprio a desconheço! É ridículo!

Não me escrevam mais para a caixa postal da firma Bardey; esses animais rasgariam a minha correspondência. Durante ainda três meses, ou pelo menos dois e meio, após a data desta carta, ou seja até fins de 1885 (inclusive os 15 dias de Marselha até aqui), podem escrever-me para o endereço abaixo:

Senhor Arthur Rimbaud
Tadjura
Colônia francesa de Obock.

Boa saúde, bom ano, repouso e prosperidade.
Sempre seu,

Rimbaud.

1. Tadjura, porto do golfo de Aden, na região do Djabouti, antigo protetorado francês, hoje capital do estado independente de mesmo nome (desde 1977). No tempo de R. era disputado pela França e a Inglaterra.
2. Esse desentendimento com os patrões deveu-se ao fato de R. ter-se associado a Labatut para o fornecimento de armas a Menelik sem dar aviso prévio aos Bardley. Houve discussão acalorada, mais tarde descrita por Bardley, na qual R. alegava não estar escravizado à firma. Bardley, não obstante, forneceu a R. uma carta de apresentação e quitação de dívidas.
3. Menelik, rei do Choa, havia tentado fazer-se proclamar imperador, mas Johannes, rei do Tigre, apoiado pelos ingleses, o suplantou, sendo coroado em 1871 sob o nome de Joahnnes IV. Menelik a princípio submeteu-se a ele, mas começou secretamente a adquirir armas para destroná-lo, encomendando-as ao francês Labatut, que estava estabelecido havia dez anos em seu reino.

* * *

Carta aos seus

Aden, 18 de novembro de 1885.

Meus caros amigos,

Acuso recebimento de sua última de 22 de outubro.

Já lhes havia anunciado que partirei de Aden para o reino do Choa. Meus negócios foram retardados aqui por um imprevisto, e creio que só poderei partir de Aden no fim deste mês. Temo que já me tenham escrito para Tadjura. Mudo de orientação a esse respeito: escrevam-me somente para o seguinte endereço: Senhor Arthur Rimbaud, Hôtel de l'Univers, Aden. De lá me enviarão as cartas, o que será melhor, pois creio que o serviço postal de Obock para Tadjura não esteja bem organizado.

Estou feliz por deixar este horrível buraco de Aden onde tanto sofri. É verdade também que vou enfrentar uma terrível caminhada: daqui ao Choa (ou seja, de Tadjura ao Choa), temos uns cinqüenta dias de marcha a cavalo por desertos ardentes. Mas na Abissínia o clima é delicioso, não faz nem frio nem calor, a população é cristã e hospitaleira; leva-se uma vida fácil, é um lugar de repouso muito agradável para quem se embruteceu por alguns anos nestas costas incandescentes do mar Vermelho.

Agora que este negócio está em marcha, não posso recuar. Não disfarço os perigos, não ignoro as canseiras dessas expedições; mas, pela minha permanência no Harar, já conheço os modos e costumes dessas regiões. Seja como for, espero bem que este negócio dê certo. Espero que minha caravana possa partir rumo a Tadjura por volta de 15 de janeiro de 1886 e regressar por volta de 15 de março ao Choa. Por ocasião da festa de Páscoa para os abissínios.

Se o rei me pagar sem atraso, descerei em seguida rumo à costa trazendo cerca de vinte e cinco mil francos de lucro.

Então, voltarei à França para comprar mercadorias por conta própria, – se concluir que isto é um bom negócio. De modo que vocês bem podem receber minha visita lá pelo fim do verão de 1886. Espero vivamente que tudo se passe assim; desejem-me o mesmo, vocês também.

No momento, é preciso que consigam algo de que não posso prescindir, e que jamais encontraria aqui.

Escrevam ao Sr. Diretor da Livraria de Línguas orientais, em Paris:
Ilmo. Sr.

Rogo-lhe expedir contra reembolso postal, para o endereço abaixo, o *Dicionário da língua amhara* (com a pronúncia em caracteres latinos), do Sr. d'Abbadie, do Instituto.

Aceitem, caro senhor, meus respeitosos cumprimentos.

Rimbaud, Roche, cantão de Attigny, Ardenas.

Paguem por mim o que isto custar, uns vinte francos, pouco mais ou menos. Não posso prescindir dessa obra para aprender a língua do país para onde vou e onde ninguém sabe qualquer língua européia, pois lá não há, até agora, quase nenhum europeu.

Enviem-me a dita obra para o seguinte endereço:
Sr. Arthur Rimbaud, hôtel de l'Univers, Aden.

Comprem-me o livro o mais breve possível, pois preciso estudar a língua antes de me pôr em marcha. De Aden ele será reexpedido para Tadjura, onde terei que permanecer um ou dois meses para conseguir camelos, mulas, guias, etc.

Não espero mais poder começar a viagem antes de 15 de janeiro de 1886.

Façam o que for necessário quanto ao assunto do serviço militar. Gostaria de estar em dia quando regressar à França, no ano que vem.

Vou escrever-lhes ainda várias vezes, antes de me pôr a caminho, como lhes expliquei.

Portanto, até a vista, e todo seu,

Rimbaud.

CARTAS DE TADJURA
(1885-1886)

Não pensem que me tornei um mercador de escravos. As mercadorias que importamos são fuzis (velhos fuzis de pistão desativados há 40 anos), que custam nos negociantes de armas, em Liège, ou na França, 7 a 8 francos a peça, que revendemos ao rei do Choa, Menelik II, por uns quarenta francos. Mas há por cima disto enormes despesas, sem falar nos perigos do caminho, na ida e na volta.

3 DE DEZEMBRO DE 1885

Menelik II, rei do Choa.

Correspondência | Arthur Rimbaud

Esta foi a última grande aventura em que R. se envolveu. Tendo conhecido o comerciante francês Labatut, que vivia desde muito no Choa, sob a proteção do imperador Menelik, R. aceita participar do transporte legal (não contrabando) de armas encomendadas pelo imperador que se preparava para combater seu rival Johannes de Tigre e neutralizar a influência italiana em seu território. Bardey, patrão de R., desaconselha a operação, mas este, que já havia aplicado fundos nos preparativos, acaba rompendo com a firma em discussão acalorada, embora tudo terminasse em pacífica reconciliação pouco depois. A operação, conforme relata em suas cartas à família, não teve o êxito nem muito menos o lucro esperado. A caravana é surpreendida pela proibição do tráfico de armas, em decisão conjunta dos governos francês e inglês, temerosos de que os nativos, de posse destas, pudessem tornar-se uma ameaça para os europeus. R. e Labatut são forçados a dirigir uma petição ao governo francês, por intermédio do Ministro das Relações Exteriores, e a argumentação é tão convincente que a proibição é suspensa. Mas o sócio Labatut, atacado de câncer na garganta, deixa o território para se tratar (e morrer) em Paris, ficando R. incumbido da calamitosa prestação de contas.
Enquanto buscava a todo custo fazer sua independência econômica entregando-se ao exaustivo e perigoso transporte de armas encomendadas pelo imperador Menelik II, négus da Etiópia, a revista parisiense *La Vogue* publicava, em abril de 1886, naturalmente sem o consentimento nem o conhecimento do autor, o poema *As Primeiras Comunhões*, composto por ele em julho de 1871 e que permanecia inédito. A publicação se deveu a Verlaine, que posuía uma cópia do poema. Em maio-junho daquele ano, e na mesma revista, igualmente sem sua autorização nem conhecimento, dá-se à lume as *Iluminações*. Fala-se em obra póstuma, o próprio Verlaine acreditando R. já falecido. Nesse mesmo ano, os poemas saem em plaquete nas edições de *La Vogue*. Em setembro, reedição de *Une saison en enfer*, sempre pela mesma editora, o que contribuiu para o início da fama literária de R. em Paris.

ARTHUR RIMBAUD | *Correspondência*

❦ Carta aos seus

Tadjura, 3 de dezembro de 1885.

Meus caros amigos,

Estou aqui em preparação de uma caravana para o Choa. Como de hábito, a coisa vai devagar; mas, enfim, conto sair daqui em fins de janeiro de 1886.

Eu vou bem. — Mandem-me o dicionário pedido, para o endereço que lhes dei. Para esse mesmo endereço, em seguida, enviem todas as comunicações, que de lá me reexpedirão.

Tadjura foi anexada há um ano à colônia francesa de Obock. É um vilarejo, Dankali, com algumas mesquitas e algumas palmeiras. Há um forte, construído outrora pelos egípcios, e onde dormem hoje seis soldados franceses sob as ordens de um sargento, comandante do posto. Deixaram ao país seu pequeno sultão e sua administração nativa. É um protetorado. O comércio local é o tráfico de escravos.

Daqui partem as caravanas dos europeus para o Choa, quase sem nada; e passa-se com grande dificuldade, pois os nativos de todas estas encostas se tornaram inimigos dos europeus depois que o almirante inglês Hewett obrigou o imperador Johannes de Tigre a assinar um tratado abolindo o tráfico de escravos, a única atividade comercial nativa um pouco florescente. Todavia, com o protetorado francês, ninguém está querendo perturbar o tratado, e as coisas vão melhor.

Não pensem que me tornei um mercador de escravos. As mercadorias que importamos são fuzis (velhos fuzis de pistão desativados há 40 anos), que custam nos negociantes de armas, em Liège, ou na França, 7 a 8 francos a peça, que revendemos ao rei do Choa, Menelik II, por uns quarenta francos. Mas há por cima disto enormes despesas, sem falar nos perigos do caminho, na ida e na volta. Os donos da estrada são os Dankalis, pastores beduínos, muçulmanos fanáticos: são mesmo de temer. É verdade que andamos com armas de fogo e os beduínos só têm lanças: mas todas as caravanas são atacadas.

Passando-se o rio Hawache, entra-se nos domínios do poderoso rei Menelik. Lá habitam agricultores cristãos; o país tem grande altitude, chegando a 3 000 metros acima do mar; o clima é excelente; o custo de vida é absolutamente ridículo; todos os produtos europeus se desenvolvem aí; somos bem vistos pela população. Chove durante seis meses do ano, como no Harar, que é um dos contrafortes desse grande maciço etíope.

Desejo-lhes boa saúde e prosperidade para o ano de 1886.
Todo seu,

Rimbaud.

Hôtel de l'Univers, Aden.

* * *

Carta aos seus

Tadjura, 10 de dezembro de 1885.

Meus caros amigos,

Vou me encontrar retido aqui até fins de janeiro de 1886; e é mesmo provável que tenha de passar aqui a metade do mês de fevereiro.

Lembro-lhes o *Dicionário amhara*, de d'Abbadie, que vocês já devem ter encomendado. Não posso passar sem ele para o estudo da língua. Temo apenas, ao pensar agora, que o peso do volume venha exceder o máximo permitido para as encomendas postais. Se assim for, endereçem-no da seguinte maneira:

Srs. Ulysse Pia & Cia., Marselha.

com uma carta pedindo a esses senhores que façam chegar a dita encomenda, pela Messageries maritimes, aos

Srs. Bardey, negociantes em Aden.

Estes últimos, com o quais me reconciliei ao partir,[1] me farão chegar a encomenda a Tadjura. Na carta, peçam aos Srs. Ulysse Pia & Cia. para informar o frete e as despesas pagas por eles em Marselha com o envio da dita encomenda para Aden, a fim de que vocês possam reembolsá-los pelo correio.

Não deixem extraviar-se esse pacote como aconteceu, da outra vez, com a caixa de livros. Se me enviarem a encomenda pelo correio, ela sempre me chegará às mãos; se era pesada demais para vir pelo correio, espero que não a tenham mandado por trem para Marselha sem indicar o destinatário. É preciso que alguém embarque a referida mercadoria em Marselha e pague o transporte nos vapores das Messageries maritimes, caso contrário ela fica retida.

Espero, todavia, que tenham podido enviá-la pelo correio. Caso contrário, indico-lhes o que é preciso fazer. Desejaria muito, no entanto, não começar a viagem, em fins de janeiro, ser ter esse livro; pois, sem ele, não poderei estudar a língua.

Estamos no inverno, ou seja não temos mais que 30 graus; e o verão vai chegar dentro de três meses.

Não vou repetir o que já lhes expliquei de meus negócios em minhas últimas cartas. Da maneira como me organizei, conto, de qualquer maneira, não perder nada; espero, mesmo ganhar alguma coisa, e, como já lhes disse, conto vê-los na França no próximo outono, antes do inverno de 1886-87, em boa saúde e prosperidade.

Todo seu.

Rimbaud.

— Como os correios estão ainda muito mal organizados na colônia francesa de Obock para que possam enviar suas cartas para aqui, é melhor mandá-las sempre para Aden para o endereço acima.

1. Essa afirmativa deixa claro que o desentendimento com os Bardey foi muito menos sério do que se podia concluir da carta de 22.10.1885.

* * *

❧ Carta aos seus

Tadjura, 2 de janeiro de 1886.

Caros amigos,
Recebi sua carta de 2 de dezembro.

Continuo sempre em Tadjura e aqui permanecerei certamente por vários meses; meus negócios caminham com lentidão, mas espero que tudo corra bem mesmo assim. É preciso uma paciência sobre-humana nestes países.

Não recebi a carta que dizem ter-me enviado para Tadjura, via Obock. O serviço continua ainda mal organizado nesta miserável colônia.

Continuo esperando o livro encomendado. Desejo-lhes um bom ano, isento dos cuidados que me atormentam.

Eis que minha partida sofrerá novamente um bom retardo; de tal modo que duvido poder chegar à França neste outono, e seria perigoso para mim chegar aí assim de repente no inverno.

Todo seu,

Rimbaud.

* * *

Correspondência | Arthur Rimbaud

❦ Carta aos seus

Tadjura, 6 de janeiro de 1886.

Caros amigos,
Estou recebendo hoje sua carta de 12 de dezembro de 1885.

Escrevam-me sempre dessa mesma maneira: sempre me farão chegar a correspondência, onde quer que eu esteja. No mais, tudo vai mal: o caminho para o interior parece tornar-se impraticável. É verdade que me exponho a muitos perigos e, sobretudo, a inconveniências indescritíveis. Mas trata-se de ganhar uns milhares de francos, daqui até o fim do ano, que, de outra forma, não ganharia nem em três anos. Além disso, consegui maneira de recuperar meu capital, seja quando for; e, se as vicissitudes superarem minha paciência, farei reembolsar meu capital e voltarei a procurar trabalho em Aden ou em outra parte. Em Aden sempre encontrarei alguma coisa para fazer.

Os que vivem dizendo a cada instante que a vida é dura deviam vir passar algum tempo aqui, para aprender a filosofia!

Em Tadjura, mantém-se apenas um posto com seis soldados e um sargento francês. São substituídos a cada três meses, e mandados, em licença para tratamento de saúde, de volta à França. Nenhum posto conseguiu passar inteiramente três meses sem ser atacado pelas febres. Ora, a estação das febres é daqui a um mês ou dois, e espero bem poder passar por ela.

Enfim, o homem planeja passar três quartos da vida sofrendo para depois descansar no quarto final; mas, no mais das vezes, acaba se danando todo sem saber mais em que parte de seu plano está!

Vocês acabam me atrapalhando ao se atrapalharem. O recebimento desse livro vai agora atrasar bastante! Foi bem isto que indiquei:

"D'Abbadie. – *Dicionário da língua amariñña*, 1 vol. in-8º."

Enviem-no, sem mais delongas, para o meu endereço habitual: hotel de l'Univers, em Aden, se o correio o quiser aceitar; caso contrário, se for necessário enviá-lo por via férrea, devem expedi-lo, como já indiquei para

Sr. Ulysse Pia & Cia., em Marselha

para

Srs. Bardey, irmãos, em Aden

os quais me reenviarão o livro a Tadjura.

Não encontro um selo neste horrível país; mando-lhes esta sem franquear, desculpem-me.

Rimbaud.

* * *

Carta aos seus

Tadjura, 31 de janeiro de 1886.

Caros amigos,

Nada recebi daí desde a carta em que me enviaram o título da obra que pedi, perguntando-me se era bem aquele. Respondi-lhes afirmativamente, nos primeiros dias de janeiro, e, repito, caso a carta não lhes tenha chegado:

"*Dicionário da língua amariñña,* de d'Abbadie."

Mas suponho que a obra já esteja a caminho, e me chegará a tempo, pois, na medida em que andam as coisas, vejo que ficarei por aqui ainda até fins de março. Minhas mercadorias já chegaram; mas faltam ainda os camelos para a caravana, e será preciso esperar ainda um bom tempo, talvez mesmo até maio, antes de deixar a costa.

Depois disso, a viagem irá durar dois meses, ou seja a chegada a Choa se dará cerca de fins de junho; mesmo nas condições mais vantajosas, não estarei de volta a Aden antes mesmo do final de 1886 ou começo de 87; de modo que, se eu tiver de ir à Europa, só será na primavera de 1887. A menor iniciativa que seja, aqui na África, está sujeita a contratempos insensatos e requer uma paciência extraordinária.

Todo seu,

Rimbaud.

* * *

ARTHUR RIMBAUD | *Correspondência*

✣ Carta aos seus

Tadjura, 28 de fevereiro de 1886.

Meus caros amigos,

Estou agora, há quase dois meses, sem receber notícias suas.

Continuo aqui, na perspectiva de permanecer ainda por três meses. É bastante desagradável; mas isto acabará por ter fim, e me porei a caminho para chegar, espero, sem novidades.

Minha mercadoria foi toda desembarcada, e espero a partida de uma grande caravana para juntar-me a ela.

Temo que não tenham cumprido com as formalidades para o envio do dicionário de amhara: nada me chegou até o momento. Mas, talvez, esteja em Aden; pois há *seis meses* que lhes escrevi a propósito desse livro, pela primeira vez, e vejam como têm o dom de me fazer chegar com precisão as coisas de que tenho necessidade: seis meses para receber um livro!

Dentro de um mês, ou seis semanas, o verão recomeça nestas costas malditas. Espero não passar grande parte dele aqui e me refugiar, por alguns meses, nas montanhas da Abissínia, que é a Suíça africana, sem invernos e sem verões; primavera e verdura perpétuas, e uma existência gratuita e livre!

Espero sempre retornar em fins de 1886 ou no começo de 1887.

Todo seu,

Rimbaud.

* * *

Carta aos seus

Tadjura, 8 de março de 1886.

Caros amigos,

Continuo esperando o famoso volume, observando que o atraso se acentua. De resto, não partirei daqui antes de *maio*.

Escrevam-me sempre para o endereço abaixo.

Já são dois meses sem notícias suas.

Arthur Rimbaud.

Hotel Suel
Hotel de l'Univers, Aden

* * *

✣ Carta de Labatut e Rimbaud ao Ministro das Relações Exteriores

Senhor Ministro,

Somos negociantes franceses estabelecidos há uma dezena de anos em Choa, na corte do rei Menelik.

No mês de agosto de 1885, o rei do Choa, o Ras Govana e vários de nossos conhecidos na Abissínia nos fizeram uma encomenda de armas e munições, utensílios e mercadorias várias. Adiantaram-nos certa quantia, e, além disso, recolhendo todos os nossos capitais disponíveis no Choa, descemos para a costa de Obock.

Lá, tendo solicitado e obtido do Sr. Governador de Obock a autorização de desembarcar em Tadjura e expedir em caravana a quantidade precisa de armas e munições que desejávamos comprar, e obtendo igualmente do governador de Aden, por intermédio do Sr. Cônsul da França, a autorização para o livre trânsito das referidas armas de Aden para Tadjura, encomendamos algumas mercadorias da França aos nossos correspondentes: um de nós permaneceria em Aden para o trânsito das mercadorias, e o outro em Tadjura, para a preparação da caravana sob proteção francesa.

Por volta do fim de janeiro de 1886, nossas mercadorias, depois de transitarem por Aden, foram desembarcadas em Tadjura, onde organizamos nossa caravana, aliás com as dificuldades habituais de Tadjura. Enfim, nossa partida devia efetivar-se ao final deste mês de abril.

No dia 12 deste, o Sr. Governador de Obock veio nos informar que um telegrama do Governo ordenava sumariamente que todas as importações de armas para o Choa fossem interrompidas. Fora dada ordem ao sultão de Tadjura para suspender a formação de nossa caravana!

Assim, vendo nossa mercadoria embargada, nossos capitais dispersos em despesas da caravana, nosso pessoal subsistindo indefinidamente às nossas custas, e nosso material se deteriorando, aguardamos em Tadjura os motivos e as conseqüências de uma medida tão arbitrária.

Contudo estamos perfeitamente em dia com todos os regulamentos, conforme as autoridades da colônia podem atestar. Somente transportamos as armas que foram adquiridas pelo governo do Choa, e, de posse da necessária autorização, tratamos de expedi-las ao destino, tão prontamente quanto possível; podemos provar que jamais vendemos, demos ou mesmo confiamos uma única arma aos nativos em nenhum tempo ou lugar. Nossas armas devem ser entregues a Menelik em sua embalagem original da França, e nada pode ser retirado dela, seja na costa ou no interior.

Quaisquer que sejam, a seguir, as decisões do Ministério, pedimos que fique desde já estabelecido que nos será totalmente impossível liquidar legalmente ou normalmente nosso negócio, 1º porque essas armas e munições estão à ordem do governo do Choa, 2º porque nos será impossível recuperar os gastos feitos.

O único lugar em que essas armas poderiam corresponder a seu valor seria *em Tadjura*. As pessoas ao corrente dessas operações sabem que um triplo do capital correspondente ao valor real das armas é imediatamente consumido na costa com o desembarque, com os víveres e salários de toda uma população de empregados abissínios e de cameleiros arregimentados para a caravana, com os *bakshich* [propinas] consideráveis em dinheiro e presentes às autoridades, com as extorsões feitas pelos beduínos das vizinhanças, os adiantamentos perdidos, o pagamento do aluguel dos camelos, os direitos de recrutamento e as taxas de passagem, os gastos de alojamento e alimentação dos europeus, a compra e manutenção de enorme quantidade de materiais, de víveres, de animais de transporte para uma jornada de cinqüenta dias pelo mais árido dos desertos! Toda a população de Tadjura subsiste com a formação de uma caravana durante os três, seis ou mesmo dez meses em que inevitavelmente nos demoramos nesse lugar.

Devíamos, além disso, ter em conta antes do mais os anos transcorridos no Choa à espera dessas encomendas, os gastos com as viagens à costa, os salários das pessoas empregadas no Choa a nosso serviço durante anos ante a perspectiva dessa operação. Empenhamos nesse negócio único todos os nossos capitais, todo o nosso material e nossos empregados, todo o nosso tempo e até mesmo nossa própria existência.

É compreensível que só se empreendem negócios tão lentos, perigosos e cansativos diante da perspectiva segura de grandes lucros. O preço pago por essas armas em Choa, onde aliás eram pouco numerosas até agora, é na verdade extraordinariamente elevado, ainda mais que os pagamentos são feitos com mercadorias cedidas pelo Rei pelo preço de Choa, ocasionando um lucro de aproximadamente 50% na praça de Aden. Isto explica que negociantes franceses operem no Choa com fundos tomados a 50, 75 e mesmo 100% de juros ao ano.

Será portanto seu valor definitivo em Choa que devemos logicamente atribuir doravante às armas de nossa caravana organizada em Tadjura, porquanto, com as despesas feitas e as fadigas sofridas, não nos resta senão ganhar a estrada para fazer a entrega e receber o pagamento.

Eis o valor detalhado da operação que a autoridade francesa nos permitiu organizar e agora proibiu a execução:

2 040 fuzis de cápsula, cotados em Choa a quinze dólares Maria-Teresa
a unidade, total: – Dólares 30 600
60 000 cartuchos Remington a 60 dólares o milhar. 3 600
Às armas e munições está anexada uma encomenda de
utensílios para o rei, impossíveis de ser expedidos
isoladamente. Valor 5 800

O valor total da caravana na entrega é, pois, de:
– Dólares 40 000.

Juntando-se 50% ao retorno do capital, ou seja o lucro da venda em Aden das mercadorias (marfim, almíscar, ouro) dados em pagamento no Choa pelo rei, estabelecemos que esta operação deve nos proporcionar uma soma línquida de 60 000 dólares num prazo de um ano a dezoito meses. 60 000 dólares, ao câmbio médio de Aden (4,30 francos), perfazem 258 000 francos.

Consideramos o Governo nosso devedor dessa soma durante o tempo em que durar a presente interdição e, caso seja mantida, tal será a cifra da indenização que exigiremos do governo.

Não podemos deixar de fazer as seguintes reflexões sobre alguns motivos políticos que poderiam haver motivado a medida que nos atinge:

1º Seria absurdo supor que os Dankalis possam se armar por ocasião desse tráfico. O fato extraordinário, e que não se reproduzirá, de que algumas centenas de armas saqueadas longe daqui quando foi atacada a caravana Baral, terem sido repartidas entre um milhão de beduínos, não consiste nenhum perigo. Além disso, os Dankalis, como outras povoações da costa, têm tão pouco interesse por armas de fogo, que não se encontra o menor vestígio delas na costa;

2º Não se pode dizer que haja correlação entre a importação de armas e a exportação de escravos. Este último comércio existe entre a Abissínia e a costa desde a mais remota antiguidade, em proporções invariáveis. Mas nossos negócios são de todo independentes dos tráficos escusos dos beduínos. Ninguém ousaria afirmar que um europeu jamais tenha vendido, adquirido, transportado ou ajudado a transportar um único escravo, nem na costa nem no interior.

Por outro lado, o fato de proibir a importação das armas destinadas ao Choa terá como resultado único, certo e imediato, o de suprimir radicalmente as transações comerciais da colônia de Obock e da Abissínia.

Ao mesmo tempo em que a rota de Aden permanecerá particularmente aberta à importação de armas sob a proteção italiana, e a excelente rota de Zeilah monopolizará a importação de panos e mercadorias nativos sob a proteção inglesa, nenhum francês ousará se aventurar na armadilha Obock-Tadjura, nem terá qualquer razão para estipendiar os chefes de Tadjura e da sinistra rota que a liga ao Choa.

Esperando as melhores medidas do governo da nação francesa, que honrosa e corajosamente representamos nestes países,

Rogamos, Senhor Ministro, que aceite nossos

       protestos de estima e consideração.
       Labatut & Rimbaud.

Tadjura, 15 de abril de 1886.
Ao Sr. Ministro das Relações Exteriores,
Paris.

* * *

~ Carta aos seus

Aden, 21 de maio de 1886.

Caros amigo,

Encontrei em Aden, onde vim passar uns dias, o livro que me enviaram.

Creio que partirei, definitivamente, em fins de julho.

Vou indo bem, como sempre. Os negócios não estão nem melhores nem piores.

Mandem suas cartas em envelopes grandes.

Todo seu,

Rimbaud.

* * *

∽ Recibo

1º de junho de 1886.

Nós, abaixo-assinados, declaramos dever ao Sr. J. Suel a soma de (Rs 11 518,8) onze mil, quinhentas e dezoito rupias e oito annas, montante das diversas quantias que nos foram entregues conforme contas detalhadas até fim de maio de 1886.

A dita soma renderá juros a partir de 1º de junho de 1887 à razão de 12% ao ano.

Aden, 1 de junho de 1886.

Por Labatut

A. Rimbaud.

$$11518,8$$
$$115,3$$
$$\overline{}$$
$$11\,633,11$$

* * *

~ Recibo

Eu, abaixo-assinado, A. Rimbaud pagarei sob apresentação do presente documento ao Sr. Duchamp ou à sua ordem, a soma de cento e cinqüenta táleres pela venda de dez fuzis que me foram entregues.

Vale cento e cinqüenta táleres.

A. Rimbaud.

Tadjura
27 de junho de 1886.
Pagável em Choa.

Pago em Aden 150 th.

Pagar à ordem do Sr. Audon

Tadjura, 27 de junho de 1886

A. Deschamps
Sr. Audon

* * *

Carta aos seus

Tadjura, 9 de julho de 1886.

Meus caros amigos,

Somente agora recebo sua carta de 28 de maio.

Não compreendo absolutamente nada do serviço postal desta maldita colônia. Escrevo-lhes regularmente.

Houve aqui incidentes desagradáveis, mas não massacres na costa: uma caravana foi atacada no caminho, mas por estar mal guardada.

Meus negócios na costa ainda não foram de todo regularizados, mas conto estar a caminho em setembro, sem falta.

O dicionário já me chegou há muito tempo.

Continuo bem, tão bem quanto se pode sentir aqui no verão, com 50 a 55 centígrados à sombra.

Todo seu,

A. Rimbaud

Hotel de l'Univers
Aden.

* * *

❧ Carta aos seus

Tadjura, 15 de setembro de 1886.

Meus caros amigos,

Há muito tempo que não recebo nada de vocês.

Conto partir definitivamente para o Choa em fins de setembro.

Fiquei retardado muito tempo aqui porque meu associado caiu doente e voltou para a França de onde me escreve dizendo estar à morte.

Tenho uma procuração para todas as suas mercadorias; de modo que sou obrigado a partir assim mesmo; e partirei sozinho, pois Solleilet (a outra caravana à qual eu deveria me juntar) também morreu.

Minha viagem durará pelo menos um ano.

Escrevo-lhes antes de partir. Estou passando muito bem.

Boa saúde e bom tempo.

Endereço: Arthur Rimbaud,
Hotel de l'Univers,
Aden.

* * *

CARTAS DO CHOA E DO CAIRO

(1887)

Devo, pois, passar o resto da minha vida errando entre fadigas e privações, com a perspectiva única de persistir até a morte.

23 DE AGOSTO DE 1887

Auto-retrato de Rimbaud (cerca de 1883).

TENDO OBTIDO DAS AUTORIDADES FRANCESAS PERMISSÃO PARA O transporte das armas destinadas a Menelik, R. vai iniciar a marcha quando seu sócio Pierre Labatut teve que regressar à França, onde morre em seguida, vítima de um câncer na garganta. R. associa-se então a outra caravana, a de Paul Soleillet, mas este também morre, acometido de congestão cerebral, a 9 de setembro de 1886. R. deixa Tadjura em princípios de outubro em direção a Ankober, capital de Choa, onde espera encontrar Menelik. Após quatro meses de marchas exaustivas, chega a Ankober a 4 de fevereiro de 1887, onde fica sabendo que Menelik havia ocupado a região do Harar. R. resolve ir a seu encontro e acaba por lhe ceder o carregamento de armas em condições desastrosas. Além do que, vê-se envolvido na liquidação das dívidas de seu falecido sócio Labatut. O relato dessa peripécia, feito ao cônsul francês em Aden, Sr. De Gaspary (09.11.1897), está repassado às vezes de certo humor, como numa reminiscência longínqua de seus antigos dotes literários. De posse de uma promissória, pagável no Cairo, R. vai para lá a fim de depositar suas economias no Crédit Lyonnais e em seguida seguir para Zanzibar, onde espera obter novo emprego.

Carta aos seus

Abissínia do Sul.

Entotto (Choa), 7 de abril de 1887.

Meus caros amigos,

Encontro-me em boa saúde; meus negócios aqui não irão acabar antes do fim do ano. Se tiverem de me escrever, enderecem assim:

Senhor Arthur Rimbaud,

Hotel de l'Univers, Aden.

De lá, as coisas me chegarão como puderem. Espero estar de volta a Aden aí pelo mês de outubro; mas as coisas são muito demoradas neste horrível país, quem sabe?
Todo seu,
Rimbaud.

* * *

Correspondência | Arthur Rimbaud

Carta ao cônsul de Gaspary

Aden, 30 de julho de 1887.

Senhor Cônsul,

Tenho a honra de lhe prestar contas da liquidação da caravana do falecido Sr. Labatut, operação à qual eu estava associado segundo um acordo estabelecido no consulado em maio de 1886.

Só tive conhecimento da morte de Labatut em fins de '86, no momento em que, tendo eu arcado com as primeiras despesas, a caravana começava a pôr-se em marcha e não podia mais retroceder, de modo que não pude renegociar com os credores da operação.

No Choa, a negociação dessa caravana foi feita em condições desastrosas: Menelik se apossou de todas as mercadorias e me forçou a vendê-las a preço reduzido, interditando-me a venda a retalho e ameaçando-me de mandá-las de volta para a costa às minhas custas! Deu-me no total 14 000 táleres por toda a caravana, retendo desse montante a soma de 2 500 táleres em pagamento da 2ª metade do aluguel dos camelos e outras despesas da caravana já liquidadas pelo Azzaze, e outra soma de 3 000 táleres, saldo da conta a débito de Labatut para com ele, segundo me disse, ao passo que todos me asseguraram que, ao contrário, o rei ficara devedor de Labatut.

Acossado por um bando de pretensos credores de Labatut, aos quais o rei dava sempre razão, ao passo que eu não conseguia jamais reaver fosse o que fosse de seus devedores, e atormentado por sua família abissínia que reclamava furiosamente sua herança, recusando-se a reconhecer minha procuração, receei, em seguida, ser totalmente espoliado e tomei o partido de deixar o Choa, conseguindo obter do rei uma promissória contra o governador do Harar, Dedjazmatche Mekonmene, pelo pagamento de cerca de 9 000 táleres, que finalmente me restaram depois do roubo dos 3 000 táleres operado por Menelik em minha conta, e segundo os preços irrisórios com que me havia pago.

O pagamento da promissória de Menelik não se concluiu no Harar sem o pagamento de despesas e dificuldades consideráveis, já que alguns dos credores me perseguiram até lá. Em suma, regressei a Aden a 25 de julho de 1887 com 8 000 táleres em duplicatas e cerca de 600 táleres em dinheiro.

Em nosso acordo com Labatut, eu me encarregava de pagar, além de todas as despesas da caravana:

1º no Choa, 3 000 táleres para a entrega de 300 fuzis ao Rás Govana, negócio entabulado pelo próprio rei;

2º em Aden, uma dívida junto ao Sr. Suel, já agora quitada com uma redução acordada entre as partes;

3º um crédito que o Sr. Audon tinha com Labatut, no Choa, e do qual já foram pagos, em Choa e Harar, mais de 50% do valor, de acordo com documentos em meu poder.

Tudo o que, além disso, pudesse estar a débito da operação já foi acertado por mim. Resultando o balanço final num encaixe de cerca de 2 500 táleres, e ficando Labatut meu devedor por obrigações contraídas junto ao consulado num montante de 5 800 táleres, eis que saio desta operação com um prejuízo de 60% do capital empregado, sem contar vinte e um meses de fadigas atrozes levados na liquidação desse miserável negócio.

Todos os europeus de Choa são testemunhas do andamento dessas operações, e ponho toda a documentação pertinente à disposição de Vossa Senhoria.

Queira aceitar, Senhor Cônsul, os protestos de minha mais respeitosa devoção.

A. Rimbaud.

Senhor de Gaspary,
Vice-cônsul da França
em Aden

* * *

Correspondência | Arthur Rimbaud

Carta ao Diretor do "Le Bosphore Egipcien" (relato da viagem à Abissínia e ao Harar)

Cairo, agosto de 1887.

Senhor,

De volta de uma viagem à Abissínia e ao Harar, permito-me dirigir-lhe as poucas notas seguintes sobre o estado atual das coisas nessa região. Penso haver nelas algumas informações inéditas; e, quanto a pareceres e enunciados, tais me foram sugeridos por uma experiência de sete anos de permanência ali.

Como se trata de uma viagem circular entre Obock, o Choa, Harar e Zeilah, permita-me explicar que desci a Tadjura no início do ano passado, com o fim de ali formar uma caravana com destino ao Choa.

Minha caravana transportava alguns milhares de fuzis de cápsula e uma encomenda de utensílios vários para o rei Menelik. Ficou retida um ano inteiro em Tadjura pelos Dankalis, que procedem da mesma maneira com todos os viajantes, não lhes franqueando caminho sem os haver espoliado ao máximo possível. Outra caravana, cujas mercadorias desembarcaram em Tadjura com as minhas, não conseguiu pôr-se a caminho senão ao cabo de quinze meses, e as mil carabinas Remigton trazidas pelo falecido Soleillet na mesma data permanecem ainda após dezenove meses à sombra do único bosque de palmeiras da vila.

A seis curtas etapas de Tadjura, ou seja, cerca de 60 quilômetros de lá, as caravanas descem para o Lago salgado pelos horríveis caminhos que lembram o horror presumível das paisagens lunares. Parece que uma sociedade francesa se organiza atualmente para a exploração desse sal.

Sem dúvida, o sal existe, em superfícies muito extensas, e talvez bastante profundas, embora não se tenham feito ainda sondagens. A análise teria declarado esse sal quimicamente puro, embora se encontre depositado sem filtragem às margens do lago. Mas paira grande dúvida se sua venda será de molde a cobrir as despesas da construção de uma via [férrea] para a implantação de uma Decauville[1], entre as margens do lago e as do golfo de Guber-Kerab, além das despesas de pessoal e mão-de-obra, que seriam excessivamente elevadas, já que todos os trabalhadores teriam que ser importados, porquanto os beduínos Dankalis não trabalham, mais a manutenção de um grupo armado para proteger as obras.

Para voltar à questão dos mercados, cumpre observar que a importante salina do sheik Othman, explorada nas proximidades de Aden por uma companhia italiana, ainda não encontrou escoamento para as montanhas de sal que tem em estoque.

O Ministério da Marinha outorgou essa concessão aos peticionários, pessoas que traficavam outrora no Choa, com a condição de obterem a aquiescência dos chefes interessados na costa e no interior. O governo, aliás, já reservou para si uma taxa por tonelada, e fixou uma quota para a exploração livre pelos nativos. Os chefes interessados são: o sultão de Tadjura, que seria proprietário hereditário de alguns maciços de rochas nas imediações do lago (está bastante propenso a vender seus direitos); o chefe da tribo dos Debné, que ocupa a nossa estrada, do lago até Herer; o sultão Loita, que recebe do governo francês o pagamento mensal de cento e cinquenta táleres para incomodar o mínimo possível os viajantes; o sultão Hanfaré de Aussa, que pode encontrar sal em outra parte, mas que pretende ter direito a todo o território dos Dankalis; e, por fim, Menelik, a quem a tribo do Debnés, e outras, entregam anualmente alguns milhares de camelos[2] desse sal, talvez menos de um milheiro de toneladas. Menelik reclamou do Governo quando foi informado das jazidas da sociedade e do direito de concessão. Mas a parte reservada na concessão é suficiente para o tráfico da tribo de Debné e para as necessidades culinárias do Choa, não servindo o sal como moeda de troca na Abissínia.

Nossa rota é conhecida como a rota Gobat, nome de sua décima quinta estação, onde costumam pastar os rebanhos dos Debnés, nossos aliados. Conta cerca de vinte e três paradas até Harar, através das paisagens mais horríveis deste lado da África. É bastante perigosa pelo fato de que os Debnés, tribo aliás das mais miseráveis, que fazem o transporte, estão permanentemente em guerra, à direita, com as tribos Mudeitos e Assa-Imara, e, à esquerda, com os Issas Somalis.

No Herer, pastagens a uma altitude de cerca de 800 metros, cerca de 60 quilômetros do sopé do planalto dos Itus Galas, os Dankalis e os Issas pastoreiam seus rebanhos geralmente em estado de neutralidade.

De Herer, chega-se a Hawach em oito ou nove dias. Menelik resolveu estabelecer um posto armado nas planícies do Herer para a proteção das caravanas; esse posto está relacionado com o dos abissínios nos montes Itus.

O representante do rei no Harar, o Dedjazmatche Mekuneme, expediu do Harar para o Choa, pela via de Herer, os três milhões de cartuchos Remignton e outras munições que os comissários ingleses haviam abandonado em proveito do Emir Abdulali, quando da evacuação egípcia.

Toda essa rota foi levantada usando referências astronômicas pela primeira vez pelo Sr. Jules Borelli, em maio de 1886, trabalho esse confirmado geodesicamente pela topografia, em sentido paralelo dos montes Itus, feita por ele em sua recente viagem ao Harar.

Chegando-se ao Hawach, sente-se estupefação ao recordar os projetos de canalização de certos viajantes. O pobre Soleillet tinha uma embarcação especial, em construção em Nantes, com esse objetivo! O Hawach é uma calha tortuosa, obstruída a cada passo por árvores e rochas. Atravessei-o em vários pontos, a várias centenas de quilômetros, ficando evidente que é impossível descê-lo, mesmo durante as enchentes. Além disso, é quase todo bordejado por florestas e desertos, afastado dos centros comerciais, não se entroncando com nenhuma outra rota. Menelik mandou fazer duas pontes sobre o Hawach, uma na estrada de Entotto para o Guragne, outra na de Ankober para o Harar pelos Itus. São simples passarelas feitas com troncos de árvores, destinadas à passagem das tropas durante as chuvas e enchentes, mas não deixam de ser trabalhos admiráveis para o Choa.

— Pagas todas as despesas, à chegada ao Choa, o transporte de minhas mercadorias, cem carregamentos de camelos, acabaria me custando oito mil táleres, ou sejam oitenta táleres por camelo, para uma distância de apenas 500 quilômetros. Essa proporção não encontra paralelo em nenhuma das rotas de caravanas africanas; contudo eu viajava com toda a economia possível e fiado na longa experiência que tenho dessas regiões. Sob todos os aspectos, essa estrada é desastrosa, e felizmente está sendo substituída pela estrada de Zeilah para o Harar e do Harar para o Choa pelos Itus.

— Menelik achava-se ainda em campanha no Harar quando cheguei a Farré, ponto de chegada e partida das caravanas e limite da raça Dankalie. Logo chegou a Ankibera a notícia da vitória do rei e de sua entrada no Harar, e o anúncio de seu regresso, que se efetuou vinte dias depois. Entrou em Entotto precedido por músicos que soavam a plenos pulmões trombetas egípcias encontradas no Harar, e seguido da tropa e das presas de guerra, entre as quais dois canhões Krupp transportados cada qual por oitenta homens.

Menelik tinha, desde muito, a intenção de se apoderar do Harar, onde pensava encontrar um arsenal formidável, e havia prevenido os agentes políticos francês e inglês instalados na costa. Nos últimos anos, as tropas abissínias extorquiam regularmente os Itus, acabando por aí se estabelecer. Por outro lado, o emir Abdulaí, após a partida de Raduan-Pachá com as tropas egípcias, organizou um pequeno exército e sonhou tornar-se o Mahdi das tribos muçulmanas do centro do Harar. Escreveu a Menelik reivindicando a fronteira do Hawach e intimando-o a se converter ao Islã. Tendo um posto abissínio avançado até a alguns dias do Harar, o emir enviou, para dispersá-los, alguns canhões e alguns turcos que permaneciam a seu serviço: os abissínios foram batidos, mas Menelik irritado se pôs em marcha, partindo de Entotto à frente de trinta mil guerreiros. O encontro se deu em Shalanko, 60 quilômetros a oeste do Harar, ali onde Nadi Pachá havia, quatro anos antes, batido as tribos galas dos Meta e dos Oborra.

O embate durou apenas um quarto de hora, pois o emir só tinha algumas centenas de Remington, e o resto da tropa combatia com armas brancas. Seus três mil guerreiros foram abatidos a golpes de sabre e esmagados num piscar de olhos pelos soldados do rei do Choa. Cerca de duzentos sudaneses, egípcios e turcos, que haviam permanecido junto a Abdulaí depois da evacuação egípcia, pereceram com os guerreiros galas e somalis. Foi isto que os fez dizer em seu retorno aos soldados de Choa, os quais nunca haviam matado brancos, que eles traziam os testículos de todos os Franguis [europeus] do Harar.

O emir escapou para o Harar, e na mesma noite buscou refúgio junto ao chefe da tribo dos Guerrys, a leste do Harar, na direção de Berbera. Menelik entrou sem resistência alguns dias depois no Harar, e, tendo aquartelado as tropas fora da cidade, nenhuma pilhagem se verificou. O monarca limitou-se a retaliar com uma imposição de setenta e cinco mil táleres sobre a cidade e região, e a confiscar, segundo o direito de guerra abissínio, os bens móveis e imóveis dos vencidos mortos na batalha, além de ele próprio retirar das casas dos europeus e de outros, todos os objetos que lhe agradassem. Mandou recolher todas as armas e munições num depósito da cidade, tornado em seguida propriedade do governo egípcio, e retornou ao Choa, deixando três mil de seus fuzileiros acampados numa colina vizinha da cidade, confiando a administração desta ao tio do emir Abdulaí, Ali Abu Becker, que os ingleses haviam, quando da evacuação, tornado prisioneiro em Aden, para o soltar em seguida, e mantido pelo tio em regime de escravidão em sua casa.

Aconteceu, em seguida, que a gestão de Ali Abu Becker não foi do agrado de Mekunene, o general representante de Menelik, que desceu com suas tropas à cidade, alojou-as nas casas e mesquitas, aprisionou Ali e o mandou acorrentado a Menelik.

Entrando na cidade, os abissínios reduziram-na a uma cloaca horrível, demoliram habitações, devastaram as plantações, tiranizaram a população como só os negros sabem proceder entre si, e, tendo Menelik continuado a enviar do Choa tropas de reforço seguidas de massas de escravos, o número dos abissínios atualmente no Harar pode ser de doze mil, dos quais quatro mil fuzileiros armados de fuzis de todos os gêneros, do Remington ao fuzil de pederneira.

A cobrança de impostos da região gala circunvizinha só se faz agora por meio de razias, quando os vilarejos são incendiados, os animais roubados e os povos submetidos a escravidão. Enquanto o governo egípcio recolhia sem esforços oitenta mil libras do Harar, hoje a caixa abissínia está constantemente vazia. Os rendimentos dos galas, da aduana, dos postos, do mercado, e outras receitas são pilhados por quem quer que lhes deite as mãos. As pessoas das vilas emigram, os galas não cultivam mais. Os abissínios devoraram em poucos meses a provisão de *durah* [sorgo] deixada pelos egípcios, que seria suficiente para vários anos. A fome e a peste são iminentes.

O movimento desse mercado, cuja posição é muito importante, como escoadouro para os galas mais próximos da costa, tornou-se nulo. Os abissínios proibiram o curso das antigas piastras egípcias que permaneciam no país como moeda divisionária dos táleres Maria-Teresa, para privilégio exclusivo de certa moeda de cobre de nenhum valor. Contudo, vi em Entotto algumas piastras de prata que Menelik mandou cunhar com sua efígie e que ele pretende pôr em circulação no Harar, para encerrar a questão das moedas.

Menelik gostaria de manter a posse do Harar, mas percebe que não será capaz de administrar o país de maneira a retirar dele um rendimento sério, e sabe que os ingleses viram com maus olhos a ocupação abissínia. Diz-se, na verdade, que o governador de Aden, que sempre trabalhou com grande empenho no desenvolvimento da influência britânica na costa da Somália, faria todo o possível para convencer seu governo a ocupar o Harar caso os abissínios evacuassem, o que poderia produzir-se em conseqüência de um estado de fome ou de complicações da guerra do Tigre.

Por seu lado, os abissínios do Harar acordam cada manhã pensando ver as tropas inglesas aparecendo por trás da montanha. Mekunene escreveu aos agentes políticos ingleses em Zailah e em Berbera pedindo-lhes que não enviem seus soldados ao Harar; esses agentes faziam escoltar cada caravana por alguns soldados nativos.

O governo inglês, em conseqüência, taxou com um direito de 5% a importação de táleres em Zeilah, Bulhar e Berbera. Essa medida contribuiu para fazer desaparecer o numerário, já escasso, no Choa e no Harar, e há dúvidas de que ela favoreça a importação de rupias, que jamais conseguiram penetrar nessas regiões e que os ingleses igualmente taxaram, não se sabe por quê, com um direito de um por cento sobre as importações naquela costa.

Menelik ficou muito aborrecido com a interdição da importação de armas nas costas de Obock e Zeilah. Como Joannes sonha ter seu porto marítimo em Massaua, Menelik, embora fortemente relegado ao interior, gaba-se de vir a possuir proximamente uma escala no golfo de Aden. Havia escrito ao Sultão de Tadjura, infelizmente, depois do advento do protetorado francês, propondo a compra do território. Ao entrar em Harar, declarou-se soberano de todas as tribos até a costa, e deu a incumbência a seu general, Mekunene, de não perder a oportunidade de se apossar de Zeilah; somente quando os europeus lhe falaram sobre artilharia e navios de guerra é que suas vistas sobre Zeilah se modificaram, e recentemente escreveu ao governo francês para pedir a concessão do Ambado.

Sabe-se que a costa, do fundo do golfo de Tadjura até além de Berbera, foi partilhada entre a França e a Inglaterra da seguinte maneira: a França conserva todo o litoral de Gubbet Keratb a Djibuti, um cabo a umas doze milhas a noroeste de Zeilah, e uma faixa de território de não sei quantos quilômetros de fundo no interior, cujo limite da parte do território inglês é formada por uma linha traçada de Djibuti a Ensa, terceira paragem na estrada de Zeilah ao Harar. Temos, pois, um mercado no caminho do Harare e da Abissínia. O Ambado, cuja posse é ambicionada por Menelik, é uma enseada perto de Djibuti, onde o governador de Obock havia desde muito feito erguer um marco tricolor que o agente inglês de Zeilah mandava obstinadamente remover até que as negociações chegassem a termo. Ambado não tem água, mas Djibuti tem boas fontes; e das três etapas que ligam nossa estrada a Ensa, duas têm água.

Em uma, a formação de caravanas pode efetuar-se em Djibuti, desde que haja algum estabelecimento provido com mercadorias locais e alguma tropa armada. O local até agora está completamente deserto. Escusa dizer que deve ser deixado como porto livre se quisermos fazer concorrência a Zeilah.

Zeilah, Berbera e Bulhar ficam em poder dos ingleses, bem como a baía de Samawanak, na costa Gadibursi, entre Zeilah e Bulhar, ponto em que o último agente consular francês em Zeilah, o Sr. Henry, fizera plantar a bandeira tricolor, tendo a própria tribo Gadibursi pedido nossa proteção, de que goza até hoje. Todas essas histórias de anexações ou de protetorados muito excitaram os espíritos nesse litoral durante os dois últimos anos.

O sucessor do agente francês foi o Sr. Labosse, cônsul da França em Suez, enviado interinamente a Zeilah, onde apazigou todos as discórdias. Contam-se atualmente cerca de cinco mil somalis protegidos pelos franceses em Zeilah.

A vantagem da rota do Harar para a Abissínia é bastante considerável. Enquanto só se chega ao Choa pela rota Dankalie após uma viagem de cinqüenta a sessenta dias através de um pavoroso deserto, e em meio a mil perigos, o Harar, contraforte avançado do maciço etíope meridional, está separado da costa apenas por uma distância facilmente vencida em uma quinzena de dias pelas caravanas.

O caminho é bastante bom. A tribo Issa, habituada a fazer transportes, é muito conciliadora, e com eles não se corre o perigo das tribos vizinhas.

Do Harar a Entotto, residência atual de Menelik, são uns vinte dias de marcha no planalto dos Itus Galas, a uma altitude média de 2 500 metros, com víveres, meios de transporte e segurança assegurados. Leva-se todo um mês para ir entre a nossa costa e o centro do Choa, mas a distância ao Harar é apenas de doze dias, e esse último ponto, a despeito das invasões, é certamente destinado a se tornar o escoadouro comercial exclusivo do próprio Choa e de todos os Galas. O próprio Menelik ficou de tal modo surpreso com a vantajosa situação do Harar que, ao retornar, lembrando-se dos projetos para as estradas de ferro que os europeus constantemente tentaram fazê-lo adotar, procurou a quem pudesse entregar a incumbência ou concessão das vias férreas do Harar até o mar; mas, em seguida, mudou de opinião ao lembrar-se da presença dos ingleses no litoral! Escusado dizer que, caso isso se realize (e tal será feito aliás num futuro mais ou menos próximo), o governo do Choa não contribuiria em nada com os gastos da execução.

Menelik está completamente sem capital, permanecendo sempre na mais completa ignorância (ou negligência) da exploração dos recursos das regiões que ele subjugou e ainda subjuga. Sonha apenas em conseguir os fuzis que lhe permitam enviar suas tropas para saquear os Galas. Os poucos negociantes europeus que subiram ao Choa trouxeram a Menelik, ao todo, dez mil fuzis de cartuchos e quinze mil fuzis de cápsula, no espaço de cinco ou seis anos. Isto bastou aos Amharas para submeterem todos os Galas das vizinhanças, e o Dedjatch Mekunene, no Harar, se propõe a descer para conquistar os Galas até seu limite sul, na direção da costa de Zanzibar. Tem, para isso, ordem do próprio Menelik, a quem fizeram crer que se podia abrir uma via nessa direção para a importação de armas. Isso permitiria ainda a expansão para bem longe dessas costas, de vez que as tribos Galas não estão armadas.

O que impele sobretudo Menelik a uma invasão rumo ao Sul é a incômoda proximidade e a soberania irritante de Joannes. Menelik já deixou Ankober por Entotto. Dizem que quer descer ao Djimma Abba-Djifar, o mais florescente dos países Galas, para aí fixar residência, e falava ainda em ir se fixar no Harar. Menelik sonha com uma extensão contínua de seus domínios ao sul, para além de Hawach, e pensa talvez emigrar, ele próprio, dos países Amhara para os novos países Galas, com seus fuzis, seus guerreiros, suas riquezas, para estabelecer longe do imperador um império meridional como o antigo reino de Ali Alaba.

Pergunta-se qual é e qual será a atitude de Menelik frente à guerra ítalo-abissínia. É claro que sua atitude será determinada pela vontade de Joannes, seu vizinho imediato, e não pelas manobras diplomáticas de governos que estão a uma distância para ele intransponível, manobras que aliás não compreende e das quais sempre desconfia. Menelik está na impossibilidade de desobedecer a Joannes, e este, muito bem informado das intrigas diplomáticas com que enredam Menelik, saberá bem como proteger-se em todo caso. Já lhe ordenou a escolha de seus melhores soldados, e Menelik teve de enviá-los ao acampamento do imperador em Asmara. Até mesmo no caso de um desastre, seria sobre [o território de] Menelik que Joannes operaria sua retirada. O Choa, o único país Amhara na posse de Menelik, não vale a décima quinta parte do Tigre. Todos seus outros domínios são países Galas precariamente submissos e ele teria grande dificuldade em evitar uma rebelião geral no caso em que se comprometesse numa direção ou noutra. Não se deve esquecer igualmente que existe um sentimento patriótico no Choa e em Menelik, por mais ambicioso que seja, e é impossível que veja alguma honra ou vantagem em ouvir conselhos de estrangeiros.

Irá conduzir-se, pois, de maneira a não comprometer sua situação, já bastante embaraçosa, e como entre esses povos não se compreende nem se aceita nada que não seja visível e palpável, só agirá pessoalmente da forma como seu vizinho mais próximo o fizer agir, e este não é outro senão Joannes, que saberá fazê-lo evitar as tentações. Não quer dizer que não ouça com complacência os diplomatas; embolsará o que puder ganhar com eles, e, em dado momento, Joannes, advertido, partilhará com Menelik. E, de novo, o sentimento patriótico geral e a opinião do povo de Menelik irá pesar de certo modo na questão. Ora, não querem estrangeiros, nem sua ingerência, nem sua influência, nem sua presença, sob qualquer pretexto, tanto no Choa quanto no Tigre, bem como entre os Galas.

— Tendo prontamente regularizado minhas contas com Menelik, pedi-lhe uma promissória pagável no Harar, desejoso que estava de seguir pelo novo caminho aberto pelo rei através dos Itus, rota até então inexplorada, e pela qual eu tentara avançar inutilmente no tempo da ocupação egípcia do Harar. Nessa ocasião, o Sr. Jules Borelli pediu permissão ao rei para fazer uma viagem nessa direção, e tive assim a honra de viajar em companhia de nosso amável e corajoso compatriota, cujos trabalhos geodésicos sobre essa região, inteiramente inéditos, eu fiz chegar em seguida a Aden.

Essa rota compreende sete etapas para além do Hawach e doze de Hawach ao Harar no planalto Itu, região de magníficas pastagens e esplêndidas florestas a uma altitude média de 2 500 metros, gozando de delicioso clima. As culturas são aí pouco extensas, seja pela escassez de população, seja por terem as gentes se afastado da rota com receio das depredações das tropas do rei. Há, no entanto, plantações de café e os Itus são os fornecedores da maior parte dos alguns milhares de toneladas de café que se vendem anualmente no Harar. Essas regiões, muito salubres e férteis, são as únicas da África oriental adaptadas à colonização européia.

Quanto aos negócios no Choa, no momento, nada tem sido importado depois da interdição do comércio de armas na costa. Mas quem fosse lá com uma centena de milhar de táleres poderia empregá-los em um ano na compra de marfim e outras mercadorias, já que os exploradores têm escasseado nestes últimos anos e a moeda se tornou excessivamente rara. É a ocasião. A nova rota é excelente e o estado político do Choa não será afetado durante a guerra, já que Menelik se dispõe, antes de tudo, a manter a ordem da casa.

Queira, caro Senhor, aceitar minhas cordiais saudações.

Rimbaud.

1. Paul Decauville (1846-1922) inventou um tipo de via férrea de bitola estreita (40 a 60 cm) que levou seu nome.
2. R. se refere à carga de sal que um camelo pode transportar.

* * *

Correspondência | Arthur Rimbaud

✒ Carta aos seus

Cairo, 23 de agosto de 1887.

Meus caros amigos,
Minha viagem à Abissínia terminou.

Já lhes expliquei como, tendo meu sócio falecido, enfrentei grandes dificuldades no Choa, a propósito de sua sucessão. Fizeram-me pagar suas dívidas duas vezes e tive uma dificuldade terrível para salvar o que havia empregado no negócio. Se meu sócio não tivesse morrido, eu teria ganho uns trinta mil francos; ao passo que me vejo agora só com os quinze mil que tinha, depois de me ter fatigado de maneira horrível durante quase dois anos. Não tenho sorte!

Vim para aqui porque o calor está apavorante este ano no mar Vermelho: o tempo todo 50 a 60 graus; e, sentindo-me muito fraco, após sete anos de fadigas que não se podem imaginar e das mais abomináveis privações, pensei que dois ou três meses aqui me restabeleceriam; mas os gastos não param e não encontro nada para fazer aqui, com esta vida à européia e bastante cara.

Encontro-me atormentado estes dias por um reumatismo [dor reumática] nos rins, que me deixa desesperado; tenho outro, na coxa esquerda, que me paralisa de tempos em tempos, uma dor no joelho esquerdo, um reumatismo (já antigo) no ombro direito; estou com os cabelos completamente grisalhos. Sinto que minha existência periclita.

Imaginem como devo estar, após explorações do seguinte gênero: travessias marítimas e viagem por terra a cavalo, em barco, sem vestes, sem víveres, sem água, etc. etc.

Sinto-me extremamente fatigado. Estou sem emprego no momento. Tenho medo de perder o pouco que tenho. Imaginem que carrego permanentemente um cinturão com dezesseis mil e algumas centenas de francos-ouro; isto pesa uns oito quilos e me causa disenteria.

Mesmo assim, não posso ir à Europa, por vários motivos: primeiro, porque não suportaria o inverno; depois, porque estou habituado demais à vida errante e gratuita; finalmente, porque não tenho uma posição na vida.

Devo, pois, passar o resto da minha vida errando entre fadigas e privações, com a perspectiva única de persistir até a morte.

Não vou ficar por muito tempo aqui: não tenho emprego e tudo é muitíssimo caro. De modo que serei forçado a retornar à costa do Sudão, da Abissínia ou da Arábia. Talvez vá para Zanzibar, de onde se pode fazer longas viagens pela África, talvez à China, ao Japão, quem sabe?

Enfim, enviem-me notícias daí. Desejo-lhes paz e felicidade.

Todo seu.

Endereço: Arthur Rimbaud,
posta restante, Cairo (Egito).

* * *

Carta a sua mãe

Cairo, 24 de agosto de 1887.

Mª mãe,[1]

Sou obrigado a lhe pedir um favor, que espero aliás poder reembolsar proximamente.

Pus o dinheiro que carregava comigo no Crédit Lyonnais do Cairo, em depósito por seis meses a juros de 4% aa.

Acontece que tenho que tomar em Suez o barco para Zanzibar aí por volta de 15 de setembro, porque me deram recomendações para lá, e aqui, ainda que eu pudesse arranjar alguma coisa, gasta-se muito e se permanece muito sedentário, ao passo que em Zanzibar viaja-se pelo interior onde se vive com facilidade, podendo-se chegar ao fim do ano com os salários praticamente intactos; ao passo que aqui, a habitação, a alimentação e o vestuário (nos desertos praticamente não há vestes) nos levam tudo.

Vou, pois, me dirigir a Zanzibar, onde terei muitas oportunidades, sem contar as recomendações que me estão dando para Zanzibar.[2]

Deixarei meu dinheiro depositado aqui no banco e como há em Zanzibar negociantes que transacionam com o Crédit, terei sempre os juros à mão. Se eu retirar o depósito neste instante, perco os juros e além disso já não posso mais transportar continuamente esse dinheiro na cintura, é muito estúpido, muito cansativo e muito perigoso.

Peço-lhe, pois, como só me restam algumas centenas de francos, o favor de me emprestar a soma de *quinhentos francos,* enviando-me para cá tão logo receba esta carta, senão perderei o vapor, que só parte uma vez por mês, de 15 a 18. E um mês a mais aqui custa bem caro.

Nada lhe pedi durante sete anos, seja pois bondosa em me conceder esse empréstimo, e não me recuse pois isso me aborreceria bastante.

Em todo caso, serei forçado a esperar aqui até 15 de setembro, mas é preciso que o dinheiro não chegue atrasado.

Esta carta chegará ai dentro de oito dias, ficando a senhora com outros oito para a resposta.

Envie-me o dinheiro em carta registrada, endereçada assim:
Senhor Rimbaud
a/c Consulado da França,
Cairo (Egito).

1. R. grafou "Ma che" [Minha ca] sem completar "re mère" [ra mãe]. Jean-Jacques Lefrère especula: "Como se estas palavras de ternura filial tivessem tido dificuldade de sair da pena daquele que, depois de adulto, chamava-a, em carta, habitualmente por 'caros amigos'. Tocava assim as duas cordas sensíveis de sua correspondente: o amor ao filho e o amor ao dinheiro". R. temia que Vitalie não lhe emprestasse o dinheiro que, em última instância, era mesmo seu. E reitera o pedido em outra carta, datada do dia seguinte.
2. Zanzibar, grande ilha na costa da Tanzânia, protetorado britânico de 1890 a 1963, quando se tornou monarquia constitucional. Hoje faz parte da Tanzânia, embora tenha seu próprio presidente (insular). Embora fosse uma espécie de idéia fixa, R. nunca chegou a ia a Zanzibar.

* * *

Carta a sua mãe

Cairo, 25 de agosto de 1887.

Minha querida Mamãe,

Escrevo-lhe mais uma vez para lhe rogar que não se recuse a enviar-me os quinhentos francos que lhe pedi em minha carta de ontem. Creio que ainda lhe deve restar algo do dinheiro que uma vez lhe enviei. Mas, seja como for, a senhora me porá em grande embaraço se não me enviar a dita soma de quinhentos francos, pois tenho grande necessidade dela; espero devolvê-la antes do fim do ano.

É que todo o meu dinheiro está aplicado, e no momento estou sem emprego, vivendo às minhas custas e com viagem marcada para o dia 20 de setembro.

Envie-me isto em carta registrada, endereçando-a assim:
Rimbaud, a/c do Consulado da França,
Cairo.

Só tenho à minha disposição no momento algumas centenas de francos, que não são suficientes. Por outro lado, chamam-me de Zanzibar, onde há empregos, na África e em Madagascar, onde se pode economizar dinheiro.

Não tenha receios, não vou perder o que tenho, mas só vou poder mexer nele dentro de seis meses; por outro lado, não posso permanecer aqui mais que um mês, a vida aqui me aborrece e é muito cara. Penso pois receber essa soma em torno de 15 de setembro no Consulado, e em todo caso vou ficar esperando.

Todo seu.

A. Rimbaud.

Para a carta registrada:

Ao Consulado da França,
Cairo, Egito.

ARTHUR RIMBAUD | *Correspondência*

Carta a Alfred Bardey
(Itinerário do Choa ao Harar)

PELA TOM DESTA CARTA, CONCLUI-SE QUE O DESENTENDIMENTO entre R. e seu ex-empregador – ao qual se referiu, em carta a Vitalie, em termos contundentes – teve curta duração, voltando ambas as partes a se tratarem com grande cordialidade. R. lhe escreve do Cairo, onde aproveitou – de volta de sua frustrada aventura com Menelik – para depositar a prazo, no Crédit Lyonnais, as economias que carregava consigo num cinturão. Sem nada que fazer nessa cidade, resolve enviar ao ex-patrão um relato de viagem, naturalmente com vistas à sua divulgação na revista da Sociedade de Geografia, de que Bardey era associado. Mas há também um velado pedido de emprego, já que, no final, se coloca "à [sua] disposição". O texto do relato foi lido em sessão aberta da Sociedade em 4 de novembro de 1887, posteriormente incluído (com cortes) nos *Comptes Rendus* (publicação anual). Este é o segundo e último dos chamados "textos africanos" publicados em vida de R.

Cairo, 26 de agosto de 1887.

Meu caro Sr. Bardey,
Sabedor de seu permanente interesse pelas coisas da África, permito-me enviar-lhe as poucas notas seguintes sobre o que ocorre no Choa e no Harar presentemente.

De Entotto a Tadjura, a rota Dankalie está agora impraticável; os fuzis de Soleillet, que chegaram a Tadjura em fevereiro de 86, ainda continuam lá. – O sal do lago Assal, que devia ser explorado por uma companhia estrangeira, ficou inacessível e seria além disso invendável: é uma grande trapaça.

Meu negócio fracassou, e tive medo de voltar sem um táler; vi-me assaltado lá por um bando de falsos credores de Labatut, à frente dos quais Menelik, que me roubou, em nome de Labatut, 3 000 táleres. Para evitar que fosse integralmente espoliado, pedi a Menelik que me deixasse passar pelo Harar, que ele acabara de anexar: ele me deu uma promissória do tipo Choa, pagável pelo seu *oukil* [encarregado de negócios] no Harar, o dedjatch Makonnen.

Foi só quando pedi a Menelik para passar por esse caminho que o Sr. Borelli teve a idéia de se reunir a mim.

Eis o itinerário:

1º De Entotto ao rio Akaki, planalto cultivável, 25 quilômetros;

2º Povoado gala dos Abitchu, 30 quilômetros. Continuação do planalto: altura, cerca 2 500 metros. Caminha-se tendo o monte Herer ao sul;

3º Continuação do planalto. Desce-se à planície de Mindjar pelo Chankora. O Mindjar tem solo rico e cuidadosamente cultivado; a altitude deve ser 1 800 metros (julgo a altitude pela espécie de vegetação; não há como enganar-se, por menos que se tenha viajado pelos países etíopes). Extensão dessa etapa: 25 quilômetros.

4º Continuação do Mindjar: 23 quilômetros. Mesmas culturas. Há falta de água no Mindjar; a água da chuva é conservada em poços;

5º Fim do Mindjar. A planície termina, a terra fica acidentada; o solo é menos rico. Numerosas culturas de algodão. – 30 quilômetros;

6º Descida ao Cassam. Acaba a agricultura. Bosques de acácias atravessados pela estrada aberta por Menelik e praticável numa largura de dez metros. – 25 quilômetros;

7º Estamos em país beduíno, em *Konella,* ou terra quente. Silvados e bosques de acácias povoados de elefantes e animais ferozes. A estrada do Rei dirige-se para uma fonte de água quente, chamada Fil-Uaha, e a Hawash. Acampamos nessa direção, a 30 quilômetros do Cassam;

8º De lá até Hawash, muito estreito nesse ponto, 20 quilômetros. Toda a região, em ambas as margens do Hawash, a dois dias e meio de marcha, se denomina Careyon. Tribos galas beduínas, proprietárias de camelos e outros animais. Em guerra com os Arussis. Altura da travessia do Hawash: cerca de 800 m., 80 de água;

9º Atravessado o Hawash, 30 quilômetros de matas, caminha-se pelas trilhas de elefantes;

10º Subimos rapidamente para Itu por veredas sombreadas. Bela região de bosques, pouco cultivada. Chegamos rapidamente a 2 000 metros de altitude. Parada em Galamso, posto abissínio com trezentos a quatrocentos soldados do dedjatch Woldé Guibril. – 35 quilômetros;

11º De Galamso a Boroma, posto de mil soldados do rás Dargué, 30 quilômetros. As culturas da Abissínia são substituídas pelo *dourah* (sorgo). Altitude: 2 200 metros;

12º Continuação do Tchertcher, magníficas florestas. Um lago, de nome Arro. Caminha-se na crista de uma cadeia de colinas. O Arussi, à direita, paralelo com nossa estrada, mais elevado que o Itu; suas grandes florestas e belas montanhas se abrem em panorama. Parada num lugar denominado Wotcho. – 30 quilômetros;

13º 15 quilômetros até a casa do sheik Jahia, em Goro. Numerosos vilarejos. É o centro dos Itus aonde vão dar os negociantes do Harar e os da Abissínia que vêm vender suas *channuas*. Há aí muitas famílias abissínias muçulmanas;

14º 20 quilômetros, Herna. Esplêndidos vales coroados de florestas à sombra das quais caminhamos. Cafeeiros. Foi para lá que Abdullahi, o emir do Harar, mandou alguns turcos desbaratarem um posto abissínio, fato que causou a entrada em ação de Menelik;

15º Burka, vale assim chamado por causa do rio ou corrente muito impetuosa, que desce até o Ennya. Extensas florestas. – 30 quilômetros;

16º Obona, região de bosques, acidentada, calcáreo pobre. – 30 quilômetros;

17º Chalanko, campo de batalha do Emir. Meta, florestas de pinheiros; Warabelly. Meta deve ser o ponto mais alto de todo o caminho, talvez 2 600 metros. – Extensão da etapa: 30 quilômetros.

18º Lago de Yabatha, lagos de Harramoia. Harar. – 40 quilômetros.

A direção geral: entre NNE e SSE, pareceu-me.

É o caminho feito com uma récua de mulas de carga; mas os correios fazem-no em dez dias a pé.

No Harar, os Amara atuam, como se sabe, por meio de confiscos, extorsões, razias; é a ruína do país. A cidade tornou-se uma cloaca. Os europeus estavam confinados à cidade até a nossa chegada! Tudo isto pelo medo que os abissínios têm dos ingleses. — O caminho de Issa é muito bom, e o de Gueldessey a Harar, também.

Há dois negócios que se podem fazer no Choa presentemente;

1º Trazer sessenta mil táleres e comprar marfim, almíscar e ouro. — O senhor sabe que todos os negociantes, exceto Brémond, desceram para lá, até mesmo os suíços. — Não se encontra nem mais um táler no Choa. Deixei o marfim a cinqüenta táleres no varejo; a sessenta táleres, com o rei.

Só o rás Govana tem mais de quarenta mil táleres em marfim e quer vender; não há compradores, faltam fundos! Há também dez mil okietes de almíscar. — Ninguém quer a dois táleres os três okietes. — Há também muitos outros detentores de marfim dos quais se pode comprar, sem contar os particulares que vendem às escondidas. Brémond tentou fazer com que o rás lhe desse o marfim de graça, mas ele quer pagamento em dinheiro. — Sessenta mil táleres podem ser empregados em tais compras durante seis meses, sem nenhuma despesa, no caminho de Zeilah, Harar, Itu, e render um lucro de vinte mil táleres; mas seria preciso agir rápido, pois creio que Brémond vai descer em busca de fundos.

2º Trazer do Harar para Ambado duzentos camelos com cem homens armados (tudo isto o dedjatch fornece de graça), e, no mesmo instante, fazer transportar por um barco qualquer oito mil remingtons (sem cartuchos, o rei exige sem cartuchos; ele conseguiu três milhões no Harar) e levá-los imediatamente para o Harar. A França tem, no momento, Djibuti com saída para Ambos. Há três paradas de Djabuti a Ambos. — Foram vendidos e vendem-se ainda aí remingtons a oito francos. — O único problema é o barco; mas encontra-se com facilidade para alugar em Suez.

Como presente para o rei: máquinas para fundir cartuchos Remington. — Chapas de metal e produtos químicos e material para fabricar cápsulas de guerra.

Vim aqui para ver se alguma coisa poderia surgir nessa ordem de idéias. Mas, aqui, é muito longe; e, em Aden, não há estímulo porque esses negócios, metade por incapacidade, metade por azar, nunca deram certo. — E, no entanto, há o que fazer, e os que se apressarem e forem parcimoniosos acabarão fazendo.

Meu negócio acabou muito mal porque eu estava associado com esse idiota do Labatut que, para cúmulo do azar, morreu, deixando-me nas costas sua família do Choa, bem como todos os seus credores; de modo que saio do negócio com muito pouca coisa, menos do que havia aplicado nele. Não posso empreender nada sozinho, pois não tenho capital.

Mesmo aqui, não havia um único negociante francês para o Sudão! Ao passar por Suakim, disseram-me que as caravanas passam direto para Berbera. A borracha está começando a chegar. Quando o Sudão reabrir, e está reabrindo aos poucos, haverá muita coisa para se fazer.

Não vou permanecer aqui e descerei assim que o calor, que esteve excessivo neste verão, diminuir na região do mar Vermelho. Estarei à sua disposição caso haja uma atividade qualquer em que lhe possa ser útil. — Não posso mais ficar aqui, pois estou habituado à vida livre. — Tenha a bondade de pensar em mim.

Rimbaud.
Posta-restante, Cairo.
Até fim de setembro.

* * *

MAIS UMA VEZ ADEN
(1887-1888)

Vocês devem considerar-me um novo Jeremias, com estas lamentações perpétuas; mas a situação não é de fato nada alegre.

8 DE OUTUBRO DE 1887

Rimbaud, desenho de Isabelle Rimbaud.

Correspondência | Arthur Rimbaud

~ Carta aos seus

Aden, 8 de outubro de 1887.

Caros amigos,
Agradeço-lhes muito. Vejo que não fui esquecido. Estejam tranqüilos. Se meus negócios não vão às mil maravilhas no momento, pelo menos não estou perdendo nada; e espero mesmo que um período menos nefasto esteja se iniciando para mim.

Pois bem, há dois anos que meus negócios vão muito mal, eu me fatigo inutilmente, sofro muito para conservar o pouco que tenho. Bem que gostaria de romper com estes países infernais; mas sempre tenho a esperança de que as coisas vão melhorar, e continuo a perder tempo em meio a privações e sofrimentos que vocês nem podem imaginar.

Além disso, o que fazer na França? É certo que não posso mais viver de maneira sedentária; e, antes de tudo, tenho muito medo do frio, — depois, em suma, não tenho renda suficiente, nem emprego, nem apoios, nem conhecimentos, nem profissão, nem recursos de qualquer espécie. Voltar seria o mesmo que enterrar-me.

A última viagem que fiz à Abissínia, e que afetou gravemente minha saúde, teria podido render-me a soma de trinta mil francos; mas com a morte de meu sócio, e por outras razões, o negócio acabou muito mal e saí dele mais pobre do que antes.

Vou ficar um mês aqui, antes de partir para Zanzibar. Não me decido com satisfação a tomar esse rumo; só vejo chegando de lá gente em estado deplorável, embora me digam que haja ali bons negócios a fazer.

Antes de partir, ou mesmo se não for, vou resolver talvez se lhes envio os fundos que deixei depositados no Egito; porque, em definitivo, com os problemas do Egito, o bloqueio do Sudão, o bloqueio da Abissínia, bem como por outras razões, vejo que só se tem a perder mantendo esses fundos, pouco ou bastante consideráveis, nestas regiões desesperadas.

Podem pois escrever-me para Aden, no endereço seguinte:

Senhor Arthur Rimbaud, posta-restante.

Se eu partir, farei com que me reexpeçam.

Vocês devem considerar-me um novo Jeremias, com estas lamentações perpétuas; mas a situação não é de fato nada alegre.

Desejo-lhes o contrário e sou seu afetuoso,

Rimbaud.

* * *

Carta ao cônsul da França em Beirute

Aden, 12 de outubro de 1887.

Senhor Cônsul,

Perdoe-me por solicitar de V. Sª. o seguinte esclarecimento: a quem poderei me dirigir em Beirute ou em outra parte da costa síria para a aquisição de quatro asnos reprodutores, em pleno vigor, da melhor raça empregada para a procriação dos maiores e mais fortes mulos de carga da Síria? Qual poderia ser o preço, e bem assim o frete e seguro pelas Messageries maritimes, de Beirute para Aden?

Trata-se de uma encomenda do rei Menelik do Choa (Abissínia meridional), onde só há animais de raça inferior e onde se deseja criar uma raça superior de mulos, dada a grande quantidade e o baixo preço dos jumentos.

À espera de sua resposta,[1] sou, de V. Sª., Senhor Cônsul,
Amº atº e obº

A. Rimbaud,
a/c Consulado da França
em Aden,
Possessões inglesas.

---

1. O cônsul-geral da França em Beirute à época, o Visconde de Petiteville, respondeu em 3 de dezembro de 1887 a carta de R. fornecendo todas as indicações necessárias à aquisição dos animais; contudo, não se tem ciência se a operação (que se destinava a atender a uma encomenda de Menelik) se tenha efetivamente realizado.

* * *

✎ Carta ao Sr. de Gaspary

Aden, 3 de novembro de 1887.

Senhor Cônsul,

Tenho a honra de depositar em suas mãos, de acordo com seu pedido, o histórico da liquidação da caravana do falecido Sr. Labatut, que compreende:

1º um inventário das somas empenhadas, entradas e saídas;

2º o caixa da liquidação, e o balanço;

3º a exposição (que o senhor conhece) de meus direitos sobre essa caravana.

Ficaria grato se o senhor acusasse a recepção destes documentos.

Seria lícito submeter esse conjunto à apreciação dos europeus que vêm do Choa, em especial ao Sr. Ilg, que me ajudou benevolamente junto ao rei Menelik.

O senhor observará que consenti em deixar aos diversos credores cerca de dois terços de meus próprios direitos.

Sou, Senhor Cônsul, de V. Sa. Atº e obº

Rimbaud.
Posta-restante.
Aden (Camp).

Ao Senhor de Gaspary,
Cônsul da França
Em Aden.

Correspondência | Arthur Rimbaud

Inventário da Caravana Labatut

DEVE:

1 750 fuzis a cápsulas
14 fuzis para elefantes

Total: 1 764 fuzis a cápsulas

HAVER:

Fuzis a cápsula adquiridos por Menelik 1 440
Vendidos antecipadamente em Tadjura para despesas
da caravana 29
Entregues ao Rás Govana em pagamento de
3 000 táleres adiantados a Labatut anteriormente 300

Saída. .... Total 1 769
(Alguns fuzis foram contados a mais por Menelik)

DEVE:

20 fuzis Remington
Total: 20 fuzis Remington.

HAVER:

2 doados aos Dankalis.
2 roubados em viagem;
11 vendidos por fora da caravana no Choa;
5 dados em pagamento de diversas dívidas
Saída: Total: 20

DEVE:

450 000 cápsulas de guerra;
300 000 cápsulas de caça;

HAVER:

O total adquirido em bloco pelo rei Menelik.

DEVE:

Encomenda de utensílios e objetos diversos.
Cerca de 16 carregamentos de camelos.

HAVER:

Alguns artigos vendidos em Tadjura para as despesas da caravana. O resto adquirido em bloco por Menelik.

DEVE:

Credores: 35 T[áleres]. do Sr. Ilg;
            600 T. do Sr. Savouré;
Cerca   800 T. dos nativos.

HAVER:

Recuperados 35 T.
Recuperados 60 T.
Desprezados.

                                                 Rimbaud.

Liquidação da caravana Labatut
DEVE:
Compra da caravana pelo rei Menelik, negociada pelo Sr. Ilg.

1 440 fuzis a 7 .... T 10 080
300 000 cápsulas a 1 T. o milheiro 300
450 000 – a 2 T. o milheiro 900
Utensílios e objetos em bloco 2750
Pelas compras do Rei Total: .... T. 14 000

Vendidos a outros.
11 fuzis Remigton à média de T. 28 .... T 308
Crédito de Ilg recuperado .... T   35
Crédito de Savouré recuperado .... T   60
Ingressos líquidos ref. animais provenientes de um confisco
nas casas do finado Labatut no Choa – cerca de.............. T   97
Deve Total .... T. 14 500

HAVER
Pagamento feito pelo Azzaze da 2ª metade do aluguel
dos camelos .... T. 1 830
34 abissínios a T. 15 para a viagem, e dois meses de
salários retidos a T. 3, cujo pagamento fora prometido
à chegada 34 X 21 .... T. 714
Reembolsado ao Azzaze 5 okietes de marfim adiantados
a Labatut 5 X 60 .... T. 300
Diversas dívidas pagas por mim aos nativos por
[conta de] Labatut (bem como pelos europeus)
aproximadamente .... T. 120
Chefe dos serviçais, salários retidos .... T. 180
Meu intérprete árabe-amharagalla .... T. 130
Pago ao Sr. Audon por dívida de Labatut .... T. 1 088
Pago ao Sr. Suel em Aden, dívida de Labatut .... T. 5 165

Apropriado de minha conta por Menelik (o Rei reclamava,
suponho, o pagamento de mais T. 3 500, devidos por
Labatut, conforme dizia; o Sr. Ilg obteve para mim uma
diferença, e o Rei recebeu efetivamente) .... T. 2 100
Minhas despesas de viagem do Harar ao Choa,
permanência no Harar, e do Harar a Zeilah e a Aden,
até a liquidação, cerca de .... T. 400
Haver. Total... .... T. 12 027
Balanço .... T. 2 473
                                                                                                                  T. 14 500
                                                                                                                  Rimbaud A.

Meus direitos sobre a dita caravana se compunham de:

De Labatut, uma nota promissória de T. 5 000 feita no
consulado da França em Aden .... T. 5 000
Tendo a dita obrigação vencido em outubro de 1886, e
a liquidação só se efetivando no final de julho de 1887,
9% de juros sobre T. 5 000. .... T 450
Uma nota promissória do dito Labatut, sem juros. .... T. 800
Soma gasta pessoalmente por mim para a caravana .... T. 60
Todo o material da caravana que me pertence e vale
cerca de. .... T. 140
Meu pagamento da parte de Labatut devia realizar-se no
lapso de um ano. Empreguei mais 9 meses na liquidação
de seus negócios e estimo o valor do emprego desse
tempo, descontadas as despesas de manutenção, em .... T. 900
Fico portanto credor da caravana em cerca de .... T. 7 350
Embora possuidor de créditos prioritários,
só recebi 33%, como se deduz da conta de liquidação,
ou sejam .... T. 2 473

Tenho pois a honra de declarar a Vossa Senhoria, Senhor Cônsul, que doravante recuso responder, por qualquer forma, a todo tipo de reclamação a respeito do mencionado negócio, e rogo a Vossa Senhoria de me conceder, se assim julgar conveniente, um atestado[1] declarando que os negócios do finado Sr. Labatut foram regularizados em Aden, na costa e na Abissínia, e que ficam assim encerradas quaisquer discussões ulteriores a respeito.

Queira receber, Senhor Cônsul, meus protestos de alta estima e consideração.

Aden, 3 de novembro de 1887.

A. Rimbaud.

1. O Vice-cônsul da França em Aden, E. de Gaspary, respondeu a R. em 8 de novembro de 1887 dizendo que constatou ter sido "a operação comercial desastrosa" para o missivista que "não hesitou em sacrificar seus próprios direitos para satisfazer os numerosos credores do falecido Sr. Labatut", mas adverte-o sobre sua maneira pouco flexível de tratar com as pessoas influentes do lugar. R. voltará à carga em carta datada de 9 de novembro, reproduzida mais adiante.

* * *

✒ Carta ao Monsenhor Taurin

ESTA CARTA, DIRIGIDA AO BISPO DE HARAR, MONSENHOR Taurin-Cahagne, para pedir sua interferência junto a um certo Sr. Aubon, no sentido de "lhe despertar a consciência" (transformando assim um fato comercial em crise moral), relata mais uma das confusões em que R. se meteu em conseqüência da morte de Labatut e de seu propósito de saldar as dívidas deste último. O bispo consignou o recebimento da carta em seu diário da Missão, mas nada pôde fazer em favor de R. por ter sido obrigado a deixar o Harar por ordem de Menelik em 2 de outubro daquele ano.

Aden, 4 de novembro de 1887.

Monsenhor,

Que a presente possa encontrar V. Rev.ª em paz e boa saúde. Em seguida, peço desculpas por vir solicitar sua intercessão no seguinte assunto.

Sabe V. Rev.ª que o rei Menelik me havia enviado ao Harar com uma ordem de pagamento de T. 9 866. Ora, certo Sr. Audon, em Ankober, tinha em mãos uma cambial de T. 1 810, subscrita pelo finado Sr. Labatut ao Sr. Deschamps de Aden e pagável ao Sr. Audon, correspondente do Sr. Audon [Deschamps][1] no Choa. No Choa, não tendo dinheiro, nada pude pagar sobre essa cambial. Em seguida, depois de minha partida do Choa, o dito Audon contratou o azzaze Walde Tadik[2] para escrever a Mekonen no Harar pedindo-lhe que deduzisse de meu pagamento as somas que eu devesse a ele. Para livrar-me desse arresto, pedi a Mekonen que mantivesse em mãos os 866 táleres, e insisti para que ele fizesse chegar essa soma o mais breve possível ao tal Audon, a ele pessoalmente, e não aos seus credores europeus ou abissínios. Makonnen passou-me recibo dos 866 táleres em nome do Sr. Audon, e escreveu mesmo ao Cônsul em Aden sobre a questão, acusando ainda uma vez o recebimento da soma pelo dito indivíduo no Choa.

Mas agora o Sr. Deschamps recusa-se a desvincular-me da conta Labatut (que acertei mediante uma redução) sem antes ter notícia de que os ditos 866 táleres foram pagos ao Sr. Audon, e chegou mesmo a escrever aos Srs. Mussaya no Harar, passando-lhes procuração para receberem eles próprios a dita soma de T. 866 do Dedjatch no Harar, e reenviá-la para Aden, caso o Dedjatch não a tenha enviado ao Sr. Audon.

Temo que o Dedjatch tenha tido a idéia de creditar essa soma a um dos credores abissínios do Sr. Audon; nesse caso, meu pagamento se tornaria nulo, o que me impediria de regularizar minhas contas aqui. Porém, o mais provável é que o Mekonen tenha deixado o assunto morrer e não pense mais nas T. 866, tanto que, havendo obtido dele um recibo das ditas T. 866, para ser entregue ao Sr. Audon, eu lhe tenha naturalmente dado uma quitação total da soma de T. 9 866 que o Rei me havia mandado receber no Harar e, se agiu de má-fé, o que é sempre o caso, não terei recurso contra ele junto ao Rei senão pelo envio do recibo de T. 866 assinado por ele, que conservo aqui, – porque ele apresentaria ao Rei a minha quitação total de T. 9 866 e diria nada saber do resto.

Como é provável que ele venha consultá-lo sobre o assunto, seremos grato a V. Rev.ª se lhe despertasse a consciência, fazendo-o lembrar-se de que recebeu de mim aquela soma, ou pelo menos que eu lhe deixei aquela soma à parte de minha conta, para que ele a fizesse chegar pessoalmente ao Sr. Audon no Choa.

Se ele achou por bem atribuir essa soma a um dos credores mais ou menos regulares (falo dos abissínios) do Sr. Audon, eu me considerarei *roubado* pelo Dadjatch da soma de T. 866, e ele terá igualmente *roubado* o Sr. Audon, pois que eu lhe recomendei bastante que fizesse chegar tal soma unicamente a ele.

Nesse caso, meu acerto de contas com o Sr. Dechamps estaria suspenso, e eu não teria outro recurso contra o Dedjatch senão a penhora de suas mercadorias na costa por via consular, coisa que é de todo impossível.

Gostaria que V. Rev.ª lhe fizesse compreender no entanto que ele se tornou responsável pela dita soma frente ao consulado, já que escreveu ao Cônsul aqui, reconhecendo haver recebido essa soma para o fim indicado.

— Se a soma permaneceu em poder dele no Harar, que faça como o Sr. Deschmps lhe pede, ou seja que a remeta aos Srs. Mussaya. De minha parte, é quase certo que ele nada enviou. Em todo caso, ele não tinha o direito de enviá-la a outrem se não a Audon.

— O Sr. Savouré escreveu-nos ontem dizendo ter adquirido a caravana Soleillet e estará de volta a Aden dentro de um mês.

— O Sr. Tian retorna a Aden em fins de novembro.

— Dizem que foram embarcadas tropas em Nápoles, mas a Inglaterra continua tentando resolver a questão ítalo-abissínia, estando o embarque, ao que parece, cada vez menos definido, ou pelo menos já não teria as proporções inicialmente projetadas, faltando-lhe inteiramente disposição. Os correspondentes dos jornais italianos estão contudo em Massaua. Adquiriram aí alguns cavalos e mulas, mas, nesse passo, levarão três ou quatro anos nos preparativos, já que os italianos no mar Vermelho só conseguem estar de pé no inverno!

— Quanto à missão religiosa russa, ela não vem mais.

— Temos aqui o Monsenhor Touvier, bispo de Massaua, que parte para a França até a conclusão dos acontecimentos.

— Quanto a mim, procuro uma oportunidade de voltar à Etiópia, mas não por minha conta, e é possível que eu vá com a caravana do Sr. Savouré.

— Escusado dizer que troquei imediatamente com o Sr. Ries sua nota promissória de T. 500.

— Cumprimente, por favor, o Sr. Sacconi[3] de minha parte. Disseram-me que ele estava seriamente enfermo. Espero que se tenha restabelecido.

— Pedem-me também para comunicar ao Dedjatch que o Sr. Benin está grandemente insatisfeito com os atrasos de pagamento ao seu agente no Harar. Mas estes assuntos comerciais não dizem respeito a V. Rev.ª — Só pedi sua intercessão em meu negócio com o Sr. Audon porque se tratava de despertar a consciência do Dedjatch e impedi-lo de cometer um roubo, se já não o fez. Também estou ansioso por ver o desenrolar deste assunto, pois obterei assim minha liberação da última conta concernente ao caso Labatut.

De V. Rev.ª, Monsenhor Taurin, seu humilde servidor,

Rimbaud,

Posta-restante,
Aden-Camp

A Monsenhor Taurin,
Vigário apostólico dos Galas
no Harar.

1. R. escreveu Audon por engano, querendo referir-se a Deschamps.
2. O nome correto seria, segundo A. Adam, Woldé-Thadik, intendente da casa real e governador de Ankober.
3. Este Sacconi permanece inexplicável, já que o explorador conhecido por esse nome morreu massacrado pelos somalis a 04.08.1883.

* * *

❦ Carta aos seus

Aden, 5 de novembro de 1887.

Meus caros amigos,

Continuo sempre na expectativa. Espero respostas de várias partes, para saber para onde deverei ir.

Haverá talvez alguma coisa para se fazer em Massaua, com a guerra abissínia. Enfim, não levarei muito para tomar uma decisão ou para encontrar o emprego que espero; e talvez não parta nem para Zanzibar nem para outro lado.

Estamos agora no inverno, ou seja, não temos mais que 30 graus acima de zero, de dia, e 25, à noite.

Mandem-me suas notícias. Que andam fazendo? Como estão passando? Há muito tempo que não recebo cartas daí. Não é nada agradável sentir-se assim abandonado.

Não se preocupem comigo: estou passando bem, e espero recuperar meus prejuízos; meus prejuízos, isto mesmo! Pois acabo de passar dois anos sem ganhar nada e quem perde dinheiro, perde também o tempo.

Digam-me: qual o jornal mais importante das Ardenas?[1]

Todo seu,

                                                        Rimbaud.

---

1. A pergunta deixa trair a intenção de R. em colaborar num jornal das Ardenas, certamente enviando relatos semelhantes aos que dirigiu à Sociedade de Geografia.

* * *

Correspondência | Arthur Rimbaud

❧ Carta ao Sr. de Gaspary

Aden, 9 de novembro de 1887.

Senhor,

Recebi sua carta de ontem e tomei boa nota de suas observações.

Envio-lhe cópia da conta das despesas da caravana Labatut, devendo conservar comigo o original, pois o chefe da caravana que o assinou apoderou-se em seguida de uma parte dos fundos que o Azzaze [intendente], lhe havia confiado para o pagamento dos camelos. O Azzaze obstinha-se, na verdade, em não pagar jamais as despesas da caravana aos próprios europeus, com o que acertariam assim as coisas sem dificuldades: os Dankalis encontram aí uma bela ocasião de embrulhar o Azzaze e o Frangui [o estrangeiro, no caso o próprio R.] ao mesmo tempo, e cada um dos europeus acabou pagando 75% a mais das despesas de caravana que os beduínos lhes arrancaram, isto porque o Azzaze e o próprio Menelik tinham por hábito, antes da abertura da estrada do Harar, de dar invariavelmente razão ao beduíno em relação ao Frangui.

Prevenido contra tudo isto é que tive a idéia de fazer com que meu chefe assinasse uma conta da caravana. Isto não o impediu, no momento de minha partida, de me levar diante ao rei reclamando alguns 400 táleres a mais da conta assinada por ele! Tinha como advogado nessa ocasião *o temível bandido Mohammed Abu-Beker*, o inimigo dos negociantes e viajantes europeus no Choa.

Mas o rei, sem considerar a assinatura do Beduíno (pois os papéis de nada valem no Choa), compreendeu que ele mentia, insultou de passagem Mohammed, que investia furioso contra mim, e me condenou a pagar somente a soma de 30 táleres e um fuzil Remington: mas não paguei absolutamente nada. Soube em seguida que o chefe da caravana havia retirado esses 400 táleres do fundo posto em suas mãos pelo

Azzaze para pagamento dos beduínos, e que os empregara na compra de escravos, os quais foram enviados com a caravana dos Srs. Savouré, Dimitri e Brémond, e que morreram todos no caminho, e ele próprio foi se esconder no Djimma Abba-Djifar, onde dizem que morreu de disenteria. O Azzaze teve, pois, um mês após minha partida, para reembolsar esses 400 táleres aos beduínos; mas, se eu estivesse presente, ele decerto faria com que eu os pagasse.

Os inimigos mais perigosos dos europeus em todas essas ocasiões são os Abu-Beker, pela facilidade que têm de se aproximar do Azzaze e do rei, a fim de nos caluniar, denegrir nossos hábitos, perverter nossas intenções. Dão abertamente aos beduínos dankali exemplos de roubo, conselhos de assassinato e de pilhagem. A impunidade lhes é assegurada inteiramente pela autoridade abissínia e pela autoridade européia na costa, a quem enganam grosseiramente. Há certos franceses no Choa, pilhados no caminho por Mohammed, e ainda agora expostos a todas as suas intrigas, e que ainda assim dizem: "Mohammed é um bom sujeito!", mas os poucos europeus do Choa e do Harar que conhecem a política e os costumes dessa gente, execrada por todas as tribos Issa Dankali, pelos Galas e os Amhara, fogem deles como se da peste.

Os trinta e quatro abissínios da minha escolta em Sajalo fizeram-me assinar, antes da partida, uma obrigação de pagar a cada um deles 15 táleres pela viagem e dois meses atrasados, mas em Ankober, irritado com suas insolentes reclamações, eu lhes tomei o papel e o rasguei diante deles; foi feita, em seguida, uma reclamação ao Azzaze, etc. Aliás, nunca se fazem recibos dos salários pagos aos criados no Choa; eles achariam esse ato muito estranho e pensariam estar em grande perigo de não se sabe o quê.

Eu não teria pago ao Azzaze os 300 táleres para Labatut se não tivesse eu próprio descoberto, num velho caderno de notas encontrado na barraca da Sra. Labatut, uma anotação com a caligrafia dele dando recibo ao Azzaze de cinco okietes de marfim menos alguns rotolis. Na verdade, Labatut estava escrevendo suas *Memórias*: recolhi trinta e quatro volumes, ou sejam trinta e quatro cadernos, no domicílio da viúva, e, apesar das imprecações dessa última, atirei-os ao fogo, ou que foi, me disseram, uma grande infelicidade, já que alguns títulos de propriedade se encontravam intercalados entre as confissões que, lidas por alto, me pareceram indignas de um exame mais sério.

Além disso, o sicofanta do Azzaze, chegando a Farré com seus burricos no momento em que eu aportava com meus camelos, me havia insinuado, após os cumprimentos de praxe, que o Frangui, em nome de quem eu chegava, tinha com ele uma conta imensa, e parecia me pedir a caravana inteira como garantia. Acalmei-lhe os ânimos, provisoriamente, oferecendo-lhe uma luneta de minha propriedade e alguns frascos de pílulas Morton. Em seguida, mandei-o para longe, o que me pareceu que de fato merecia. Ele ficou amargamente decepcionado e passou a agir sempre de maneira muito hostil contra mim; entre outras coisas, impediu que outro sicofanta, o abune, me pagasse um carregamento de passas que eu lhe trazia para a fabricação de seu vinho de missa.

Quanto às várias dívidas que paguei em nome de Labatut, a coisa se passou da seguinte forma:

Por exemplo, chegou em minha casa um Dedjatch e, sentando-se para beber meu tedj, enquanto exaltava as qualidades do *amigo* (o falecido Labatut), manifestava a esperança de descobrir em mim as mesmas virtudes. Vendo um burro pastando em frente, gritou: "Aquele burro fui eu que dei ao Labatut!" (sem dizer que o albornoz que tinha sobre os ombros fora Labatut quem lhe dera!) "Além disso, acrescentou, ficou me devendo 70 táleres (ou 50, ou 60, etc.!)" E insistia nessa cobrança, embora eu despachasse o nobre malandro lhe dizendo: "Vá se queixar ao rei!" (Isto quer dizer mais ou menos: "Vá para o inferno!") Mas o rei me fazia pagar uma parte da reclamação, acrescentando hipocritamente que ele pagaria o resto!

Mas paguei também algumas reclamações fundamentadas, por exemplo, às mulheres dele, os salários dos criados que morreram no caminho durante a viagem de Labatut; ou então era o reembolso de alguns 30, 15, 12 táleres que Labatut tomara emprestado a alguns camponeses prometendo-lhes em troca alguns fuzis, peças de tecido, etc. Como esses pobres coitados agiam sempre de boa-fé, deixei-me comover e paguei. Foi-me cobrada também a soma de 20 táleres por um Sr. Dubois; percebi que ele tinha direito, paguei-lhe e juntei, a título de juros, um par de sapatos dos meus, pois o pobre diabo se queixava de andar descalço.

Mas a notícia dos meus virtuosos procedimentos se espalhou ao longe; levantou-se, daqui e dali, toda uma série, todo um bando, toda uma horda de credores de Labatut, com arengas de fazer empalidecer, o que me levou a modificar minhas disposições benevolentes, e tomei a determinação de partir do Choa a passo acelerado. Recordo-me que na manhã da minha partida, trotando já na direção NNE, vi surgir de uma moita o delegado da mulher de um amigo de Labatut, que me reclamava, em nome da Virgem Maria, a soma de 19 táleres; e, mais adiante, precipitando-se do alto de um promontório, um ser com uma pelerine de pelo de carneiro, me perguntava se eu havia pago os 12 táleres a seu irmão, que os emprestara a Labatut, etc. A esses eu gritava: agora é tarde.

Assim que cheguei a Ankober, a viúva Labatut moveu contra mim, junto ao Azzaze, um processo espinhoso tendente à reivindicar a sucessão da herança. O Sr. Hénon, viajante francês, foi constituído seu advogado nessa nobre missão, e foi ele quem mandou me citar e quem ditava à viúva o enunciado de suas pretensões, com o auxílio de duas velhas advogadas amhara. Depois de odiosos debates, nos quais ora eu ganhava ora perdia, o Azzaze me concedeu a ordem de penhora das casas do defunto. Mas a viúva já havia escondido longe algumas centenas de táleres de mercadorias, efeitos pessoais e curiosidades deixadas por ele e, no confisco que levei a efeito não sem resistência, encontrei apenas algumas velhas ceroulas às quais a viúva se aferrou com lágrimas de fogo, alguns moldes para fabricar balas e uma dezena de escravas grávidas que por lá ficaram.

O Sr. Héron intentou, em nome da viúva, uma ação de recurso, e o Azzaze, surpreso, abandonou o caso ao julgamento dos Franguis então presentes em Ankober. O Sr. Brémond, como meu caso já lhe parecesse desastroso, disse que eu só teria de ceder a essa megera os terrenos, jardins e animais do falecido e, à minha partida, os europeus se cotizariam para dar uma soma de cem táleres à viúva. O Sr. Hénon, procurador da litigante, encarregou-se da operação e ele próprio ficou em Ankober.

Na véspera de minha partida do Entotto, indo com o Sr. Ilg à casa do monarca para pegar a promissória sobre o Dedjatch do Harar, percebi atrás de mim, na montanha, o capacete do Sr. Héron que, sabedor de minha partida, tinha coberto com rapidez os 120 quilômetros de Ankober a Entotto, e, atrás dele, o albornoz da frenética viúva, serpenteando ao longo dos precipícios. Em casa do rei, tive que esperar na antecâmara algumas horas, enquanto *eles* tentavam junto dele uma manobra desesperada. Mas, quando fui introduzido, o Sr. Ilg me disse em poucas palavras que *eles* não haviam conseguido nada. O monarca declarou que fora amigo de Labatut e tinha a intenção de perpetuar essa amizade em sua descendência, e como prova, retirou em seguida à viúva o usufruto das terras que dera a Labatut.

O objetivo do Sr. Hénon era o de me fazer pagar os cem táleres que ele devia, *ele*, arrecadar para a viúva junto aos europeus. Soube que depois de minha partida a subscrição não se realizou!

O Sr. Ilg que, em função de seu conhecimento de línguas e de sua honestidade, é geralmente empregado pelo rei na regularização dos negócios da corte com os europeus, fez-me compreender que Menelik alegava que Labatut tinha grandes dívidas para com ele. Com efeito, no dia em que fixaram o preço dos meus investimentos, Menelik disse que tinha muito a receber, ao que respondi pedindo as provas. Era um sábado e o rei disse que iria rever as contas. Na segunda, o rei declarou que, tendo desenrolado os pergaminhos que lhe servem de arquivos, encontrara uma soma de cerca de 3 500 táleres e que a subtrairia de minha conta; achava, além disso, que todos os bens de Labatut deviam reverter de fato a ele, dizendo tudo isto num tom que não admitia qualquer contestação. Aleguei os credores europeus, apresentando minhas dívidas em último lugar, e, diante das admoestações do Sr. Ilg, o rei consentiu hipocritamente em abrir mão de três oitavos de sua reclamação.

De minha parte, estou convencido de que o négus me roubou, e, como suas mercadorias circulam pelos caminhos que ainda sou obrigado a percorrer, espero um dia poder me apoderar delas, no valor do que ele me deve, da mesma forma como tenho de reaver do Rás Govana a soma de 600 táleres caso ele persista em suas reclamações, mesmo depois que o rei lhe ordenou que calasse, coisa que sempre costuma fazer com os outros depois que ele mesmo garantiu o seu.

Tal é, Senhor Cônsul, a relação dos pagamentos que fiz relativos às dívidas da caravana Labatut para com os nativos. Peço-lhe perdão por havê-lo feito neste estilo, que pelo menos me distrai da natureza das lembranças que me ficaram desse assunto e que são, em suma, muito desagradáveis.

Queira aceitar, Senhor Cônsul, os protestos de minha alta estima e admiração.

Rimbaud.

Ao Senhor de Gaspary
Cônsul da França
em Aden.

* * *

✒ Carta aos seus

Aden, 22 de novembro de 1887.

Meus caros amigos,

Espero que estejam de boa saúde e em paz; também estou de boa saúde, mas não precisamente em paz, pois ainda não encontrei nada para fazer, embora pense engatar proximamente alguma coisa.

Não tenho recebido mais notícias suas, mas estou tranqüilo a esse respeito.

Respondam-me, por favor, as seguinte perguntas:

Qual o nome e endereço dos deputados das Ardenas, particularmente o do seu distrito?

É possível que eu venha proximamente fazer uma solicitação a um ministério, para certa concessão na colônia de Obock, ou para a licença de importação de armas de fogo para a Abissínia pela dita costa, e então farei com que meu pedido seja apoiado por esse deputado.

— Enfim, onde se aplicam fundos para rendas vitalícias? Junto ao governo? Posso ter uma renda vitalícia na minha idade? Quais seriam os juros?

Todo seu,

Rimbaud.
Pota-restante, Aden Cantonment.
British Colonies.

* * *

❦ Carta aos seus

Aden, 15 de dezembro de 1887.

Meus caros amigos,

Recebi sua carta de 20 de novembro. Agradeço-lhes por pensarem em mim.

Vou bastante bem; mas ainda não encontrei nada de bom para pôr em andamento.

Quero encarregá-los de um pequeno favor que não os comprometerá em nada. É uma tentativa que quero fazer, para ver se consigo a autorização ministerial e obter em seguida os capitais.

Encaminhem a carta anexa ao deputado do distrito de Vouziers, juntando seu nome e o nome do distrito no cabeçalho no interior da carta. Esta carta ao deputado deve conter a carta ao Ministro. No final da carta ao Ministro, nos espaços deixados em branco, tenham apenas o cuidado de escrever o nome do deputado a quem encarrego da iniciativa. Isto feito, expeçam tudo para o endereço do deputado, tendo tido o cuidado de deixar aberto o envelope com a carta ao Ministro.

Se o deputado de Charleville for atualmente o Sr. Corneau, que comercia com ferros, talvez melhor seria que a carta fosse enviada a ele, tratando-se de uma empresa metalúrgica; então, o nome dele é que deveria figurar nas lacunas da carta e no fim do pedido ao Ministério. Se não, e como não estou de modo algum a par das "panelinhas" políticas atuais, escrevam o mais cedo possível ao deputado de seu distrito. Vocês não têm que fazer nada além do que lhes acabo de dizer; e, em seguida, nada lhes será endereçado, pois estão vendo que peço ao Ministro que responda ao deputado, e ao deputado a mim pessoalmente, via Consulado local.

Duvido que esta iniciativa tenha êxito, por causa das condições políticas atuais naquela costa africana; mas, enfim, para começar, isto não me custa mais do que o papel.

Tenham pois a bondade de endereçar o mais cedo possível, e sem qualquer anotação, esta carta ao deputado (contendo o pedido ao Ministério). O assunto avançará, se tiver que avançar.

Encaminho esta por intermédio de vocês, porque não disponho do endereço do deputado e não posso escrever ao Ministério sem juntar uma recomendação ao meu pedido. Espero que esse deputado faça alguma coisa.

Enfim, só resta esperar. Eu lhes direi, em seguida, o que foi que responderam, se é que vão responder: o que eu espero.

Escrevi um relato sobre minha viagem à Abissínia, para a Sociedade de geografia. Enviei artigos pra o *Temps*, o *Figaro*, etc... Tenho a intenção de enviar também, para o *Courrier des Ardennes*, algumas narrações interessantes de minhas viagens pela África oriental. Creio que isto não poderá me prejudicar.

Sempre seu.

Respondam-me para o endereço seguinte, exclusivamente:

A. Rimbaud,
Posta-restante, Aden-Camp, Arábia

* * *

Ao Sr. Fagot

Aden, 15 de dezembro de 1887.

Caro Senhor Deputado,
Sou natural de Charleville (Ardenas), e tenho a honra de solicitar pela presente a V. Sa. a gentileza de transmitir, em meu nome, com o apoio de sua benevolente aprovação, o pedido anexo ao Ministro da Marinha e das Colônias.

Há cerca de oito anos que viajo pela costa oriental da África, pelos países da Abissínia, do Harar, dos Dankalis e da Somália, a serviço de empresas comerciais francesas, sendo que o Senhor Cônsul da França em Aden, onde habitualmente resido, pode atestar minha honorabilidade e conduta pessoal.

Sou dos pouquíssimos negociantes franceses que mantém negócios com o rei Menelik, do Choa (Abissínia meridional), amigo de todas as potências européias e cristãs, — e é em seu país, distante cerca de 700 quilômetros da costa de Obock, que tenciono tentar a criação da indústria mencionada em meu pedido ao Ministério.

Porém, como o comércio de armas e munições está proibido na costa oriental da África, nos países em posse ou sob a proteção da França (isto é, na colônia Obock e nas costas dependentes dela), solicito pela presente ao Ministério que me autorize a *fazer transitar* o material e ferramentas descritos pela dita costa de Obock, sem interrupções senão pelo tempo necessário à formação de minha caravana, já que todo esse carregamento deve atravessar os desertos no dorso de camelos.

Como todo esse material e ferramentas não deve se atrasar na costa visada pela proibição, como nenhuma parte do mencionado carregamento será desviado, nem no caminho nem na costa, e tendo em vista que a importação do referido material se destina exclusivamente ao Choa, país cristão e amigo dos europeus; e como devo empenhar-me em recorrer, para a dita encomenda, a capitais franceses e à indústria francesa exclusivamente — espero que o senhor Ministro se digne favorecer meu pedido, enviando-me a autorização nos termos requeridos, ou seja: passe livre por toda a costa de Obock e as costas dankalianas e somalis adjacentes, protegidas ou administradas pela França, para a totalidade da dita encomenda com destino ao Choa.

Permita-me, Senhor Deputado, solicitar-lhe uma vez mais que dê seu apoio ao meu pedido junto ao Ministério, cuja resposta eu lhe serei muito grato de me fazer chegar.

Queira aceitar, Senhor Deputado, os protestos de minha mais alta consideração.

Arthur Rimbaud
Endereço: a/c do Consulado da França,
Aden (Colônias inglesas).

* * *

Ao Ministro da Marinha e das Colônias

Aden, 15 de dezembro de 1887.

Excelentíssimo Senhor Ministro,
Tenho a honra de solicitar pela presente a V. Excia. autorização oficial para desembarcar nos territórios franceses da costa oriental da África, inclusive na colônia de Obock, no protetorado de Tadjura e em toda a extensão da costa da Somália em posse ou sob a proteção da França, as seguintes mercadorias com destino ao rei Menelik, rei do Choa, a quem devem chegar por caravana a ser formada na dita costa francesa:

1º Todas as matérias, aparelhagem e material necessário à fabricação de fuzis de percussão central, sistema Grás ou Remington.

2º Todas as matérias, aparelhagem e material necessário à fabricação de cartuchos para os ditos fuzis, espoletas de cartuchos e cápsulas de guerra em geral.

Para a totalidade da encomenda recorrerei a capitais franceses e à indústria francesa, e a instalação dessa indústria no Choa deverá ser confiada a trabalhadores franceses. Trata-se do estabelecimento de uma empresa industrial francesa a 700 quilômetros da costa, que irá beneficiar uma potência cristã que nos interessa, amiga dos europeus e dos franceses em particular; e a autorização solicitada deve simplesmente conceder e proteger o trânsito da dita caravana até a costa, onde o comércio de armas e munições é de resto proibido.

Agente comercial francês viajando há cerca de oito anos na costa oriental africana, bem conceituado entre todos os europeus, amado pelos nativos, espero, Senhor Ministro, que V. Excia. queira por bem me conceder o pedido, que tenho a honra de fazer igualmente em nome do rei Menelik, e aguardarei a resposta do Ministério por intermédio do Sr. Fagot, deputado do distrito de Vouziers, departamento das Ardenas, de onde sou originário.

Queira, Exmo. Sr. Ministro, aceitar os protestos de minha alta estima e consideração.

Arthur Rimbaud.
Endereço: a/c do Consulado da França, Aden (Arábia).

Ao Exmo. Sr. Ministro da Marinha e das Colônias
Paris.

* * *

MAIS UMA VEZ HARAR
(1888-1891)

~

Faz hoje quinze dias que não consigo pregar o olho à noite um só minuto, por causa das dores nesta maldita perna. Gostaria de ir-me embora daqui, e acho que o calorão de Aden me faria bem, mas acontece que me devem muito dinheiro aqui e, se eu me fosse, acabaria por perdê-lo. Mandei comprar em Aden uma meia elástica para varizes, mas duvido que encontrem disso por lá.

2 DE DEZEMBRO DE 1888

Praça do mercado de Harar em 1898.

Correspondência | ARTHUR RIMBAUD

❦ Carta aos seus

Aden, 25 de janeiro de 1888.

Meus caros amigos,

Recebi a carta em que me anunciam a expedição de minha chorumela ao endereço do Ministro. Muito lhes agradeço. Vamos ver se nos respondem. Não conto muito em ter êxito; mas, enfim, pode ser que concedam essa autorização, ainda que seja para depois do fim da guerra ítalo-abissínia — que não está com cara de acabar.

Além disso, se a autorização for concedida, será preciso arregimentar capitais; e isso não se consegue a passo de cavalo, muito menos de burro. Não estão pensando que os meus dezesseis mil e uns poucos francos sejam suficientes para montar a empresa; mas posso ter a oportunidade de ganhar algum com a própria autorização, se for concedida, e concedida em *termos precisos*. Já conto certo com a colaboração de alguns capitalistas, que podem se sentir atraídos por esse tipo de negócio.

Tenham, pois, a bondade de me advertir se lhes chegar alguma coisa a respeito de minha demanda, embora eu tenha pedido ao deputado que me respondesse diretamente, aqui para o consulado da França. — Não se envolvam no assunto de maneira alguma. Ele andará sozinho; ou então não andará de todo, o que é mais provável.

Não me agarrei ainda a nada aqui em Aden; e o verão se aproxima rapidamente, colocando-me na necessidade de buscar um clima mais ameno, pois o daqui me esgota de todo e já passou da conta.

Os negócios aqui do mar Vermelho mudaram muito, já não são mais o que eram há seis ou sete anos.

Foi a invasão dos europeus, por todos os cantos, que causou isto: há ingleses no Egito, italianos em Massaua, franceses em Obock, ingleses em Berbera, etc. E dizem que os espanhóis também vão ocupar um porto qualquer nas proximidades do estreito! Todas as potências vieram aqui despejar alguns milhões (e até mesmo, feitas as contas, uns bilhões) nestas malditas costas desoladas, onde os nativos erram meses inteiros sem víveres e sem água, no mais pavoroso clima do globo; e todos esses milhões que atiraram no ventre dos beduínos não renderam senão guerras e desastres de todos os gêneros! Assim mesmo, acabarei encontrando qualquer coisa aqui para fazer.

Desejo-lhes um bom 88, em todos os sentidos.

Todo seu,

Rimbaud.

* * *

ꞌ Carta aos seus

Aden, 4 de abril de 1888.

Meus caros amigos,
Recebi sua carta de 19 de março.

Estou de volta de uma viagem ao Harar: seiscentos quilômetros, que fiz em 11 dias a cavalo.

Parto, daqui a três ou quatro dias, para Zeilah e Harar, onde irei me fixar definitivamente. Vou por conta de negociantes de Aden.

Há muito tempo que chegou a resposta do Ministro, resposta negativa, como eu previa. Nada a fazer quanto a isso, e além do mais, já encontrei presentemente outra coisa.

Vou, pois, morar de novo na África, e vou sumir por uns tempos. Esperemos que os negócios não saiam tão mal.

A partir de agora, escrevam-me para o meu correspondente em Aden, evitando nas cartas qualquer assunto comprometedor.

Todo seu,

Senhor Rimbaud,
a/c do Sr. César Tian,
Aden,
Possessões inglesas,
Arábia.

Podem também e até de preferência me escrever diretamente para Zeilah, já que faz parte da União postal. (Certifiquem-se quanto à franquia.)

Senhor Arthur Rimbaud,
Zeilah, mar Vermelho, via Aden,
Possessões inglesas.

* * *

Carta a Alfred Bardey [fragmento]

[Harar, 3 de maio de 1888.]

Meu caro Senhor Bardey,

[...] Acabo de chegar ao Harar. As chuvas aqui são extraordinariamente fortes, este ano, e fiz minha viagem através de uma sucessão de ciclones, mas as chuvas das terras baixas vão cessar dentro de dois meses [...].

* * *

Carta aos seus

Harar, 15 de maio de 1888.

Meus caros amigos,

Encontro-me instalado de novo aqui, por muito tempo.

Abri um escritório comercial francês, tendo por modelo a agência em que trabalhei há um tempo, introduzindo, contudo, algumas melhorias e inovações. Faço negócios bastante importantes, que me rendem algum lucro.

Podem fornecer-me o nome de alguns grandes fabricantes de tecidos de Sedan ou de sua região? Gostaria de pedir-lhes pequenas consignações de seus tecidos, para serem colocadas no Harar e na Abissínia.

Estou passando bem. Tenho muito o que fazer, e estou sozinho. Aqui o clima é mais ameno e estou contente porque posso repousar, ou antes, me refrescar, depois de três anos passados na costa.

Passem bem e prosperem.

Rimbaud.

* * *

Carta aos seus

Harar, 4 de julho de 1888.

Meus caros amigos,

Estou reinstalado aqui para ficar muito tempo e pratico o comércio. Meu correspondente em Aden é o Senhor Tian, lá estabelecido há 20 anos.

Já lhes escrevi daqui uma vez sem receber resposta. Tenham a bondade de me enviar suas notícias. Espero que estejam com boa saúde e que os negócios estejam correndo tão bem quanto possível.

Não tenho recebido nada de vocês; fazem mal em me esquecer assim.

Ando muito ocupado, muito enfastiado, mas atualmente com boa saúde, depois que deixei o mar Vermelho onde espero não voltar por muito tempo.

Esta região aqui está sendo agora governada pela Abissínia. Estamos em paz por ora. Na costa, em Zeilah, é a Inglaterra que governa.

Escrevam-me, pois, e creiam-me seu dedicado,

Rimbaud.
Endereço: a/c do Sr. César Tian, negociante
Em Aden.

* * *

Correspondência | Arthur Rimbaud

❧ Carta aos seus

Harar, 4 de agosto de 1888.

Meus caros amigos,

Recebi sua carta de 27 de junho. Não devem se espantar com o atraso da correspondência, pois este ponto está separado da costa por desertos que os correios levam oito dias para atravessar; ademais, o serviço que liga Zeilah a Aden é muito irregular e o correio parte de Aden para a Europa apenas uma vez por semana e só chega a Marselha quinze dias depois. Para escrever da Europa e receber a resposta leva-se pelo menos três meses. É impossível escrever diretamente da Europa para o Harar, pois além de Zeilah, que está sob a proteção inglesa, fica o deserto habitado por tribos errantes. Aqui é a montanha, a continuação dos planaltos abissínios: a temperatura não ultrapassa nunca os 25 graus acima de zero e não desce jamais a menos de 5 graus abaixo de zero. Portanto, nada de geadas nem suadeiras.

Estamos agora na estação das chuvas. É bastante triste. O governo é o governo abissínio do rei Menelik, ou seja um governo negro-cristão; mas, acima de tudo, temos paz e segurança relativas, e, quanto aos negócios, ora vão bem, ora vão mal. Vivemos sem a esperança de ficar logo milionários. Enfim! Já que é minha sorte viver em países assim...

Há apenas uns vinte europeus em toda a Abissínia, inclusive nesta região. E podem imaginar como estão espalhados por estes imensos espaços. No Harar é onde estão em maior quantidade: cerca de uma dezena. Sou o único de nacionalidade francesa. Há também uma missão católica com três padres, um dos quais francês como eu, que vieram educar os negrinhos.

Eu me enfastio bastante, o tempo todo; jamais conheci alguém que se enfastiasse tanto quanto eu. E, depois, não é mesmo miserável esta existência sem família, sem ocupação intelectual, perdido no meio de negros cuja sorte a gente gostaria de melhorar mas que de fato nos querem explorar, pondo-nos na impossibilidade de liquidar os assuntos a curto prazo? Obrigado a falar suas algaravias, a comer sua comida nojenta, a sofrer mil aborrecimentos decorrentes de sua preguiça, de sua traição, de sua estupidez!

O mais triste não é ainda isto. É o temor de nos tornarmos pouco a pouco embrutecidos, isolados que estamos e distantes de qualquer convívio inteligente.

Importamos sedas, algodões, táleres e alguns outros objetos; exportamos café, borracha, perfumes, marfim, ouro que vem de muito longe, etc., etc. Os negócios, embora importantes, não bastam para a minha atividade e se repartem, além disto, entre os poucos europeus perdidos por estas vastas regiões.

Minhas sinceras saudações. Escrevam-me.

Rimbaud.

* * *

Carta aos seus

Harar, 10 de novembro de 1888.

Caros amigos,

Estou recebendo hoje sua carta de 1º de outubro. Bem que gostaria de voltar à França para vê-los, mas é para mim impossível sair deste buraco da África ainda por bom tempo.

Enfim, querida mamãe, descanse, cuide-se bem. Já bastam as fadigas passadas. Poupa ao menos a sua saúde e fique de repouso.

[...]

Se eu puder fazer alguma coisa por vocês, não hesitarei em fazê-lo.

[...]

Podem crer que minha conduta é irrepreensível. Em tudo o que tenho feito, são antes os outros que me exploraram.

Minha existência nestes países, já o disse muitas vezes, mas não o disse bastante e não tenho mais que isso para dizer, minha existência é penosa, abreviada por um desgosto fatal e por cansaços de todas as espécies. Mas pouco importa! – Desejaria apenas sabê-las felizes e com boa saúde. Quanto a mim, estou habituado há muito à minha vida atual. Trabalho. Viajo. Gostaria de fazer algo de bom, de útil. Quais serão os resultados? Não sei ainda.

Enfim, me sinto melhor depois que estou no interior, e isto é sempre alguma coisa de ganho.

Escrevam-me com mais freqüência. Não se esqueçam de seu filho e de seu irmão.

Rimbaud.

* * *

Carta à mãe e à irmã

Harar, 10 de janeiro de 1889.

Querida mamãe, querida irmã,

Recebi de fato sua carta datada de 10 de dezembro de 1888. Obrigado pelos conselhos e boas intenções. Desejo-lhes perfeita saúde e prosperidade para o ano de 1889.

Por que estão sempre falando de doenças, de morte, de toda espécie de coisas desagradáveis? Deixemos todas essas idéias longe de nós e tratemos de viver o mais confortavelmente possível, na medida de nossas possibilidades.

Eu vou bem, vou melhor que os meus negócios que me dão muita lida e pouco lucro. Devido às complicações que surgiram aqui em volta, é pouco provável que eu possa sair destas terras antes que passe muito tempo. Contudo, meu capital não aumentou em nada; creio que estou regredindo em vez de avançar.

É de fato minha intenção fazer a doação de que me falam. Não me agrada na verdade pensar que o pouco que consegui amealhar com tanta dificuldade possa servir para o rega-bofe daqueles que nunca nem mesmo me escreveram uma só carta! Se um dia eu me encontrar seriamente adoentado, eu o farei, e há, aqui na região, uma missão cristã à qual confiaria meu testamento, que seria assim transmitido ao Consulado da França em Aden em poucas semanas. Mas o que tenho só será liberado após a liquidação dos negócios que faço aqui para a Casa César Tian, de Aden. Em todo caso, se eu ficar muito doente, eu próprio liquidarei a agência aqui e depois irei para Aden, que é um país civilizado e onde se pode acertar nossos negócios imediatamente.

Enviem-me suas notícias, e creiam-me
Seu dedicado

                                        Rimbaud.

a/c Senhor César Tian,
Aden.

* * *

ARTHUR RIMBAUD | *Correspondência*

❦ Carta a Jules Borelli

Harar, 25 de fevereiro de 1889.

Meu caro Senhor Borelli,
Como está passando?
— Recebo com prazer sua carta do Cairo, 12 de janeiro.

Mil vezes obrigado pelo que o senhor pôde dizer e fazer por mim junto à nossa colônia. Infelizmente, há sempre não sei o quê que desvia os Issas de nossa Djibuti: a dificuldade do caminho de Biokaboba a Djibuti (porque não se pode ir daqui a Ambos, muito próxima de Zeilah, para costear depois até Djibuti!), a falta de instalações comerciais em Djibuti e mesmo de organização política, a ausência de comunicações marítimas de Djibuti com Aden e, principalmente, a seguinte questão: como os produtos que chegam a Djibut são tratados em Aden? (pois não há em Obock um armazém para a guarda e manutenção de nossas mercadorias).

De Djibuti para o Harar encontram-se facilmente camelos e a franquia das mercadorias compensa, em muito, o excedente das despesas com o aluguel dos animais. Assim, recebemos por Djibuti os 250 camelos do Sr. Savouré, cujo empreendimento finalmente teve êxito: ele chegou aqui algumas semanas depois do senhor, trazendo seu sócio. O dedjatch Mekonen partiu daqui para o Choa a 9 de novembro de 1888, e o Sr. Savouré subiu até Ankober pelo Herer oito dias após a partida de Mekonen pelos Itus. O Sr. Savouré hospedou-se aqui comigo; deixou mesmo à minha guarda vinte camelos carregados, os quais lhe despachei para o Choa há duas semanas pelo caminho do Herer. Tenho procuração dele para receber na caixa do Harar uns cinqüenta mil táleres por conta dos fuzis, pois parece que ele não recebeu grande coisa do rei Menelik. Em todo caso, seu sócio desce de Farré para Zeilah em fins de março, com a primeira caravana de volta. O Sr. Pino se dirigirá à costa nessa ocasião.

O senhor deve saber que o Sr. Brémond chegou a Obock-Djibuti. Não sei o que quer empreender. Enfim, ele tem um sócio que viaja com ele. Não recebo cartas dele desde sua partida de Marselha; mas espero pessoalmente uma correspondência de Djibuti.

O Sr. Ilg chegou aqui, vindo de Zeilah, em fins de dezembro de 1888, com uns quarenta camelos carregados com utensílios destinados ao rei. Ficou em minha casa cerca de um mês e meio: não conseguiam encontram camelos para ele, nossa atual administração é muito fraca e os Galas não obedecem em nada. Finalmente, conseguiu carregar a caravana e partiu a 5 de fevereiro para o Choa, via Herer. No momento, deve estar em Hawache. — Os dois outros suíços estão à sua espera.

Nossos *chums* [chefes indígenas] são Ato Tesamma, Ato Mikael e o gragnazmatche[1] Banti. O muslèniê, que manda recolher o imposto, é o emir Abdullali. Nunca estivemos tão tranqüilos e não somos de modo algum afetados pelas assim chamadas convulsões políticas da Abissínia. — Nossa guarnição é de aproximadamente mil remingtons.

Naturalmente, após a retirada de Mekonnen, que se seguiu àquela do dedjatch Becha de Boroma e mesmo à de Walde Gabriel do Tchertcher, esta estrada nos foi completamente fechada. — Há muito que não recebemos mais maggadiês.

Além disso, agora só nos chega a correspondência do Sr. Savouré, embora o rei envie algumas ordens aos chums daqui, e Mekkonen continue a dirigir suas ordens aos ditos chums, como se estivesse presente, embora não esteja seguro de ser novamente nomeado governador daqui, onde deixou grandes dívidas.

Enfim, pelo último correio nos foi comunicado que, estando a situação aparentemente calma no Choa, o dedjatch Waldé Gabriel voltou a ocupar o Tchertcher: Ito seria para nós a reabertura das relações comerciais com o Choa.

Quanto ao que se passou no Choa, o senhor deve estar ao corrente. O imperador havia destronado Tekla Haimanante do Godjam para pôr em seu lugar, creio, o Rás Mikael. O antigo rei do Godjam revoltou-se, expulsou seu substituto e venceu as forças do imperador; com que o Ato Joannes se pôs a caminho, entrou no Godjam, devastou-o terrivelmente e ainda lá se encontra. Não se sabe ainda se foi feita a paz com Tekla Haimanante.

Ato Joannes tinha grandes queixas contra Menelik. Este se recusava a entregar certo número de desertores que haviam buscado asilo junto a ele. Dizem mesmo que havia emprestado mil fuzis ao rei de Godjam. O imperador estava também muito descontente com as intrigas, sinceras ou não, de Menelik com os italianos. Enfim, as relações entre os dois soberanos estavam grandemente azedadas e temeu-se, e teme-se ainda, que Joannes cruze o Abbaí para atacar o rei do Choa.

Apreensivo dessa invasão, Menelik mandou abandonar todos os comandos exteriores para concentrar suas tropas no Choa, e particularmente no caminho de Godjam. O rás Govana, o rás Darghi ainda guardam no momento a passagem do Abbaí; dizem mesmo que já repeliram uma tentativa de passagem das tropas do imperador. Quanto a Mekonnen, este foi até o Djimma, cujo inditoso rei já havia pago a gabela [imposto sobre o sal] a um destacamento de tropas de Joannes que seguia para Oeste. O abba Cori pagou uma segunda gabela a Menelik.

O abune Mathios, e várias outras personagens, intercedem pela paz entre os dois reis. Diz-se que Menelik, muito aborrecido, recusa-se à conciliação. Mas pensa-se que pouco a pouco a controvérsia irá se acalmar. O temor aos Derviches refreia o imperador; e, quanto a Menelik, que escondeu sabe-se lá onde suas riquezas, o senhor sabe que ele é por demais prudente para arriscar uma manobra tão perigosa. Continua lá em Entotto e dão a entender que esteja bem tranqüilo.

Em 25 de janeiro de 1889, Antonelli chegou a Ankober com seus 5 000 fuzis e alguns milhões de cartuchos Vetterli, que devia entregar, creio, há muito tempo. Parece que trouxe uma grande quantidade de táleres. — Dizem que tudo isto é um presente! Creio antes que seja um simples negócio comercial.

Os assistentes do conde, Traversi, Ragazzi, etc., continuam na mesma posição no Choa.

Informam-nos ainda que o senhor Viscardi desembarcou em Assab com novo carregamento de canos [de fuzil] remington.

Também o governo italiano enviou para cá o doutor Nerazzini (quantos doutores-diplomatas!) para assumir o posto em substituição a Antonelli.

Tivemos, há dias, a visita do conde Teleki, que fez importante viagem pelas regiões inexploradas ao NO do Quênia: afirma ter penetrado até dez dias de distância ao sul do Kaffa. Repetiu-nos o que o senhor nos disse em relação ao curso do Djibiê, ou seja, que esse rio, em vez de ir para o Oceano Índico, deságua num grande lago na direção SO. Segundo ele, o Samburu dos mapas não existe.

O conde Teleki está de volta a Zeilah. O luto do príncipe Rodolfo o chama de volta à Áustria.

Cumprimentarei Bidault em seu nome. Ele o saúda com afeto. Não conseguiu ainda colocar sua coleção de fotografias do país, que está agora completa. Não o chamaram do Choa, nem de outra parte, e continua vivendo na contemplação.

Estou à sua disposição para o que possa precisar nestas paragens, e creia-me seu dedicado

Rimbaud.

Aos cuidados do Senhor Tian, Aden.

* * *

1. O grazmatch ou gragnazmatche era, na hierarquia amárica, o comandante da ala esquerda do exército; estava sob as ordens de um dedjazmatch. O nome significa "protetor dos cães".

Carta à mãe e à irmã

Harar, 25 de fevereiro de 1889.

Querida mamãe, querida irmã,

Simplesmente para lhes pedir notícias, que há muito tempo não tenho.

Estou me sentindo muito bem presentemente; e, quanto aos negócios, não estão indo mal.

Apraz-me imaginar que tudo vai aí tão bem quanto possível.

Creiam-me seu inteiramente dedicado e escrevam-me.

Rimbaud.

* * *

Carta a Ugo Ferrandi

Harar, 30 de abril de 1889.

Caro Senhor Ferrandi,

Acuso recebimento de seu bilhete de Geldessen, e comuniquei sua nota a Naufrágio, que o cumprimenta.

O senhor deve saber como os abissínios ocuparam sua casa mal o senhor saiu. É um procedimento que não o deve surpreender.

O soldado irá encontrá-lo provavelmente em Biokaboba. Aqui nada de novo: as orgias da Semana da Páscoa terminaram; hoje é ainda dia de são José.

Os abissínios vão liberar amanhã ou depois uma caravana para o Choa, na qual partirão o Khawaga Elias e o imponente Senhor Moskoff. Nenhuma notícia do Choa há já um mês. Os gregos chegados de Zeilah contam que Joannes morreu, provavelmente com base nos telegramas Corazzini, mas aqui os nativos nada sabem.

Cumprimente por mim seu companheiro, diga-lhe que ninguém até agora (quarto dia) se ocupou de suas coisas. Escrevi ao agente da Tian em Zeilah para deixá-lo morar em sua casa.

Aqui vai mesmo um bilhete para ele.

De seu,

Rimbaud.

* * *

🙠 Carta à mãe e à irmã

Harar, 18 de maio de 1889.

Querida mamãe, querida irmã,

Boa recebida de sua carta de 2 de abril. Vejo com prazer que, por aí, tudo vai bem.

Continuo sempre muito ocupado neste maldito país. O que ganho não é proporcional ao trabalho que tenho, pois levamos uma existência miserável no meio destes negros.

Tudo o que há de bom nesta terra é que aqui não gela nunca; jamais temos menos de 10 acima de zero e jamais de 30. Mas chove torrencialmente na estação atual; e, como aí, isto nos impede de trabalhar, ou seja, de receber e enviar caravanas.

Quem vem por estas bandas jamais corre o risco de se tornar milionário, – a não ser de piolhos, se tem contato mais próximo com os nativos.

Devem ter lido nos jornais que o imperador (que imperador!) João (Joannes) morreu, assassinado pelos Madis. Nós aqui também dependemos indiretamente desse imperador. Somente do rei Menelik do Choa é que dependemos diretamente e ele próprio rendia tributo ao imperador João. Nosso Menelik revoltou-se, no ano passado, contra esse pavoroso João, e estavam prestes a comer o nariz um do outro quando o supradito imperador teve a idéia de ir, antes disso, dar umas bordoadas nos Madis, da costa de Matama. Pois lá ficou: que o Diabo o leve!

Aqui estamos muito tranqüilos. Dependemos da Abissínia, mas dela estamos separados pelo rio Hawash.

Correspondemos-nos facilmente com Zeilah e Aden.

Lamento não poder dar um giro pela Exposição este ano, mas meus ganhos estão longe de me permitir fazê-lo, e além do mais estou absolutamente só aqui, e, se parto, meu estabelecimento desaparecerá de todo. Fica, pois, para a próxima vez; e na próxima, talvez possa expor os produtos daqui e talvez possa expor até eu mesmo, pois devo estar com uma aparência bizarra depois de tão longa permanência em países como este.

À espera de notícias daí, desejo-lhes bom tempo e tempo bom.

Rimbaud.

Endereço: a/c do Senhor César Tian,
Negociante.
Aden.

* * *

Carta à mãe e à irmã

Harar, 20 de dezembro de 1889.

Querida mamãe, querida irmã,

Desculpando-me por não lhes escrever com mais freqüência, venho desejar-lhes, para 1890, um ano feliz (o quanto possa) e uma boa saúde.

Continuo sempre muito ocupado, e passo tão bem quanto possível, enfastiando-me muito, muito mesmo.

Vindas daí, recebo também poucas notícias. Não se façam tão raras, e creiam-me,

Seu dedicado,

Rimbaud.

* * *

Correspondência | ARTHUR RIMBAUD

Carta à mãe e à irmã

Harar, 3 de janeiro de 1890.

Querida mãe, querida irmã,

Recebi sua carta de 19 de novembro de 1889.

Vocês me dizem que não receberam nada de mim depois de uma carta de 18 de maio! Esta é demais; escrevo-lhes quase todos os meses, escrevi-lhes mesmo agora em dezembro, desejando-lhes prosperidade e saúde para 1890, o que aliás tenho prazer de repetir.

Quanto às suas cartas quinzenais, sabem muito bem que eu não deixaria nenhuma sem resposta, mas nada me chegou, fico muito aborrecido com isto e vou pedir explicações a Aden, onde no entanto me surpreenderia que elas tenham se extraviado.

Sempre seu, seu filho, seu irmão,

Rimbaud.
a/c do Sr. Tian,
Aden (Arábia)
Colônias inglesas.

* * *

Carta ao Sr. Deschamps

Harar, 27 de janeiro de 1890.

Senhor Deschamps,

O Sr. Chefneux, de passagem por aqui, me lembra que o senhor tem uma parte de crédito na ordem de pagamento do falecido Labatut.

O senhor sabe perfeitamente que não endossei essa ordem de que não me devia ocupar, como de outras dívidas da sucessão, senão após o acerto de meus interesses, que tive em seguida a tolice de postergar, – contrariamente às condições de meu acordo com Labatut.

Acho estranho que o senhor tenha esquecido de haver aceitado, após minhas explicações, o acerto da dita conta a crédito da qual foram aplicados cerca de T. 1 100 ao todo, – e o senhor prometeu ao Senhor Cônsul quitar a dita nota, isentando-me, ao passo que no dia seguinte se recusou a fazê-lo sem outras razões.

Encaminhe, portanto, novamente suas reclamações ao Consulado em Aden, onde estão depositadas todas as contas e testemunhos relativos a essa operação.

Queira aceitar meus cumprimentos.

Rimbaud.

* * *

Correspondência | Arthur Rimbaud

✒ Carta à mãe e à irmã

Preocupada com a falta de notícias do filho, Vitalie Rimbaud escreve diretamente ao patrão de R., César Tian, em Aden, que lhe responde em 8 de janeiro de 1890, tranqüilizando-a quanto as notícias que teria lido na França sobre o massacre de uma caravana que ia de Zeilah para Harar, no qual pereceram dois padres capuchinhos franceses e alguns cameleiros indígenas. César Tian afirma que R. vai bem e que uma elevada soma em dinheiro que seguia para R. nessa caravana havia sido finalmente recuperada — notícia que deve ter agradado a Vitalie, mais que todas.

Harar, 25 de fevereiro de 1890.

Queridas mãe e irmã,
Recebi sua carta de 21 de janeiro de 1890.

Não se espantem se quase não escrevo: o principal motivo é que não encontro nunca nada de interessante para dizer, pois, quando vivemos em países como este, temos mais a perguntar que a dizer! Desertos povoados por negros estúpidos, sem estradas, sem correios, sem viajantes: que querem que lhes escreva daqui? A gente se enfastia, se irrita, se embrutece; estou cansado de tudo, mas não posso me livrar disto, etc., etc.! Isto é tudo, tudo o que se pode dizer, por conseguinte; e, como isto não diverte ninguém, o melhor é calar.

É verdade que se massacra e se saqueia bastante por estas paragens. Felizmente ainda não me encontrei em nenhuma dessas situações, e bem que espero não deixar minha pele por aqui, — seria o fim! Desfruto, aliás, na cidade e no interior, de certa consideração graças às minhas atitudes humanitárias. Jamais fiz mal a ninguém. Pelo contrário, faço algum bem quando encontro ocasião, e isto é o meu único prazer.

Tenho negócios com esse Sr. Tian que lhes escreveu para tranqüilizá-las a meu respeito. Tais negócios, no fundo, não seriam maus se, como leram, as estradas não fossem a cada instante fechadas pelas guerras, revoltas, que põem em risco as nossas caravanas. Esse Sr. Tian é um grande negociante da cidade de Aden e nunca viaja por estas bandas.

As gentes do Harar não são nem mais estúpidas, nem mais canalhas que os negros-brancos dos países ditos civilizados; são apenas de outra ordem, eis tudo. São até mesmo menos maus, e podem, em certos casos, manifestar reconhecimento e fidelidade. Basta ser humano com eles.

O rás Makonnen, cujo nome devem ter lido nos jornais, o mesmo que no ano passado levou a Roma uma embaixada abissínia que provocou grande espalhafato, é o governador da cidade de Harar.

À espera de revê-las. Sempre seu,

Rimbaud.

* * *

Carta ao Imperador Menelik

Carta do Senhor Rimbaud,
negociante no Harar,
a Sua Majestade
o Rei Menelik.

Majestade,

Como passa Vª. Majestade? Queira aceitar minhas saudações cordiais e meus sinceros votos.

Os chums, ou antes os chuftas, do Hararghé, recusam-se a me entregar os quatro mil táleres que retiraram de minha caixa em nome de Vª. Majestade, sob o pretexto de um empréstimo, há já agora sete meses.

Já escrevi três vezes a Vª. Majestade sobre o assunto.

Esse dinheiro, de propriedade de negociantes franceses da costa, me foi enviado para comerciar aqui por conta deles, e, por isso, arrestaram todos os meus pertences na costa e querem me tirar sua representação aqui.

Calculo em 2 000 táláris a perda *pessoal* que este negócio me causa. Como pensa Vª. Majestade compensar-me dessa perda?

Além de tudo, pago todos os meses um por cento de juros sobre esse dinheiro, sendo que já paguei 200 táláris de meu bolso por essa quantia que Vª. Majestade me reteve, e os juros crescem a cada mês.

Em nome da justiça, solicito que me faça devolver esses quatro mil táleres o mais cedo possível, em bons táleres como eu emprestei, bem como todos os juros de 1% ao mês, desde o dia do empréstimo até o do reembolso.

Faço um relato do caso aos nossos chums de Obock e ao nosso cônsul em Aden, a fim de que saibam como somos tratados no Harar. Rogo uma resposta o mais breve possível.

Harar, 7 de abril de 1890.
Rimbaud,
Negociante francês no Harar.

* * *

✌ Carta a mãe, Vitalie

Harar, 21 de abril de 1890.

Minha querida mãe,
Recebi sua carta de 26 de fevereiro,
....

No que me diz respeito, pobre de mim! não tenho tempo de me casar nem de ver os outros casarem. É-me inteiramente impossível abandonar meus negócios, por um tempo indefinido. Quando se está envolvido em negócios nestes malditos países, não se consegue sair.

Estou passando bem, mas me embranquece um fio de cabelo por minuto. Pelo tempo que já dura, temo ter em breve a cabeça como uma esponja de pó-de-arroz. É aflitiva essa traição do couro cabeludo; mas, que fazer?

Todo seu,

Rimbaud.

* * *

Carta a Armand Savouré (fragmento)

> Esta estranha carta mostra a rara faceta de um R. furioso, principalmente sabendo-se que Savouré era um de seus melhores amigos e em cujos escritos, em vida e depois da morte de R., não se furta de tecer os melhores elogios à sua atuação como comerciante explorador.
>
> [abril de 1890?]

....

Não tinha a menor necessidade de seu miserável café, adquirido a preço de tantos aborrecimentos com os abissínios; só fiquei com ele para concluir seu pagamento, já que o senhor tinha tanta pressa. E, além disso, volto a repetir, se eu não tivesse agido assim, o senhor *jamais teria recebido seja o que for, absolutamente nada, nada de nada*, como todos sabem e podem lhe dizer! O senhor próprio o sabe, mas vejo que o ar de Djabuti parece perturbar-lhe os sentidos!

Portanto, após haver transportado *por minha conta e risco essas imundices* sem qualquer proveito, eu teria sido tão cretino, tão imbecil de importar aqui, para a conta de brancos, táleres com 2% de despesas de transporte e 2 ou 3% de rebate de câmbio, para ser reembolsado por café que jamais encomendei, que não me dá o menor lucro, etc., etc. O senhor seria capaz de acreditar?

Será que as pessoas que vivem no Choa acabam raciocinando como os abissínios?

Examine, pois, as minhas contas, caro Senhor, faça uma avaliação justa das coisas e verá que tenho perfeitamente direito – e o senhor a grande sorte de tudo ter acabado assim!

Queira, pois, me enviar com a maior presteza um recibo de *T. 8 833 para saldo de toda a conta,* – sem maiores embromações; – pois, de minha parte, poderia facilmente apresentar-lhe uma conta de alguns milhares de tálaris de prejuízos que seus negócios me ocasionaram, com os quais eu nunca devia ter-me envolvido.

À espera de seu recibo, queira aceitar meus sinceros cumprimentos.

Rimbaud.

* * *

ARTHUR RIMBAUD | *Correspondência*

Carta à mãe, Vitalie

> ANSIOSA DE VER O REGRESSO DO FILHO (OU PELO MENOS DAS economias que traria consigo), Vitalie não se cansa de oferecer a R. a oportunidade de regressar a Charleville e casar-se. R. no entanto não pensa em fixar-se nas Ardenas, nem mesmo na Europa. A noiva teria que ser alguém capaz de o acompanhar em suas errâncias.

Harar, 10 de agosto de 1890.

Há muito não recebo notícias suas. Estimo pensar que esteja em boa saúde, assim como eu próprio estou.

....

Poderia vir a casar-me aí, na primavera que vem? Mas não poderia consentir em me fixar aí, nem abandonar os meus negócios aqui. Acha que eu poderia encontrar alguém que concordasse em me acompanhar em viagem?

Gostaria bastante de receber uma resposta a esta pergunta, tão logo que possível.

Com meus votos de boa saúde.

Rimbaud.

* * *

～ Carta à mãe, Vitalie

Harar, 10 de novembro de 1890.

Minha querida mamãe,

Recebi sua carta de 29 de setembro de 1890.

Ao falar de casamento, sempre quis dizer que pretendia permanecer livre para viajar, para viver no estrangeiro e mesmo para continuar morando na África. Estou de tal forma desabituado ao clima europeu que custaria muito a me readaptar. Precisaria mesmo passar talvez dois invernos fora, na hipótese de voltar um dia à França. E, depois, como iria refaz minhas relações, que empregos poderia arranjar? É um outro problema. De resto, há uma coisa que me é impossível: a vida sedentária.

Seria preciso encontrar alguém que me seguisse em minhas peregrinações.

Quanto ao meu capital, eu o tenho nas mãos, disponho dele quando quiser.

O Sr. Tian é um comerciante muito respeitável, estabelecido há trinta anos em Aden, e sou seu sócio nesta parte da África. Minha associação com ele já dura há dois anos e meio. Trabalho também por conta própria, sozinho; e estou livre, além disso, para liquidar meus negócios se acaso me convier.

Mando ao litoral caravanas com produtos deste país: ouro, almícar, marfim, café, etc., etc. Nos trabalhos que faço para o Sr. Tian, a metade dos lucros é minha.

De resto, para informações a meu respeito, basta dirigir-se ao Senhor de Gaspary, cônsul da França em Aden, ou a seu sucessor.

Ninguém em Aden pode falar mal de mim. Ao contrário: sou conhecido e estimado por todos, neste país, já há dez anos.

Aviso aos amadores!

Quanto ao Harar, não há nenhum cônsul, nenhuma agência de correio, nenhuma estrada; chega-se de camelo e vive-se exclusivamente entre os negros. Mas, enfim, somos livres e o clima é bom.

Eis a situação.

Até a vista.

A. Rimbaud.

* * *

Correspondência | ARTHUR RIMBAUD

~ Carta à mãe, Vitalie

SE EM 23 DE AGOSTO DE 1887 R. SE REFERIA A DORES reumáticas, o certo é que, em todas as suas cartas posteriores afirma enfaticamente aos seus que está bem, gozando de boa saúde. Esta é a primeira carta em que ele parece dar-se conta de que a infecção de seu joelho é mais séria do que poderia parecer a princípio. Curioso notar a cautela com que R. faz a encomenda de meias para varizes, tranqüilizando a mãe quanto à despesa que ele terá de fazer: as meias são baratas!
Além disso, agravam-se as preocupações de R. quanto à sua situação militar; Vitalie lhe havia informado que, em caso de regresso à França, ele teria que cumprir determinado tempo na caserna para ficar inteiramente quite com a obrigação. Essa preocupação irá persegui-lo daí para a frente até a morte.

Harar, 20 de fevereiro de 1891.

Querida mamãe,
Recebi sua carta de 5 de janeiro.
Vejo que tudo vai bem aí com vocês, salvo o frio que, segundo li nos jornais, anda excessivo por toda a Europa.

Agora não vou bem de saúde. Ou seja, a perna direita está atacada de varizes que me fazem sofrer bastante. Eis o que se ganha depois de penar nestes tristes lugares! E as varizes se complicam com o reumatismo. Não que faça frio aqui; o clima é que causa tudo isso. Hoje faz quinze dias que não consigo pregar o olho à noite um só minuto, por causa das dores nesta maldita perna. Gostaria de ir-me embora daqui, e acho que o calorão de Aden me faria bem, mas acontece que me devem muito dinheiro aqui e, se eu me fosse, acabaria por perdê-lo. Mandei comprar em Aden uma meia elástica para varizes, mas duvido que encontrem disso por lá.

Então, por favor, faça isto por mim: compre-me uma meia para varizes, para uma perna só comprida e seca — (o tamanho do pé é 41 para os sapatos). É preciso que a meia venha até acima do joelho, pois tenho uma variz acima do jarrete. As meias para varizes são de algodão, ou de seda tecida com fios de elástico que comprimem as veias inchadas. As de seda são as melhores, as mais resistentes. Não deve ser coisa cara, creio. Mas, seja como for, reembolsarei.

Enquanto espero, estou com perna enfaixada.

Envie-me isto bem empacotado, pelo correio, aos cuidados do Sr. Tian, em Aden, que me encaminhará na primeira ocasião.

Essas meias para varizes são encontráveis talvez em Vouziers. Em todo caso, o médico da família pode mandar vir uma de boa qualidade, de algum lugar.

Essa enfermidade foi causada por excesso de esforços a cavalo, e bem assim por caminhadas fatigantes. Pois temos nestas terras um dédalo de montanhas abruptas, por onde não se pode seguir montado. E tudo isso sem estradas e mesmo sem trilhas.

As varizes não são perigosas para a saúde, mas impedem qualquer exercício violento. É bastante desagradável porque produzem chagas, se não usarmos as meias para varizes; e mais esta! as pernas nervosas não suportam essas meias com facilidade, principalmente à noite. Além disso, tenho uma dor reumática no maldito joelho direito, que me tortura, pois só me vem de noite! E é preciso imaginar que nesta estação, que é o inverno daqui, não temos nunca menos de 10 graus acima de zero (não abaixo). Predomina um vento seco, muito insalubre para os brancos em geral. Mesmo os europeus jovens, de vinte e quatro a trinta anos, são atacados de reumatismo, depois de dois ou três anos de permanência aqui!

A má alimentação, o alojamento insano, as vestes demasiado leves, as preocupações de toda a espécie, o aborrecimentos, a irritação constante em meio a negros tão imbecis quanto canalhas, tudo isto atua muito profundamente sobre a moral e a saúde, em muito pouco tempo. Um ano aqui equivale a cinco em outra parte. Aqui se envelhece muito rapidamente, como em todo o Sudão.

Em sua resposta, esclareça-me em definitivo sobre minha situação com respeito ao serviço militar. Tenho que prestar algum serviço? Procure certificar-se, e responda-me.

Rimbaud.

* * *

ANEXO II

~ Carta de Vitalie Rimbaud ao filho

Roche, 27 de março de 1891.

Arthur, meu filho,

Envio-lhe, juntamente com esta carta, um pequeno embrulho composto de um pote de pomada para untar as varizes, e duas meias elásticas feitas em Paris. Eis o motivo de meu atraso de alguns dias; o doutor queria que uma das meias fosse de amarrar, mas isso nos levaria a esperar ainda um bom tempo, de modo que estou mandando como pude conseguir.

Junto à presente carta a receita e as prescrições do médico. Leia com bastante atenção e faça exatamente o que ele diz, pois você precisa principalmente de repouso, e de repouso não sentado mas na cama pois, como ele diz e avalia com a leitura de sua carta, sua enfermidade chegou a ponto de encerrar preocupações para o futuro. Se ficarem muito curtas, você pode abrir a parte inferior das meias e puxá-las até a altura que achar melhor. O Dr. Poupeau tinha um cunhado, o Sr. Caseneuve, que morou muito tempo em Aden, como inspetor da Marinha; se você souber de algo recomendável a respeito desse senhor, peço-lhe que me informe, pois isto fará contente o nosso doutor. O Sr. Caseneuve faleceu no ano passado, nas proximidades de Madagascar, deixando uma grande fortuna; morreu de um ataque de febre.

Isabelle está melhor; mas ainda não está bem. Continuamos ainda no inverno, faz muito frio, o trigo está completamente perdido, não resta mais nada, donde a desolação geral, ninguém sabe o que virá a acontecer.

Até a vista, Arthur,

e principalmente cuide-se bem e escreva-me tão logo receba o que lhe envio.

V[iúva] Rimbaud.

A ÚLTIMA VIAGEM
(1891)

~

Contratei dezesseis carregadores negros, à razão de 15 tálaris cada, [para me trazerem] do Harar a Zeilah; mandei construir uma liteira coberta por uma tela, e foi em cima dela que acabo de percorrer, em doze dias, os 300 quilômetros de deserto que separam os montes do Harar do porto de Zeilah. Inútil dizer dos sofrimentos horríveis que experimentei pelo caminho.

30 DE ABRIL DE 1891

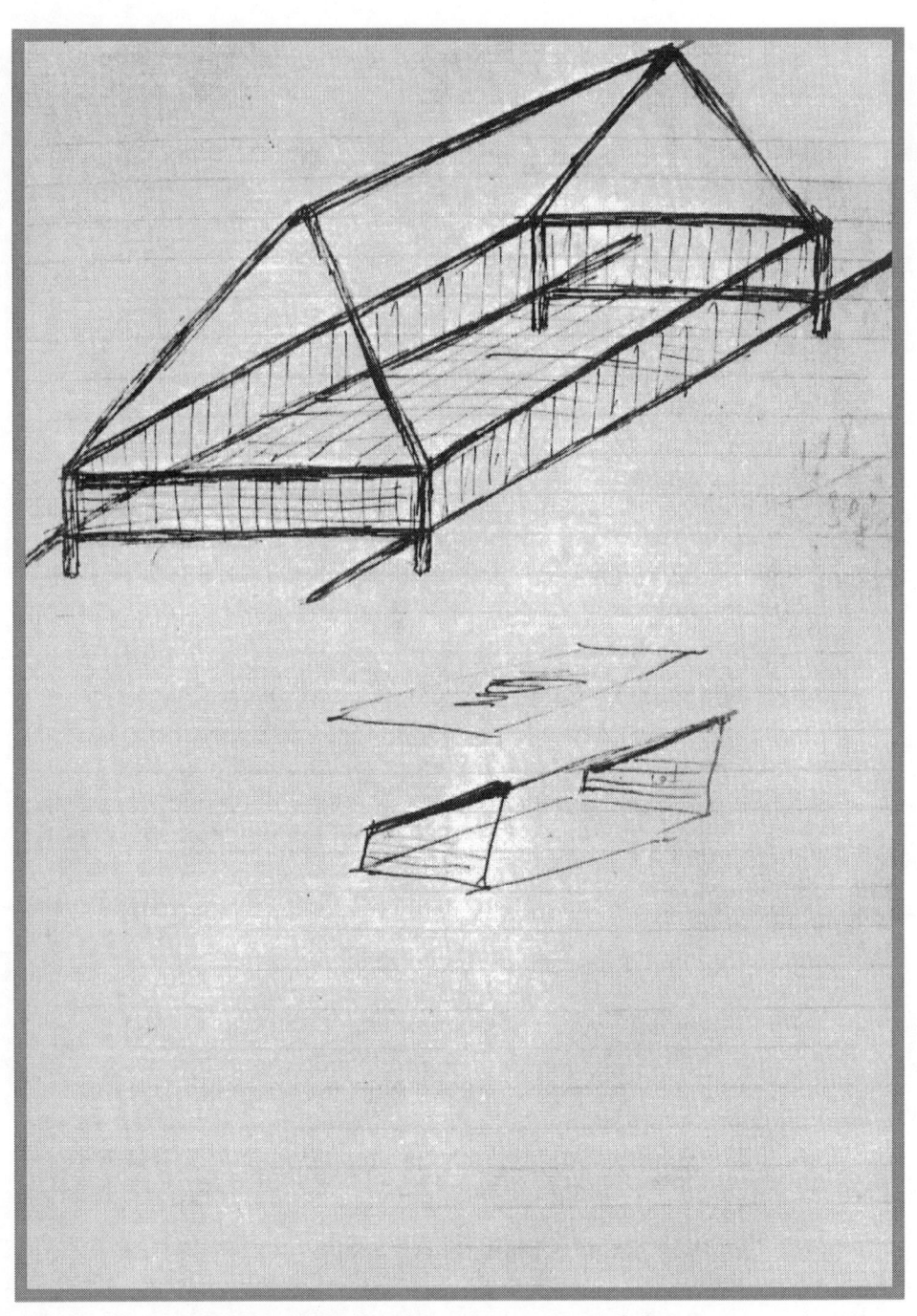

Croqui de Rimbaud para a construção da liteira.

Correspondência | Arthur Rimbaud

❧ Partida do Harar
[Diário de Viagem]

"Entre a carta de R. à sua mãe, datada de 20 de fevereiro, e este *Itinerário*, passaram-se seis semanas, mas o mal fez progressos fulminantes. A princípio queixava-se de uma dor no joelho direito, como se fosse uma martelada sobre a rótula. Depois as veias incharam em torno do joelho. Em seguida, achou estar com varizes. Mas a dor aumentava. Só conseguia caminhar mancando e a dor o impedia de dormir. Por volta de 15 de março, já não podia levantar-se. Instalou o catre ao lado do balcão, de modo a poder observar pela janela o trabalho que se fazia no terreiro. O joelho não parava de inchar. Numa semana, a perna tornou-se inteiramente rígida. Enquanto o alto da coxa afinava, o joelho crescia sempre. Em fins de março, R. decidiu-se a partir. Não havia médicos em Harar, não lhe restando senão retornar a Aden. Demorou-se um momento por necessidade de pôr em dia seus negócios. Com isto, perdeu milhares de francos. Mas não podia esperar mais. Apesar de tudo, suas economias eram agora consideráveis. Só o empregador, César Tian, lhe devia a soma de 37 450 francos, por conta da liquidação final dos negócios. No dia sete de abril, pôs-se a caminho, tendo mandado construir uma liteira e contratado dezesseis carregadores. A viagem foi atroz. Foram necessários doze dias para percorrer os 300 quilômetros que separam Harar do porto de Zeilah. De Zeilah, R. foi transportada para Aden, no convés de um navio a vapor, deitado num colchão". (*A. Adam, Œuvres complètes*).

[1]

Terça 7 de abril.

Partida do Harar às 6 h. da manhã. Chegada a Degadallal às 9 ½ da manhã. Lamaceiro em Egu. Alto-Egon, 12 h. Egon a Balaua-forte, 3 h. Descida de Egon até Ballaua muito penosa para os carregadores, que tropeçam em cada pedra solta, e para mim, que me arrisco virar de cabeça para baixo a cada instante. A liteira já está meio desconjuntada e os homens completamente exauridos. Tento descer montando numa mula e amarrando-lhe a perna doente no pescoço; mas sou obrigado a desmontar ao cabo de alguns minutos para voltar à liteira que já ficara a um quilômetro atrás. Chegada a Ballaua. Chove. Vento furioso a noite toda.

[2]

Quarta 8.

Saída de Ballaua às 6 ½. Chegada a Gedessey às 10 ½. Os carregadores vão se inteirar das dificuldades: não são maiores que as da descida de Ballaua. Temporal às 4 horas em Geldessey.

À noite, orvalho abundante, e muito frio.

[3]

Quinta 9.

Partida às 7 da manhã. Chegada a Grasley às 9 ½. Espera do abban e dos camelos em atraso. Almoço. Saída à 1 h. Chegada a Bussa às 5 ½. Impossível cruzar o rio. Acampei com o Sr. Donald, a mulher e 2 filhos.[1]

---

1. Trata-se do Sr. Mac Donald, um inglês que R. havia conhecido num jantar em casa de Mons. Taurin-Cahagne, em Harar, em setembro de 1883. Não se sabe se houve aí um reencontro casual ou se a família inglesa acompanhara R. pelo menos em parte de sua viagem.

[4]

Chuva. Impossível sair antes das 11 horas. Os camelos recusam a carga. A liteira parte assim mesmo e chega a Wordji com a chuva, às 2 h. Durante a tarde e a noite inteira esperamos os camelos, que não chegam.

Chove 16 horas seguidas, e não temos nem víveres nem tenda. Passo esse tempo embaixo de uma pele abissínia.

[5]

Sábado 11, às 6 h. mando 8 homens à procura dos camelos e fico esperando com os demais, em Wordji. Os camᵒˢ chegam às 4 da tarde e comemos após trinta horas de completo jejum, 16 das quais expostos à chuva.

[6]

Domingo 12.

Partida [de] Wordji às 6 h. Passamos por Cotto às 8 ½. Fizemos alta no rio Dalahmaley, 10 h. 40. Prosseguimos às 2 h. Acampamos em Delahmaley às 4 ½. [...] glacial. Os camelos só chegaram às 6 h. da tarde.

[7]

Segunda 13.

Partimos às 5 ½. Chegamos a Biokaboba ["água muito boa"] às 9 h. Acampamos.

[8]

Terça 14.

Saímos às 5 ½. Os carregadores andam com dificuldade. Às 9 ½, parada em Arruína. Deixam-me cair ao chão à chegada. Imponho-lhes 4 táleres de multa: Muned-Suyn, 1 T.; Abdullahi, 1 T.; Abdullah, 1 T.; Baker, 1 T. Partida às 2 horas. Chegada a Samado às 5 ½.

[9]

Quarta 15.

Partida às 6 h. Chegada a Lasman às 10h. Prosseguimos às 2 ½. Chegada a Kombavoren às 6 ½.

[10]

Quinta 16.

Partida, 5 ½. Passamos por Ensa. Parada em Duduhassa às 9 h. Lá encontramos 10 ½ *das* 1 R². Partida, 2 h. Dadap, 6 ¼. Encontrados 5 ½ cmls. 22 *das* 11 peles: Adauli.

2. Este trecho do itinerário é ininteligível. É possível que signifique: conseguiu (comprou) 10,5 daboulas [grande pele de animal contendo 20 quounna (=5 litros), ou seja algo em torno de cem quilos] de café por 1 rupia. Em seguida: 5,5 camelos, café e peles.

[11]

Sexta 17.

Partida Dadap, 9 ½. Chegada a Warambot às 4 ½.

As notas de R. não cobrem o restante da viagem. O porto de Zeilah estava a uma distância de dez quilômetros de Warambot e R. lá chegou no dia seguinte, onde permaneceu por apenas quatro horas. Apressou-se em tomar um vapor que partia para Aden, tendo sido içado a bordo. A travessia do Mar Vermelho durou três dias, durante os quais R. nada comeu, sempre deitado num colchão que lhe fora posto no convés. Assim que chegou a Steamer Point, o porto árabe de Aden, R. foi recolocado na tipóia e transportado para a casa de Tian, onde permaneceu alguns dias, o tempo necessário para acertar seus negócios. Este era um objetivo que já havia traçado, conforme declara à sua mãe em carta de 10 de janeiro de 1889. Depois do acerto, R. foi ocupar o único leito disponível do European General Hospital de Aden, onde foi atendido pelo Dr. Nouks, um dos médicos militares ingleses ali lotados. Sem ter ainda consciência precisa da extensão de seu mal, R. escreve à família:

Correspondência | Arthur Rimbaud

✒ Carta à mãe, Vitalie

Aden, 30 de abril de 1891.

Minha querida mamãe,

Recebi em boa hora as duas meias e sua carta, mas recebi-as em circunstâncias bem tristes. Vendo aumentar sempre a inchação de meu joelho direito e a dor nas articulações, sem encontrar remédio algum nem qualquer conselho aqui, já que no Harar estamos no meio de negros sem a presença de europeus, decidi descer até a costa. Foi preciso abandonar os negócios: o que não era assim tão fácil, pois tinha dinheiro espalhado por toda banda; mas, consegui liquidar quase tudo, afinal. Depois de passar uns vinte dias no Harar, deitado e na impossibilidade de fazer qualquer movimento, padecendo dores atrozes e sem poder dormir, contratei dezesseis carregadores negros, à razão de 15 tálaris cada, [para me trazerem] do Harar a Zeilah; mandei construir uma liteira coberta por uma tela, e foi deitado nela que acabo de percorrer, em doze dias, os 300 quilômetros de deserto que separam os montes do Harar do porto de Zeilah. Inútil contar-lhes os horríveis sofrimentos por que passei pelo caminho. Não podia dar um único passo fora da liteira; o joelho inchava a olhos vistos, e a dor aumentava continuamente.

Ao chegar aqui, dei entrada no hospital europeu. Só há um quarto para enfermos pagantes, que eu ocupo. O doutor inglês, assim que lhe mostrei o joelho, declarou que se tratava de *uma sinovite que chegara a um ponto muito perigoso*, em conseqüência da falta de cuidados e repouso. Falou imediatamente em cortar a perna; em seguida, resolveu esperar alguns dias para ver se a inchação diminuiria um pouco após os cuidados médicos. Isso foi há seis dias, mas nenhuma melhora, a não ser que a dor, como estou de repouso, diminuiu bastante. A senhora sabe que a sinovite é uma doença dos líquidos da articulação do joelho, que pode provir da hereditariedade ou de acidentes, ou de muitas outras causas. Para mim, foi certamente causada pela fadiga das grandes marchas a pé e a cavalo pelo Harar. Enfim, no estado a que cheguei, não é de se esperar que me cure antes de pelo menos três meses, nas circunstâncias mais favoráveis. E aqui estou estendido, com a perna enfaixada, atada, presa, acorrentada, de modo a não poder movê-la. Virei um esqueleto: dou até medo. Minhas costas estão esfoladas por causa da cama; não consigo dormir um só minuto. E o calor aqui está cada vez mais forte. A comida do hospital, que além disso me custa muito caro, é bastante ruim. Não sei o que fazer. Por outro lado, ainda não fechei minhas contas com meu sócio, o Sr. Tian. E isso não acabará antes da próxima semana. Vou sair do negócio com cerca de 35 000 francos. Poderia ter lucrado mais: mas, por causa dessa desastrosa partida, perdi alguns milhares de francos. Estou com vontade de embarcar num navio e ir tratar-me na França. A viagem me ajudaria a passar o tempo, e na França o tratamento médico e os remédios são mais baratos, e o ar é bom. Portanto, é muito provável que eu vá. Infelizmente, os vapores para a França agora estão sempre lotados, pois todos regressam das colônias nesta época do ano. E sou um pobre enfermo a quem se deve *transportar* com muito cuidado! Enfim, vou tomar uma decisão nesta semana.

Mas não se assustem com isto. Melhores dias virão. Mas é uma triste recompensa por tanto trabalho, privações e sofrimento. Que se há de fazer, nesta vida miserável!

De todo o coração.

Rimbaud.

P.-S. – Quanto às meias, foram inúteis. Vou tentar revendê-las em algum lugar.

* * *

Correspondência | Arthur Rimbaud

Carta ao Sr. César Tian

Presume-se que o acerto de contas comerciais entre R. e César Tian se tenha passado sem maiores atritos, considerando o deplorável estado físico em que o sócio se encontrava. Contudo, algumas semanas depois, quando R. já estava no hospital de Aden, Tian lhe escreveu uma carta bastante formal, recapitulando os acertos ajustados. R. responde no mesmo tom protocolar.

Aden, 6 de maio de 1891.

Caro Senhor,

Acuso recebimento de sua carta de hoje, com o acerto final de nossa conta de participação no Harar, de que lhe dou minha conformidade.

Recebi igualmente sua letra de câmbio à minha ordem contra o Comptoir national d'Escompte de Paris e o comprovante do crédito de 37 450 francos ou 20 805,90 rupias.

Fica entendido que o saldo de minha conta com o senhor só será acertado após a liquidação dos negócios pendentes no Harar, cujo resultado será dividido entre nós.

Queira receber, meu caro senhor, minhas cordiais saudações.

A. Rimbaud.

* * *

Cartas de Marselha

Marselha [21 de maio de 1891]

Querida mamãe, querida irmã,

Passando por sofrimentos incríveis, sem poder me tratar em Aden, tomei o barco das Messageries para voltar à França.

Cheguei ontem, após treze dias de dores. Sentido-me demasiadamente fraco ao chegar aqui, e surpreendido pelo frio, dei entrada no *Hospital de la Conception*, onde pago dez francos por dia, inclusive médico.

Estou muito mal, muito mal mesmo, reduzido ao estado de esqueleto por essa moléstia de minha perna esquerda[1] que agora se tornou enorme, parecendo uma abóbora. É uma sinovite, uma hidrartrose, etc. moléstia da articulação e dos ossos.

O tratamento deve durar muito tempo, se as complicações não obrigarem à amputação da perna. Seja como for, acabarei aleijado. Mas duvido que chegue a tanto. A vida tornou-se para mim impossível. Como estou infeliz! Como me tornei infeliz!

Tenho comigo uma ordem de pagamento de 36 880 francos contra a o *Comptoir national d'Escompte* [Agência nacional de descontos] de Paris. Mas não tenho ninguém que possa cuidar da aplicação desse dinheiro. De minha parte, não consigo dar sequer um passo fora do leito. Não consegui ainda receber o dinheiro. Que fazer. Que triste vida! Vocês não poderiam acaso me ajudar?

Rimbaud.
Hospital de la Conception.

Marselha.

* * *

1. Trata-se de um engano do próprio Rimbaud em seu momento de aflição. O tumor, que iria se degenerar em câncer, afetava-lhe a perna direita.

~ Telegrama à mãe

Marselha [22 de maio de 1891]
Enviado às 2:50 da tarde.

HOJE, A SENHORA OU ISABELLE, VENHAM MARSELHA TREM EXPRESSO. SEGUNDA DE MANHÃ VÃO ME AMPUTAR A PERNA. PERIGO DE MORTE.
NEGÓCIOS SÉRIOS A ACERTAR. ARTHUR. HOSPITAL DE LA CONCEPTION. RESPONDAM.
RIMBAUD.

[Resposta de Vitalie:
ARTHUR RIMBAUD, HOSPITAL DA IMACULADA CONCEIÇÃO, MARSELHA.
ATTIGNY – 334 – 15 – 22 – 6:35 T[ARDE].
SIGO HOJE. CHEGO AMANHÃ DE TARDE. CORAGEM E PACIÊNCIA.
V[IÚ]VA RIMBAUD.]

Vitalie chegou a Marselha no dia 24 de maio de 1891 e permaneceu no hospital durante duas semana, após as quais regressou a Roche, ao que parece para tratar da filha Isabelle, que estaria seriamente enferma, causa que não revelou a R. talvez para não agravar seus sofrimentos, e de que ele só terá conhecimento mais tarde, em carta da irmã. A despedida deve ter sido feita de maneira acrimoniosa, porquanto o enfermo não podia imaginar o abandono da mãe naquelas circunstâncias. R. e Vitalie não mais voltaram a se corresponder. Durante sua permanência em Marselha, Vitalie tratou de descontar a promissória do filho e aplicar o dinheiro. A amputação fora adiada para o dia 27.

Três dias depois, R. (que se confunde e acha que foram 6) escreve esta incrível carta ao governador de Harar, na qual manifesta sua intenção de regressar à Abissínia dentro em breve.

Carta ao Rás Makonnen, governador do Harar

Marselha, 30 de maio de 1891.

Excelência,

Como está passando? Auguro-lhe boa saúde e completa prosperidade. Que Deus lhe conceda tudo que desejar. Que sua existência transcorra em paz.

Escrevo-lhe esta de Marselha, na França. Estou no hospital. Amputaram-me a perna há seis dias. No momento vou bem e dentro de uns vinte dias estarei curado.

Daqui a alguns meses, espero regressar ao Harar, para exercer o comércio como antes, e achei por bem enviar-lhe as minhas saudações.

Queira aceitar os respeitos de seu dedicado servidor.

Rimbaud.

* * *

ARTHUR RIMBAUD | *Correspondência*

Carta à irmã, Isabelle

Marselha, 17 de junho de 1891.

Isabelle, minha cara irmã,

Recebi seu bilhete com as duas cartas que me mandaram do Harar. Numa delas me informam que me haviam anteriormente enviado uma carta para Roche. Você não recebeu mais nada?

Não escrevi ainda a ninguém, nem mesmo deixei ainda o leito. O médico diz que devo ficar de cama ainda um mês, e mesmo depois disso só poderei começar a caminhar muito lentamente. Continuo sentindo uma forte nevralgia no lugar da perna cortada, ou seja no toco que resta. Não sei como isto acabará. Enfim, estou resignado a tudo, não tenho sorte!

Mas o que quer dizer com estas histórias de enterro? Não se assuste tanto, tenha paciência também, trate-se, tenha ânimo! Ah! Bem que gostaria de vê-la, que será que você tem? Alguma doença? Todas as doenças se curam com o tempo e os cuidados. Em todo caso, é preciso resignação e não se desesperar.

Fiquei tão chocado quando mamãe se foi que não pude compreender a causa. Mas agora acho acertado que ela esteja aí para cuidar de você. Peça-lhe desculpas e deseje-lhe um bom dia de minha parte.

Até breve, então, mas quem sabe até quando?

Rimbaud.
Hospital de la Conception.
Marselha.

* * *

Carta à irmã, Isabelle

Marselha, 23 de junho de 1891.

Querida irmã,

Você não me escreveu; que foi que houve? Sua carta me deixou temeroso, gostaria de ter notícias suas. Desde que não se trate de novos aborrecimentos, pois, coitados de nós, já passamos por muitas provas de uma vez!

Quanto a mim, não faço outra coisa senão chorar, dia e noite; sou um homem morto, estropiado para o resto da vida. Creio que dentro de quinze dias já terei alta, mas só poderei andar de muletas. Quanto a uma perna artificial, o médico me diz que será necessário esperar muito tempo, pelo menos seis meses! Durante esse tempo, que farei, onde ficarei? Se for para aí, o frio me expulsaria em três meses, ou mesmo antes disso; pois, daqui só serei capaz de me mover dentro de seis semanas, o tempo de aprender a andar de muletas! Só poderia estar aí em fins de julho. E teria que voltar para a África em fins de setembro.

Não sei de todo o que fazer. Toda essas preocupações me deixam louco: não consigo dormir um só minuto

Enfim, esta vida é uma miséria, uma miséria sem fim! Por que então existimos?

Mande-me notícias.

Meus melhores votos.

Rimbaud.
Hospital de la Conception,
Marselha.

* * *

Carta à irmã

Marselha, 24 de junho de 1891.

Querida irmã,

Recebi sua carta de 21 de junho. Escrevi-lhe ontem. Nada recebi de você em 10 de junho, nem carta sua, nem carta do Harar. Recebi apenas as duas cartas de 14. Não posso imaginar o que terá acontecido com essa carta do dia 10.

Que novo horror você me conta? Que história ainda é esta do serviço militar? Quando completei a idade de vinte e seis anos, não lhes mandei de Aden um certificado provando que eu estava empregado numa firma francesa, o que representa uma dispensa? E depois disso, sempre que perguntava a mamãe sobre o assunto, ela respondia que tudo estava resolvido, que eu não tinha nada a temer. Há apenas quatro meses, perguntei-lhes em uma de minhas cartas se havia alguma reclamação a esse respeito, pois estava com idéia de regressar à França. E não recebi resposta. Achava que vocês tinham arranjado tudo. Agora vocês me fazem saber que sou considerado insubmisso e que podem me processar, etc., etc. Não procurem saber mais nada a respeito a menos que estejam certas de não chamar a atenção sobre mim. Quanto a mim, não há perigo de eu voltar, nestas condições! Ser preso depois de tudo o que acabo de sofrer... Seria preferível a morte!

Sim, aliás, há muito que teria sido melhor morrer! Que pode fazer no mundo um homem aleijado? E agora então reduzido a expatriar-me definitivamente! Porque não voltarei de modo algum depois dessas histórias — ficarei feliz se puder sair daqui por mar ou por terra e ganhar o estrangeiro.

Hoje tentei andar de muletas, mas só consegui dar alguns passos. Minha perna foi cortada muito em cima, e tenho dificuldade em manter o equilíbrio. Só ficarei tranqüilo quando estiver usando uma perna artificial, mas a amputação provoca *nevralgias no restante do membro*, e é impossível colocar uma perna mecânica antes que essas nevralgias passem por completo, e há casos em que essas dores duram quatro, seis, oito, doze meses! Disseram-me que nunca duram menos que dois meses. Se só durarem dois messes, ficarei feliz! Passarei esse tempo no hospital e terei a felicidade de sair com duas pernas. Quanto a sair de muletas, não vejo o que isto valeria. Não se pode subir nem descer, é uma coisa terrível. Arrisca-se a cair e machucar-se ainda mais. Pensei que pudesse ir para aí descansar alguns meses à espera de forças para poder suportar a perna artificial, mas agora vejo que isto é impossível.

Pois bem, vou me resignar com minha sorte. Morrerei onde o destino me atirar. Espero poder voltar para lá onde estava, onde tenho amigos de dez anos, que terão piedade de mim, encontrarei trabalho junto deles, e viverei como puder. Vou ficar sempre por lá, enquanto na França, a não ser vocês, não tenho amigos, nem conhecimentos, nem ninguém. Já que não posso vê-los, voltarei para lá. Em todo caso, é forçoso que eu volte.

Caso se informem a meu respeito, não deixem nunca saber onde me encontro. *Receio até que possam obter meu endereço nos correios. Não vão me trair*

Meus melhores votos.

Rimbaud.
Senhorita Isabelle Rimbaud,
Roche, cantão de Attigny
Ardenas (França).

* * *

Carta à irmã Isabelle

Marselha, 29 de junho de 1891.

Minha querida irmã,

Recebi sua carta de 26 de junho. Já tinha recebido anteontem a carta do Harar. Quanto à carta de 10 de junho, nada de novo: ela desapareceu, seja em Attigny, seja aqui na administração, mas acho antes que tenha sido em Attigny. O envelope que você me manda permite saber de quem era. Devia estar assinada por Dimitri Righas. É um grego residente no Harar, a quem encarreguei de alguns negócios. Aguardo notícias das informações que tomaram a respeito do serviço militar: mas, sejam quais forem, *temo as ciladas*, e não tenho a menor disposição de ir aí no momento, apesar das garantias que lhes possam dar.

Além disso, estou completamente imóvel e não consigo dar um passo. A perna está curada, quer dizer, cicatrizou, o que aliás se deu bem depressa, levando-me a pensar que essa amputação podia ter sido evitada. Para os médicos, estou curado, e, se eu quiser, me dão alta amanhã do hospital. Mas que fazer? Impossível dar um passo! Fico o dia inteiro ao ar livre, sentado numa cadeira, mas não posso me mover. Exercito-me com as muletas, mas elas não prestam; além disso, sou alto, a perna foi cortada muito em cima, o equilíbrio se torna difícil de se manter. Dou uns passos e paro, com medo de cair e me aleijar ainda mais!

Vou mandar fazer uma perna de pau para começar, na qual se mete o coto (o resto da perna) enrolado em algodão, e caminha-se com uma bengala. Depois de algum tempo de exercícios com a perna de madeira, pode-se, se o coto estiver bem reforçado, encomendar uma perna articulada que se ajusta bem e com a qual pode-se mais ou menos andar. Quando irá chegar esse momento? Daqui até lá talvez me ocorra nova infelicidade. Mas, desta vez, saberei logo me desembaraçar desta miserável existência.

Não é bom que me escrevam com freqüência e que meu nome seja notado *nos correios de Roche e de Attigny*. É de lá que vem o perigo. Aqui ninguém se importaria comigo. Escrevam-me o menos possível, – só quando for indispensável. Não ponha Arthur no envelope, apenas Rimbaud. E digam-me o mais cedo possível e da *maneira mais clara* o que a autoridade militar quer de mim, e, em caso de processo, qual a pena em que posso incorrer. – Mas em tal caso eu já terei tratado logo de tomar um barco.

Desejo-lhes boa saúde e prosperidade.

RBD.

* * *

Carta a Isabelle

Marselha, 2 de julho de 1891.

Querida irmã,

Havia recebido suas cartas de 24 e 26 de junho e agora recebo a de 30. A única que se perdeu foi a de 10 de junho, e tenho razões de acreditar que ela se extraviou na agência postal de Attigny. Aqui ninguém parece estar interessado nos meus assuntos. É uma boa idéia postar suas cartas em outra agência que não a de Roche, e de modo que elas não passem pela de Attigny. Assim sendo, você poderá me escrever tudo o que quiser. Quanto à questão do serviço [militar], é preciso absolutamente saber do que se trata; faça pois o que for necessário e me dê uma resposta decisiva. De minha parte, temo bastante que se trate de um ardil e hesitaria bastante em voltar para casa em qualquer situação. Creio que você nunca terá uma resposta certa, e assim me será impossível ir até aí, onde poderia ser apanhado na tramóia.

Há muito que estou cicatrizado, embora as nevralgias no coto continuem muito fortes, e sempre me levanto, mas eis que a outra perna se mostra enfraquecida. Será por causa da longa permanência na cama, ou da falta de equilíbrio, mas o fato é que não posso andar de muletas senão alguns minutos sem que a outra perna se congestione. Será que tenho uma doença nos ossos e vou ter que perder a outra perna? Tenho muito medo, receio me fatigar e largo de mão as muletas. Encomendei uma perna de pau, que pesa apenas dois quilos, e ficará pronta dentro de oito dias. Vou tentar andar bem devagarinho com ela, precisarei pelo menos de um mês para me habituar a isso aos poucos, e talvez o médico, por causa das nevralgias, não me permita ainda caminhar com ela. Uma perna flexível seria muito pesada para mim no momento – o coto não a poderia suportar; será coisa para mais tarde. Além disso, uma perna de madeira faz o mesmo serviço e custa aí uns cinqüenta francos.

Com tudo isto, em fins de julho ainda estarei no hospital. Pago seis francos de pensão por dia e sessenta francos por hora para me aborrecer. Não durmo mais que duas horas por noite. É essa insônia que me faz temer que eu venha ainda a sofrer de outra moléstia. Penso com terror na minha outra perna: meu único arrimo no mundo por agora! Quando começou em Harar esse abscesso do joelho, ele foi precedido por 15 dias de insônia. Enfim, talvez seja meu destino me tornar um *homem-tronco!* Aí então, suponho que as autoridades militares vão me deixar tranqüilo! – Esperemos o melhor.

Desejo-lhe boa saúde, bom tempo e boas realizações. Até a vista.

RBD.

* * *

ARTHUR RIMBAUD | *Correspondência*

❦ Carta a Isabelle

ATENDENDO ÀS CRESCENTES PREOCUPAÇÕES DO IRMÃO relativamente à penalidade a que estaria sujeito em caso de regresso à França, Isabelle consegue, com toda a discrição solicitada, obter do Comandante do Recrutamento em Mezières a informação de que a situação militar de R. "era legal" por estar ausente, e que a quitação definitiva lhe seria dada, em seu regresso, mediante sua apresentação pessoal junto àquele posto de recrutamento ou ao de Marselha. A notícia tão esperada lhe é transmitida em carta de 8 de julho de 1891, mas, infelizmente, termina com um P. S. em que pergunta ao irmão se ele tem o certificado de alistamento.

Marselha, 10 de julho de 1891.

Querida irmã,

Recebi, sim, suas cartas de 4 e 8 de julho. Estou feliz por minha situação estar sendo finalmente considerada regular. Quanto ao certificado, a verdade é que o perdi em minhas viagens. Quando puder circular, verei se devo obter o certificado aqui ou em outro lugar. Mas se for em Marselha, creio que precisaria ter em mãos a resposta assinada da intendência. O melhor é mesmo que eu tenha comigo essa declaração, *por favor me envie*. Com ela em mãos, ninguém me apoquentará. Estou guardando igualmente o certificado do hospital e *com esses dois documentos* poderei obter minha dispensa final.

Estou sempre de pé, mas não vou bem. Até agora não aprendi a andar senão de muletas, e não consigo ainda subir nem descer um único degrau. Quando preciso subir ou descer, têm de me segurar pela cintura. Mandei fazer uma perna de pau, bastante leve, envernizada e acolchoada, muito bem feita (preço 50 francos). Já há alguns dias, amarrei-a e tentei arrastar-me, erguendo-me ainda com auxílio das muletas, mas acabei inflamando o coto e deixei o maldito instrumento de lado. Só poderei usá-lo daqui a uns quinze ou vinte dias, mesmo assim de muletas pelo menos um mês, e não mais que uma ou duas horas por dia. A única vantagem é ter três pontos de apoio em vez de dois.

Recomeço então com as muletas. Que fastio, que fadiga, que tristeza ao pensar em todas as minhas viagens, e como eu era ativo há apenas cinco meses! Onde estão as corridas pelos montes, as cavalgadas, os passeios, os desertos, os rios e os mares? E agora essa existência de aleijado! Pois começo a compreender que muletas, pernas de madeira ou mecânicas não passam de piadas e que com toda essa tralha se chega apenas a se arrastar miseravelmente sem jamais poder fazer nada de fato. E eu que havia justamente decidido regressar à França este verão para me casar! Adeus casamento, adeus família, adeus futuro! Minha vida acabou, não passo de um troço imóvel.

Estou longe ainda de poder circular mesmo com a perna de pau, que é no entanto o que há de mais leve. Vou precisar de pelo menos ainda uns quatro meses para dar alguns passos com a perna de pau e sustentado por uma bengala. O mais difícil é subir e descer. Só daqui a seis meses poderei experimentar uma perna mecânica, e com muito sofrimento sem utilidade. A grande dificuldade resulta de ter sido amputado muito em cima na coxa. Por isso que as nevralgias ulteriores à amputação são tanto mais violentas e persistentes no membro que foi amputado no alto. Os que sofreram amputação abaixo do joelho adaptam-se mais rapidamente ao aparelho. Mas agora pouco importa tudo isto; mesmo a própria vida pouco importa!

Aqui não faz mais frio que no Egito. Tínhamos ao meio-dia de 30 a 35 graus, e de noite de 25 a 30. — A temperatura de Harar é contudo mais agradável, principalmente à noite, pois não passa dos 10 a 15 graus.

Não lhe posso dizer o que farei, estou me sentido ainda muito *embaixo* para eu próprio saber. Mas as coisas não vão bem, repito. Receio que ocorra outro acidente. Tenho o meu coto de perna bem mais espesso que o outro, e atacado de nevralgia. O médico naturalmente já não vem me ver; porque, para eles, basta que a ferida esteja cicatrizada para nos deixar de mão. Dizem que estamos curados. Só se preocupam conosco quando nos retiram algum abscesso, etc., etc., etc., ou quando ocorrem outras complicações que requeiram novos cortes de bisturi. Consideram os doentes apenas como objetos de experiência. Isto é sabido. Principalmente nos hospitais, porque os médicos não são pagos. Só buscam esse cargo para conseguir reputação e clientela.

Bem que gostaria de voltar para essa casa, porque aí a temperatura é agradável, mas creio que não haja terrenos apropriados para os meus exercícios acrobáticos. Depois temo que a temperatura de amena passe a fria. Mas o motivo principal é *que não posso me mover*; não posso nem poderei por muito e muito tempo, – e para dizer a verdade, não me acho interiormente curado e espero a qualquer momento alguma explosão... Teriam que me colocar no vagão, me descer dele, etc., etc., seriam muitos transtornos, despesas e fadigas. Tenho meu quarto pago até fim de julho; vou pensar e *verei o que posso fazer* nesse intervalo.

Até lá fico contente em pensar que as coisas vão melhorar como você consegue me fazer crer; – por mais estúpida que seja a existência, o homem sempre se agarra a ela.

Mande-me a carta da intendência. Há aqui um doente, inspetor de polícia, que ocupa a mesma mesa que eu, que vive me aborrecendo com suas histórias do serviço militar e pronto para me pregar alguma partida.

Desculpe-me pelo incômodo, agradeço-lhe, desejo-lhe muita sorte e muita saúde.

Do seu

Rimbaud.

Senhorita Isabelle Rimbaud,
Em Roche, cantão de Attigny
Ardenas (França)

Carta a Isabelle

Marselha, 15 de julho de 1891.

Querida Isabelle,

Recebi sua carta de 13 e tenho a oportunidade de respondê-la em seguida. Vou ver que providências posso tomar com essa nota da intendência e o certificado do hospital. Claro que gostaria de ver esse assunto encerrado, mas, ai de mim! Não encontro meios de fazê-lo, eu que mal posso calçar o sapato do meu único pé. Enfim, vou me virar como puder. Pelo menos, com estes dois documentos, já não me arrisco a ir para a cadeia; pois a admç. militar é capaz de aprisionar até um estropiado, mesmo que seja num hospital. Quanto à declaração de retorno à França, a quem ou onde devo fazê-la? Não há ninguém aqui ao meu alcance que possa me informar; e está longe o dia em que poderei ir às repartições, com minha perna de pau, para indagar.

Passo dia e a noite a imaginar meios de locomoção; um verdadeiro suplício! Gostaria de fazer isto e aquilo, ir a um ou outro lugar, ver, viver, partir: impossível, impossível pelo menos por muito tempo, se não para sempre! Não vejo ao meu lado senão essas malditas muletas: sem esses apoios não posso dar um passo, nem mesmo existir. Sem a mais atroz ginástica, não consigo nem mesmo me vestir. Cheguei quase a poder correr com minhas muletas, mas não poso subir nem descer escadas, e, se o terreno é acidentado, o cambaleio de um ombro para o outro é muito fatigante. Tenho uma dor nevrálgica muito forte no braço e no ombro direito, além de a muleta machucar a axila, — e mais uma nevralgia inda na perna esquerda, e com tudo isto é preciso ainda bancar o acrobata o tempo todo para dar a impressão de estar vivo.

Eis o que considerei, em último lugar, como a causa de minha enfermidade. O clima de Harar é frio de novembro a março. Por hábito, não me vestia quase nunca: uma simples calça de fazenda e uma camisa de algodão. Além disso, caminhadas a pé de 15 a 40 quilômetros por dia, cavalgadas alucinantes pelas montanhas abruptas da região. Creio que deve ter-se desenvolvido no joelho uma dor artrítica causada pelo cansaço, os calores e os frios. Na verdade, tudo começou com uma martelada (por assim dizer) na rótula, um leve golpe que me atingia a cada minuto; grande secura da articulação e retração do nervo da coxa. Veio em seguida a inchação das veias em torno do joelho que fazia pensar em varizes. Continuei sempre a andar e caminhar muito, mais que nunca, achando que tinha sido um simples golpe de ar. Depois a dor no interior do joelho aumentou. Era como se um cravo me enterrasse no joelho a cada passo. Não deixei de caminhar, embora cada vez com mais dificuldade; andava quase sempre a cavalo e cada vez que apeava me sentia mais estropiado. – Depois a parte superior do joelho começou a inchar, a rótula engrossou, o jarrete também foi atingido, a circulação tornou-se penosa, e a dor sacudia os nervos do tornozelo até a cintura. – Só conseguia andar mancando muito e me sentindo cada vez pior, mas tinha muito o que fazer, obrigatoriamente. – Comecei então a manter a perna enfaixada de cima abaixo, a friccionar, banhar, etc., sem resultado. Aí então, perdi o apetite. Assaltou-me uma insônia obstinada. Sentia-me enfraquecer e emagreci bastante. – Por volta do dia 15 de março, decidi acamar-me, ou pelo menos manter-me em posição horizontal. Mandei dispor uma cama entre a minha caixa, meus apontamentos e uma janela da qual podia vigiar minhas balanças no fundo do pátio, e paguei operários extras para tocarem o trabalho, enquanto eu permanecia estendido, por causa da perna afetada. Mas, dia após dia, a inchação do joelho fazia-a parecer uma bola e observei que a face interna da cabeça da tíbia estava muito mais grossa que a da outra perna: a rótula tornou-se imóvel, mergulhada na excreção que produzia a inchação do joelho, e vi com horror que ela se tornava em poucos dias dura como um osso; a essa altura, a perna inteira ficou rígida; com uma semana, já não podia ir a lugar algum senão me arrastando. Enquanto isto, a perna e o alto da coxa afinavam sempre, o joelho e o jarrete inchando, petrificando, ou antes *se ossificando* e a fraqueza física e moral se agravando.

Em fins de março, resolvi partir. Em poucos dias, liquidei tudo com prejuízo. E como a rigidez e a dor me impedissem montar um burro ou mesmo um camelo, mandei fazer uma padiola coberta com uma cortina, que dezesseis homens transportaram até Zeilah em quinze dias. No segundo dia de viagem, tendo-me afastado da caravana, fui surpreendido numa região deserta por uma chuva que me fez permanecer sob o aguaceiro por dezesseis horas, sem abrigo e sem possibilidades de me locomover. Isto me causou grande mal. No caminho, não pude nunca me levantar da padiola; estendiam uma tenda por cima de mim no próprio local onde me depositavam, e eu furava um buraco com as próprias mãos próximo da borda da padiola, e punha-me um pouco de lado com bastante dificuldade para defecar nesse buraco que depois tapava com terra. De manhã, retiravam a tenda de cima de mim, e me carregavam na padiola. Cheguei a Zeilah exausto, paralisado. Só descansei umas quatro horas, pois um vapor zarpava para Aden. Atirado no convés com meu colchão (foi necessário içar-me a bordo na padiola!), tive que penar três dias no mar sem comer. Em Aden, nova descida na padiola. Passei em seguida alguns dias com o Sr. Tian a fim de regularizar nossos negócios e parti para o hospital onde um médico inglês, depois de quinze dias, me aconselhou a seguir direto para a Europa.

Tenho a convicção de que esta dor na articulação, se tivesse sido cuidada desde o princípio, teria sido facilmente debelada, sem deixar seqüelas. Mas eu ignorava tudo isso. Fui eu que estraguei tudo pela minha obstinação em caminhar e trabalhar excessivamente. Por que no colégio não nos ensinam pelo menos a medicina necessária para que a gente não faça besteiras parecidas?

Se alguém nesta situação me consultasse, eu lhe diria: você chegou até este ponto, mas não se deixe amputar. Deixe que o retalhem todo, o rasguem, o façam em pedaços, mas não permita que o amputem. Se vier a morte, será sempre melhor do que a vida com membros a menos. E isto, muitos fizeram; se eu pudesse recomeçar, também o faria. Mais vale sofrer um ano de condenado, do que sofrer amputação.

Eis o belo resultado: estou sentado e, de tempos em tempos, me levanto, saltito uma centena de passos com as muletas e depois me sento. Não consigo segurar nada. Não posso, enquanto ando, desviar a vista de meu único pé e da ponta das muletas. Se a cabeça e os ombros se inclinam para a frente, te sentes encurvado como um corcunda. Tremes ao ver os objetos e as pessoas se moverem à tua volta, com medo de que te derrubem e te arranquem a outra pata. Riem-se ao ver-te saltitar. Ao te sentares, tuas mãos estão enfraquecidas, as axilas esfoladas e tens um aspecto de imbecil. O desespero toma conta de ti e permaneces sentado como um impotente completo, choramingando e esperando a noite, que te trará de novo a insônia perpétua, até chegar a manhã ainda mais triste do que a véspera, etc. etc. etc. A continuação na próxima vez.[1]

Com os meus melhores votos,

RBD.

---

1. Apesar do desespero desta carta, R. consegue terminá-la com uma nota de sarcasmo e humor negro, como se estivesse narrando uma novela: continua no próximo capítulo.

* * *

Correspondência | Arthur Rimbaud

~ Carta ao Comandante do Recrutamento de Marselha

PARA ACERTO DE SUA SITUAÇÃO MILITAR E OBTER A DISPENSA definitiva do serviço, R. resolve dirigir-se ao Comandante do Recrutamento de Marselha, depois de haver recebido de Isabelle a declaração do Comandante de Mezières.

Senhor Comandante do Recrutamento de Marselha,
Sou conscrito da classe de 1875. Tendo sido sorteado em Charleville, departamento das Ardenas, fui dispensado do serviço militar por estar meu irmão mais velho já servindo ao exército. Em 1882, a 16 de janeiro, época dos meus 28 dias de instrução, eu me encontrava na Arábia, empregado como comerciante numa firma francesa: apresentei declaração de permanência no estrangeiro e enviei um certificado ao Sr. Comandante da praça de Mézières, certificado este que constatava minha presença em Aden. Fui posto em preterição sucessiva até o meu regresso à França.

No dia 22 de maio último, regressei à França com a intenção de completar meu serviço militar; mas ao desembarcar em Marselha, fui obrigado a internar-me no hospital de la Conception, onde, no dia 25 subseqüente, me amputaram a perna direita. Tenho à disposição desse Comando de recrutamento o certificado do diretor do hospital onde ainda me encontro, bem como do médico que me tratou.

Venho requerer a esse Comando de Recrutamento a regularização de minha situação face ao serviço militar, concedendo-me a dispensa definitiva, já que me encontro inteiramente inapto para qualquer serviço.

Datar do Hospital de la Conception.

* * *

Carta a Isabelle

CEDENDO ÀS INSTÂNCIAS DA IRMÃ (LEMBRAM-SE DO POEMA A "irmã de caridade"?), R. resolve deixar o hospital para se restabelecer em Roche, antes de regressar à África, conforme seu desejo insistente. Irá sozinho, descerá na estação de Voncq, a mais próxima da propriedade rural da família. Informa preferir instalar-se num quarto do andar superior, para ficar mais isolado (quem sabe naquele mesmo em que escreveu a *Saison?*).

Marselha, 20 de julho de 189[1].*
(*) R. escreveu 1890 por engano.

Querida irmã,

Escrevo a vc sob a influência de uma violenta dor no ombro direito, o que me impede quase de escrever, como está vendo.

Tudo isto provém de uma constituição que se tornou artrítica em conseqüência de maus cuidados. Mas estou farto de hospital, onde fico exposto todos os dias a contrair varíola, tifo, e outras pestes que aqui habitam. Vou sair, porque o médico me disse que posso partir e que seria preferível não permanecer mais no hospital.

Daqui a dois ou três dias então vou sair e tratarei de me arrastar até aí como puder; pois, com a perna de pau não posso caminhar, e mesmo com as muletas só posso por ora dar alguns passos, a fim de não piorar a condição de meu ombro. Como você aconselha, descerei na estação de Voncq. Quanto ao aposento, prefiro ficar na parte de cima; será pois inútil escrever-me para cá pois estarei muito em breve a caminho.

Até a vista.

Rimbaud.

EPÍLOGO

R. chega finalmente a Roche, o porto seguro, o abrigo certo ao qual sempre se recolhia após o fracasso de suas fugas anteriores. Havia 11 anos que não voltava ao lar. Não se sabe se Vitalie foi recebê-lo juntamente com Isabelle; as referências desta, posteriores, são omissas neste ponto. A última vez em que os irmãos se viram, Isabelle tinha 20 anos; agora é uma criatura magra e nervosa, com ares de solteirona. Chegando à fazenda familiar, R. é levado para o andar superior e diante do quarto que lhe fora preparado pela irmã, exclama: "Mas isto é Versalhes!" Seu humor surpreende a todos a princípio; vizinhos e pessoas conhecidas vêm de vez em quando vê-lo, mas ele declina de rever seus velhos amigos Delahaye e Perquin. O mesmo se pode dizer quanto ao irmão Frédéric. A mãe e a irmã se revezam fazendo-o passear de charrete pelos arredores. R. quer ver gente, verificar como as modas e os costumes evoluíram nesses anos de ausência. Aquele verão das Ardenas foi frio e úmido e R. o suportou com dificuldades. Logo as dores voltaram a recrudescer, a febre, a insônia. O braço direito, que se tornara rígido, começou a descarnar. Para aliviar seus sofrimentos, Isabelle administra-lhe tisanas de láudano (opiáceo), mas R. voltava da sonolência em meio a vertigens e alucinações. Durante sua permanência em Roche, recebe cartas de seus associados César Tian, Sotiro, Dimitri Righas, Savouré e Maurice Riès, que se referem, *en passant*, às suas condições de saúde, mas em seguida tratam longamente de negócios que estariam esperando sua volta. R. decide partir no dia 23 de agosto para Marselha, onde pegaria um vapor para Aden. A história dessa viagem é uma verdadeira via-crúcis. Apesar de ter acordado às 3 da manhã, R. não consegue pegar o trem que passava por Voncq às 06:30. A distância entre a fazenda e a estação é de apenas 3 quilômetros, mas a charrete teve problemas no caminho e os viajantes acabaram por voltar. Finalmente, para não perder o trem das 12:40, R. impaciente torna a partir às 09:30. Em meio a grandes sofrimentos, é içado a bordo do vagão, operação que se repete em Amagne, onde houve uma troca de trem, no qual R. viaja em companhia de um casal em lua de mel e de uma família com filhos instalados à sua frente. O trem chegou a Paris por volta das seis e meia. Estava previsto que ele e Isabelle passariam a noite num hotel, mas como chovesse e fizesse frio, R. ordena ao cocheiro que os leve diretamente à gare de Lyon. Às 11 da noite, os carregadores o transportam para um compartimento-leito, que a irmã lhe havia reservado. O trem chegou a Lyon de madrugada e a descida na gare de Marselha se deu ao fim do dia. A degenerescência do estado de saúde de R. leva Isabelle a concluir que o irmão não estava em condições de embarcar para Aden, como pretendia. R. aquiesce então em ser transportado para o Hospital de la Conception, onde deu entrada a 24 de agosto, como pensionista a seis francos por dia, sob o nome de Jean Rimbaud.

A 3 de setembro, dez dias após sua internação, R. dirigiu ao Dr. Beaudier uma curta carta, a última conhecida escrita de próprio punho (a despeito da ancilose do braço direito e de seu estado geral, a caligrafia do enfermo aparece espantosamente firme no documento original):

"Marselha, hospital de la Conception, 3 7^{bro} 1891.

Senhor Beaudier,

Estou à espera da perna artificial que deve chegar de Attigny aos seus cuidados. Assim que a receber, peço-lhe que a traga para mim, pois estou com pressa de partir daqui.

Receba, caro Senhor, meus sinceros cumprimentos,

Rimbaud."

R. permanece hospitalizado durante os meses de outubro e novembro. Desde o início os médicos certificam Isabelle de que é um caso perdido, que o irmão está à morte. Os sintomas se agravam e R. vem a falecer a 10 de dezembro de 1891, vítima de ósseo-carcinoma (câncer generalizado dos ossos). O relato dessa agonia foi feito por Isabelle em cartas a Vitalie (que reproduzimos em anexo). Na véspera, havia ditado à irmã sua última carta:

Ao diretor das Messageries maritimes

Carta ditada a Isabelle

Marselha, 9 de novembro de 1891.

UM LOTE: UMA PRESA ÚNICA.
UM LOTE: DUAS PRESAS.
UM LOTE: TRÊS PRESAS.
UM LOTE: DUAS PRESAS.

Senhor Diretor,

Gostaria de perguntar-lhe se deixei alguma coisa a seu encargo. Desejo mudar ainda hoje dessa agência, cujo nome nem sei mesmo, mas em todo caso que seja para o serviço Aphinar. Tais serviços existem em toda parte, e eu, incapaz, infeliz, nada consigo encontrar, qualquer cão da rua pode atestá-lo.

Envie-me pois a tarifa dos serviços da Aphinar para Suez. Estou completamente paralisado, por isso quero me encontrar a bordo desde cedo. Diga-me a que horas devo ser transportado a bordo... .

FIM

ANEXO III

✺ Cartas de Isabelle Rimbaud à sua mãe

Marselha, terça-feira 22 de setembro de 1891.

Querida mamãe,

Acabo de receber teu bilhete, bastante lacônico. Será que nós nos tornamos tão antipáticos a ponto de tu não queres nos escrever nem responder as minhas perguntas? Ou será que estás doente? Esta é a minha grande preocupação, que será de mim meu Deus com um moribundo e um enfermo a 200 léguas um do outro! Como eu gostaria de me dividir e estar metade aqui metade em Roche! Ainda que te pareça bastante indiferente, devo dizer-te que Arthur está bem doente. Disse-te em minha última carta que iria indagar novamente dos médicos em particular; de fato falei com eles e aqui vai a resposta: É um pobre rapaz (Arthur) que está se acabando aos poucos; sua vida é questão de tempo, alguns meses talvez, a menos que sobrevenha, o que pode acontecer de um dia para outro, alguma complicação fulminante; quanto a melhorar, não há qualquer esperança, ele não irá melhorar; sua moléstia deve ser uma propagação pela medula dos ossos da infecção cancerosa que determinou a amputação da perna. — Um dos médicos, Dr. Trastoul, (um velho de cabelos brancos) acrescentou: Já que a senhora ficou aqui por todo um mês e ele deseja que ainda continue, não deve abandoná-lo; no estado em que ele se encontra, seria cruel recusar-lhe sua presença. — Isto, querida mamãe, foi o que me disseram os médicos a sós, bem entendido, porquanto a ele dizem exatamente o contrário; prometem-lhe uma cura radical, procuram fazer-lhe crer que melhora de dia para dia e ao ouvi-los fico de tal forma confusa que me pergunto a quem eles estão mentindo, se a ele ou bem a mim, pois têm um ar tão convicto ao lhe falarem sobre o restabelecimento quanto me prevenindo de sua morte. Parece-me contudo que ele não esteja tão mal quanto me dizem os médicos; voltou-lhe a consciência quase inteiramente após quatro dias; come um pouco mais do que a princípio; é verdade que parece esforçar-se para comer, mas enfim o que ele come não lhe faz mal; também não fica tão vermelho como quando delirava. Ademais dessas pequenas melhoras, constato outros incômodos que atribuo à sua grande fraqueza; antes de tudo, as dores não cessaram nem a paralisia dos braços; está muito magro; os olhos fundos e arroxeados; freqüentes dores de cabeça; quando cochila de dia, acorda em sobressalto e me diz que um golpe o atinge no coração e na cabeça ao mesmo tempo fazendo-o despertar; quando dorme à noite, tem sonhos pavorosos e às vezes quando desperta está rígido a ponto de não poder movimentar-se; o vigia da noite já o encontrou nesse estado, e ele sua, sua dia e noite, tanto no frio quanto no calor. Depois que lhe voltou a razão, chora sem parar, não acredita ainda que ficará paralítico (caso sobreviva). Enganado pelos médicos, aferra-se à vida, à esperança de sarar, mas como se sente cada vez mais doente e agora se dá conta de seu estado de saúde a maior parte do tempo, põe-se a duvidar do que lhe dizem os médicos e os acusa de estarem zombando dele, ou melhor, ele os tacha de ignorantes. Anseia tanto por viver e curar-se que se submeteria a qualquer tratamento por mais penoso que fosse desde que o curasse e que lhe devolvesse o uso dos braços. Quer a todo custo ter sua perna articulada, para tentar levantar-se, caminhar, ele que há um mês não se ergue senão para ser posto numa poltrona inteiramente nu enquanto lhe fazem a cama! Sua grande preocupação é inquietar-se com a maneira de como irá ganhar a vida, se não lhe puder dispor inteiramente do braço direito, e chora considerando a diferença do que era há um ano antes com o que é hoje em dia; chora pensando num futuro em que não poderá trabalhar, e chora sobre o presente em que sofre cruelmente; abraça-me, soluçando e pede aos gritos que não o abandone. Não saberia dizer o quanto é lastimoso, e todo mundo aqui têm grande pena dele; são tão bons para nós que não temos nem mesmo tempo de formular nossos pedidos: eles se antecipam.

Tratam-no como um condenado à morte a quem não se recusa nada, mas todas essas gentilezas são pura perda para ele, porque jamais aceita os pequenos agrados que lhe querem fazer; o que ele pede é

[Falta a última folha]

* * *

Marselha, 3 de outubro de 1891.

Querida mamãe,

Peço-lhe de joelhos que tenha a bondade de me escrever ou que mande que alguém o faça. Não consigo viver na inquietação em que me encontro; estou mesmo seriamente doente com a febre a que esta inquietação me leva. Que te fiz para que me causes tanto mal? Se estás doente a ponto de não poder me escrever, é melhor mandes me dizer, que regressarei, apesar de que Arthur me implore para que não o abandone antes de sua morte. Que aconteceu afinal contigo? Ah! se eu pudesse ir imediatamente para aí! Mas, não; sem saber ao certo se estás doente, não posso deixar este pobre infeliz, que de manhã à noite, se lamenta sem cessar, que pede pela morte aos gritos, que me ameaça, se eu o abandono, de se asfixiar ou de se suicidar não importa como, – e sofre tanto que tenho a certeza de que fará o que diz! Enfraqueceu bastante. Vão tentar um tratamento com eletricidade: é o último recurso.

Espero tuas notícias febrilmente. Beijo-te, querida mãe.

Isabelle.

Se acaso me escreveste e tuas cartas não me chegam, melhor endereçá-las ao Sr. Diretor do Hospital de la Conception, e dentro do envelope uma carta fechada endereçada a mim.

* * *

Correspondência | Arthur Rimbaud

Marselha, segunda-feira 5 de outubro de 1891.

Querida mamãe,

Obrigada mil vezes por tua carta de 2 de outubro, que sofri tanto em esperar mas que me tornou tão feliz em recebê-la! Sim, sou bem exigente, mas é preciso que me desculpe pois é o afeto que me torna exigente. Compreendo o quanto deves estar ocupada, tenha paciência e coragem para com teus empregados, pois se eles vierem a te deixar neste momento estarias ainda mais transtornada. [...]

Não posso nem pensar em abandonar Arthur neste momento; ele está mal, enfraquece sempre, começa a desesperar da vida, e eu própria perco a confiança de cuidar dele assim por tanto tempo, e só peço uma coisa: que tenha uma boa morte. [...] O que mais me atormenta é que o inverno está chegando e ele jamais irá querer passá-lo aqui. Devo ir com ele, seja até Argel, ou a Nice, ou mesmo ainda até Aden ou Obock? Se quiser partir, duvido que possa resistir à viagem no estado em que se encontra; deixá-lo seguir sozinho seria condená-lo a morrer sem socorro, e a perder seu dinheiro sem remissão: ele quer partir de toda maneira; que devo fazer?

A perna articulada chegou ontem: custo do transporte 5,50 F. O Dr. Beaudier mandou também a nota de seus honorários de 50 francos pelas visitas a Arthur. Que será que nos pede?... Não ousei mostrar essa nota a Arthur, com receio de que ele não queira pagar. Tenho vontade de acusar o recebimento da perna ao doutor e ao mesmo tempo lhe pagar, tudo isto sem dizer nada a Arthur. Estarei certa, que achas? — Essa perna, por agora, é inteiramente inútil; Arthur não tem sequer a possibilidade de experimentá-la. Há mais de oito dias que não lhe fazem a cama, pois não conseguem mais levantá-lo para o colocar numa poltrona enquanto trocam os lençóis; seu braço direito completamente inerte está inchando; o esquerdo, de que sofre cruelmente e cujos três quartos estão paralisados, emagreceu de maneira apavorante; queixa-se de dores em todas as partes do corpo: acham que ele irá se paralisando aos poucos até chegar ao coração; ninguém lhe disse isto mas ele o adivinhou e se desola e se desespera sem cessar um instante. Quem cuida dele sou apenas eu, quem o ampara, quem lhe está ao lado. Os médicos o entregaram às minhas mãos, tenho à minha disposição todos oos medicamentos da farmácia destinados às fricções, linimentos, unções, etc... Confiaram-me igualmente o tratamento elétrico, que eu própria tenho que aplicar; mas sei que é em vão, nada pode curá-lo nem sequer aliviar. – Esse tratamento elétrico não vale de nada, duvido que lhe faça, como todo o resto, qualquer bem. [...]

Até a vista, querida mamãe, cuida bem da saúde, e não fiques muito tempo sem me escrever.

Beijo-te sinceramente.

Isabelle.

Envio-te estas garatujas a creiom que escrevi ontem à noite, domingo; é o transcurso do meu dia; não percas muito tempo em decifrá-las, pois não merecem ser lidas.

NOTAS DE ISABELLE

Domingo, 4 de outubro de 1891.

Entrei no quarto de Arthur às 7 horas. Ele dormia de olhos abertos, a respiração fraca, tão magro e tão pálido; os olhos fundos e arroxeados. Não acordou de imediato; fiquei vendo-o dormir, dizendo para mim ser impossível que ele viva assim por muito tempo, pois está doente demais! Cinco minutos depois despertou reclamando como sempre por não ter dormido à noite por causa dos sofrimentos e que continua a sofrer depois de despertar. Disse-me bom dia (como todos os dias).

....

Põe-se então a me contar coisas inverossímeis que imagina terem se passado no hospital durante a noite; é a única reminiscência de delírio que lhe resta, mas obstinada ao ponto de, todas as manhãs e várias vezes durante o dia, voltar a me contar os mesmos absurdos, irritando-se por eu não acreditar neles. Fico escutando e tentando dissuadi-lo; ele acusa os enfermeiros e mesmo as irmãs de coisas abomináveis e que não podem ocorrer; digo-lhe que sem dúvida deve ter sonhado, mas ele não desiste e me chama de tola e imbecil. Eu me disponho a lhe fazer a cama, mas há oito dias que ele não quer deixar o leito: sofre demais quando o carregam para a poltrona ou quando o trazem de volta ao leito. O fazer a cama consiste em preencher um vão aqui, em acertar uma saliência ali, em ajeitar o travesseiro, estender as colchas (sem lençóis), tudo isto, bem entendido, acompanhado de uma legião de manias doentias. Não suporta nada que o cubra; a cabeça nunca está bem; o coto da perna está sempre alto ou baixo demais; é preciso enfaixar-lhe de algodão o braço direito completamente inerte, envolver o braço esquerdo, cada vez mais paralisado, numa flanela, em mangas duplas, etc.

....

Trazem a garrafa de leite; ele a bebe em seguida, esperando combater sua prisão de ventre e principalmente a retenção de urina; creio que seus órgãos internos também estão se paralisando; tenho medo, e ele também, que a paralisia vá chegando aos poucos, até o coração, provocando-lhe a morte; sua perna esquerda está sempre fria e trêmula, com muitas dores. Também o olho esquerdo está meio fechado. Às vezes sente-se asfixiar pelos batimentos cardíacos. Disse-me que quando acorda, sente a cabeça e o coração lhe queimarem, e sempre sente pontadas no peito e nas costas, do lado esquerdo.

....

Tenho que me esforçar o dia inteiro para o impedir de cometer numerosas tolices. Tem a idéia fixa de deixar Marselha por um clima mais quente, seja Argel, seja Aden ou Obock. O que o mantém aqui é o temor de que eu não o acompanhe mais além, pois não pode passar sem mim.

....

Penso e escrevo tudo isto enquanto ele está mergulhado numa espécie de letargia, que não é sono, mas antes fraqueza.

Ao despertar, olha pela janela o sol sempre a brilhar num céu sem nuvens, e põe-se a chorar dizendo que nunca mais verá o sol lá fora. "Irei para debaixo da terra, me diz, enquanto você caminhará ao sol!" E é assim durante todo o dia um desespero sem nome, uma queixa sem fim.

[Marselha], quarta-feira 28 de outubro de 1891.

Querida mamãe,

Louvado seja Deus mil vezes! Senti domingo a maior felicidade que eu poderia ter neste mundo. Não é mais um pobre infeliz condenado que vai morrer ao meu lado: é um justo, um santo, um mártir, um eleito!

No curso da semana passada, os capelães vieram vê-lo duas vezes; recebeu-os bem, mas em tal estado de lassidão e desalento que eles não ousaram lhe falar de morte. Sábado à noite, todas as religiosas oraram juntas para que ele tenha uma boa morte. Domingo de manhã, após a santa missa, ele parecia mais calmo e de todo consciente: um dos capelães voltou e lhe propôs que se confessasse, e ele aquiesceu! Quando o padre saiu, disse-me olhando-me com ar embaraçado, um ar estranho: "Seu irmão tem fé, minha filha, o que nos diz disso? Tem fé, e mesmo nunca vi uma fé desta qualidade!" Beijei a terra chorando e rindo. Ó Deus! Que alegria, mesmo na morte, mesmo pela morte! Que pode me importar agora a morte, a vida, o universo inteiro e toda a felicidade do mundo, agora que sua alma está salva! Senhor, aliviai sua agonia, ajudai-o a carregar sua cruz, tende ainda piedade dele, tende piedade, vós que sois tão bom! Oh sim, tão bom. – Obrigada, meu Deus, obrigada!

Quando voltei para junto dele, estava muito emocionado mas não chorava; estava serenamente triste, como jamais o tinha visto. Olhava-me nos olhos como jamais me tinha olhado antes. Quis que eu me aproximasse mais dele, e me disse: "Você que é do mesmo sangue que eu: você crê, diga-me, você crê?" Respondi-lhe: "Creio; outros bem mais inteligentes do que eu tiveram fé, têm-na; e agora estou ainda mais segura pois tenho a prova, ei-la aí!"

E é verdade, hoje tive a prova! — Ele me falou em tom amargurado: "Sim, eles dizem que crêem, fingem que se converteram, mas é para que leiam o que escreveram, pura especulação!" Hesitei, depois disse: "Ah, não! Eles ganhariam mais dinheiro blasfemando!" Ele ficou me contemplando com o céu nos olhos, assim como eu. Quis beijar-me, depois disse: "Podemos ter a mesma alma, já que somos do mesmo sangue. Você crê, então?" E eu repetia: "Creio, sim, *é preciso crer*." — Então me disse: "É preciso arrumar o quarto, preparar tudo, *ele vai voltar com os sacramentos*. Você vai ver, vão trazer as velas e os paramentos; é preciso cobrir tudo com panos brancos. É que estou então muito doente!" Estava ansioso, mas não desesperado como nos outros dias, e vi perfeitamente que ele desejava com fervor os sacramentos, principalmente a comunhão.

Desde então, já não blasfema; invoca o Cristo na cruz, e reza, sim reza, ele mesmo! Mas o padre não lhe pôde dar a comunhão; antes, por medo de o impressionar demais; depois, porque ele agora está cuspindo muito e não pode suportar nada na boca: teme-se uma profanação involuntária. E ele, julgando abandonado, ficou triste, mas sem reclamar.

A morte chega a passos largos. Disse-te em minha última carta, querida mamãe, que o coto de perna inchou muito. Agora já é um câncer enorme entre o quadril e o ventre, logo acima do osso: mas esse coto que era tão sensível, tão doloroso, já quase não o faz sofrer. Arthur não viu esse tumor mortal: admira-se que todos venham ver esse pobre coto que ele agora quase não sente; e todos os médicos (já vieram uns dez desde que assinalei esse mal terrível) ficam mudos e terrificados diante desse câncer estranho. Agora são a pobre cabeça e o braço esquerdo que lhe causam os maiores sofrimentos. Mas ele está quase sempre mergulhado numa letargia que é um sono aparente, durante o qual percebe todos os ruídos com uma nitidez incomum. Depois, à noite, dão-lhe uma injeção de morfina.

Desperto, ele acaba sua vida numa espécie de sono contínuo; diz coisas estranhas de maneira lenta, com um tom que me encantaria se não me cortasse o coração. O que fala são sonhos, – contudo não é de maneira alguma o que dizia quando em febre. Posso dizer, e acredito, que o faça de propósito.

Enquanto murmurava aquelas coisas, a irmã me pergunta em voz baixa: "Ele perdeu de novo a consciência?" Mas ele ouviu e ficou todo ruborizado; não disse mais nada, mas quando a irmã saiu, ele falou: "Acham que estou doido, e você, o que acha?" Não, não creio que esteja, é um ser quase imaterial e seu pensamento escapa, apesar de seus esforços. Às vezes pergunta aos médicos se vêem as coisas extraordinárias que ele percebe e fala-lhes, conta-lhes com delicadeza suas impressões, em termos que eu não saberia reproduzir; os médicos o fitam fixamente nos olhos, nesses olhos que nunca foram tão belos nem mais inteligentes, e dizem entre si: "É estranho." Há no caso de Arthur algo que eles não compreendem.

Aliás, os médicos já quase não vêm, pois ele chora com freqüência quando lhes fala e isto os deixa embaraçados.

Ele reconhece todo mundo. A mim, chama-me às vezes de Djami, mas sei que é de propósito e que isto faz parte de seu sonho; no mais, mistura tudo... com arte. Estamos no Harar, partimos sempre para Aden, precisa buscar os camelos, organizar a caravana; caminha facilmente com a nova perna articulada, fazemos uns belos passeios montados em mulas ricamente ajaezadas; logo em seguida diz que é preciso trabalhar, acertar a escrita, escrever cartas. Depressa, vamos, estão à nossa espera, façamos as malas e partamos. Por que o deixaram dormir? Por que eu não o ajudei a vestir-se? Que irão dizer se não chegarmos no dia previsto? Não irão mais acreditar em sua palavra, não terão mais confiança nele! E se põe a chorar lamentando minha falta de jeito e minha negligência: porque estou sempre com ele e sou encarregada de fazer todos os preparativos.

Quase não ingere mais nada nutritivo, e o que toma é com extrema repugnância. Assim é que está magro como um esqueleto e a tez é a de um cadáver! E com os membros todos paralisados, mutilados, mortos ao seu redor! Ó Deus, que padecimento!

A propósito de tua carta e de Arthur: não contes absolutamente com o dinheiro dele. Após a morte e o pagamento das despesas mortuárias, viagens, etc., é provável que seus bens passem a outros, e estou inteiramente decidida a respeitar sua vontade; e mesmo que ele não tivesse senão a mim para executá-la, seu dinheiro e seus negócios serão entregue a quem ele tiver designado. O que fiz por ele, não foi por ganância, mas por ser meu irmão, e, abandonado pelo universo inteiro, não quis deixá-lo morrer sozinho e sem socorro; mas lhe serei fiel após a morte como o fui em vida,[1] e o que ele me pediu para fazer de seu dinheiro e de seus pertences, eu o farei exatamente, mesmo que tenha de sofrer por isto.

Que Deus me ajude e a ti também: precisamos bastante do auxílio divino.

Até breve, minha cara mãe, com um beijo de todo o coração,

Isabelle.

---

1. Isabelle cumpriu fielmente sua promessa. Pouco após a morte do irmão, escreve a César Tian indagando qual seria a maneira mais "certa e segura" de fazer chegar às mãos do "domestique indigène" (seu fiel servidor Djami) a soma bastante importante (3.000 francos) que lhe deixara R. em preito por sua dedicação de 8 anos de trabalho. Sem obter resposta, dirige-se, em 19 de fevereiro de 1892, ao cônsul francês em Aden, solicitando as mesmas informações. A 2 de março de 1892, recebe a resposta tardia de César Tian. Ele havia consultado Mons. Taurin-Cahagne sobre o paradeiro de Djami Watai e aguardava resposta. Depois de muitas idas e vindas, os 3000 francos, então convertidos em 750 táleres Maria-Tereza, foram finalmente (a 7 de junho de 1893) entregues... aos herdeiros de Djami, que havia a essa altura falecido. "Fiquei tristemente surpresa", escreve Isabelle a Monsenhor Taurin, "ao saber da morte do pobre Djami, que meu irmão me havia descrito como extremamente dedicado e fiel".

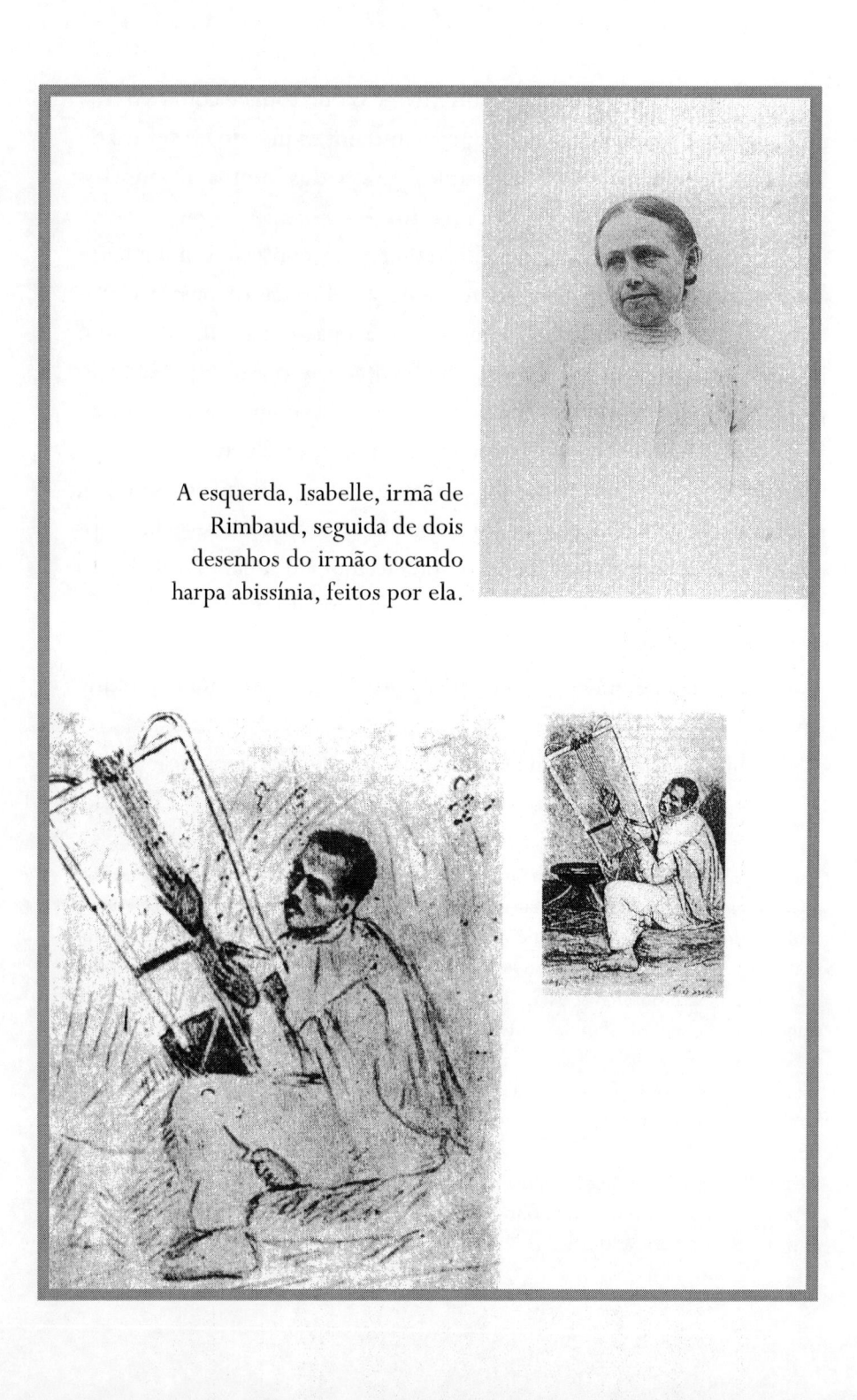

À esquerda, Isabelle, irmã de Rimbaud, seguida de dois desenhos do irmão tocando harpa abissínia, feitos por ela.

EPISTOLÁRIO

O mundo de Rimbaud.

✐ Cartas de Rimbaud

Relação das cartas de R. que se perderam, mas sobre as quais há referências dos destinatários ou de outros correspondentes. Levantamento efetuado por Alain Borer, em *Œuvre-Vie:*
— Enviando versos latinos ao Príncipe Imperial — 1868
— À Revue pour Tous — Dez. 1869
— Cartas da Prisão de Mazas — início de set. 1870:
   Ao procurador imperial
   Ao comissário de polícia de Charleville
À sua mãe
— A Georges Izambard:
   12.11.1870 / início de maio 1871
— A Ernest Delahaye:
   (fragmento reconstituído de memória) / agosto 1873(?) / Milão, abril-jun. 1875 / Marselha, junho 1875
— A Henri Perrin:
   ano escolar 1871
— A Verlaine:
   (primeira carta) agosto 1871 / (segunda carta) agosto 1871 / cartas "martíricas (uma dezena) março-abril-maio 1872 / 7.7.1872 / maio 1873 / set. 1873 / março 1874 - Stuttgart, abril de 1875 / (?) 1885
— A Verlaine e Forain:
   julho 1872(?) / maio 1873(?)
— A Verlaine e Delahaye:
   Stuttgart, fev.-abril 1875
— A Vitalie (mãe):
   nov. 1872 / junho-julho 1874

— A Vitalie (irmã):
fim de nov. 1874 / 13.4.1875
— A Jean Richepin (?):
26.3.1874
— Documentos e carta a Ernest Millot:
datação impossível
— A Gabriel Ferrand:
correr de 1882 (?)
— A Pierre e Alfred Bardey:
maio (?) 1883
— A Alfred Bardey:
28.3.1888
— A Paul Labatut:
1886
— A Menelik II:
junho 1887
— Ao Sr. Maunoir, secretário-geral da Sociedade de Geografia:
Cairo, 26.8.1887
— A Paul Bourde (?):
1887 (?)
— A Armand Savouré:
22.12.1887 / Cartas e croquis, Aden e Harar, dez.1887 / abril 1888 / jan. 1889 / fim jan.-início fev. 1889 / fim de abril 1889 / Harar, fim abril 1889 — início maio 1889 / março-abril 1890 (?) / 26.6.1891
— Ao Sr. De Gaspary:
Aden, 273.1888
— A Lucien Labosse, cônsul em Suez:
Aden, março-abril (?) 1888
— A Jules Boreli:
4.5.1888

— A Eloi Pino:
   início set. 1888 — (c/ carta ao rás Gobena) — 1.1.1889
— A L.-A. Bremond:
Harar, 10.1.1889
— A Alfred Ilg:
   Harar, 28.3.1889 / 4.5.1889 / 29.5.1889 / junho 1889 / julho 1889 / 10.10.1889
— A Ernest Laffineur:
   Harar, abril 1889
— A César Tian:
   20.12.1889 / maio e junho 1891 / 17.6.1891 / 4.7.1891
— A César Tian e Maurice Ries:
   1890 (?)
— A Ernest Zimmermann:
   Harar, 18.3.1890
— A Felter:
   24.4.1891 / junho 1891
— A Dimitri Righas:
   30.5.1891 / 17.6.1891
— A Sotiro:
   26.6.1891 / 4.7.1891 / 30.7.1891

Cartas a Rimbaud (existentes) não constantes desta edição.
O projeto desta edição foi o de apresentar apenas as cartas escritas pela mão de Rimbaud, omitindo-se as que ele recebeu de amigos, parentes e associados comerciais. Tais cartas podem ser encontradas na edição de Antoine Adam, para a Pléiade.

— De Verlaine:
Paris, set. 1871 /idem / março 1872/ 2.4.1872 /abril 1872/ maio 1872 / 18.5.1873 / 3.7.1873 / telegrama 1873 / Londres, 12.12.1875

— De Forain:
Paris, maio 1872

— De Alfred Bardey:
Vichy, 24.7.1883 / Aden, 28.3.1888

— De C. Maunoir (secretário da Sociedade de Geografia):
Paris, 1.1.1884 / 4.10.1887

— De Vitalie (mãe):
Roche, 10.10.1885

— De Jules Suel:
Aden, 3.7.1886 / 16.9.1886

— De Menelik II:
30.6.1887 / 25.9.1889

— De De Gaspary (cônsul francês em Aden):
8.11.1887 / 9.4.1888

— Do Visc. Petiteville (cônsul em Beirute):
3.12.1887

— De Armand Savouré:
Paris, 14.1.1888 / Paris, 27.1.1888 / 26.4.1888 / Entotto, 10.12.1888 / 1.1.1889 / 4.1.1889 / 20.1.1889 / 31.1.1889 / 26.2.1889 / 28.2.1889 / 15.3.1889 / 11.4.1889 / 1.5.1889 / 1.5.1889 / 15.5.1889 /23.5.1889 / 16.6.1889 / 17.6.1889 / 27.6.1889 / 27.8.1889 / 10.11.1889 /25.4.1890 / 4.5.1890 / 15.8.1891

— De M. Fagot (deputado):
Paris, 18.1.1888

— De Félix Faure (sub-secretário de Estado):
Paris, 18.1.1888

— De Alfred Ilg:
   Zurique, 19.2.1888 / 27.4.1888 / Ankober, 30.3.1889 / 3.5.1889
   / 23.5.1889 / 16.6.1889 / 28.6.1889 / 21.8.1889 / 10.9.1889 /
   8.10.1889 / 26.10.1889 / 13.11.1889 / 9.5.1890 / 17.7.1889 /
   23.8.1890 / 7.10.1890 / 30.1.1891 / 15.2.1891 / 15.3.1891
— De Lucien Labosse (cônsul em Suez):
   22.4.1888
— Do Sub-secretário da Marinha e Colônias:
   Paris, 2.5.1888 / 13.5.1888
— De Jules Borelli:
   Entotto, 26.7.1888
— De Eloi Pino:
   Fallé, 11.9.1888 / 30.12.1888 / 24.1.1889 / 27.4.1889 /
   11.5.1889
— De L. Brémond:
   10.2.1889 / 16.2.1889
— De Ernest Laffineur:
   26.4.1889
— De Ernest Zimmermann:
   2.1.1890 / 3.1.1890 / 4.1.1890 / 26.3.1890 / 4.4.1890
— De L. Chefneux:
   30.1.1891
— De César Tian:
   6.5.1891 / 11.6.1891 / 23.7.1891
— De Felter:
   13.5.1891 / 23.7.1891
— De Sotiro:
   29.5.1891 / 21.6.1891 / 10.7.1891 / 25.7.1891 / 14.8.1891
— De Laurent de Gavoty:
   17.7.1890

— De Isabelle Rimbaud:
   30.6.1891 / 4.7.1891 / 8.7.1891 / 13.7.1891 / 18.7.1891
— Do Rás Makonen:
   12.7.1891
— De Dimitri Righas:
   15.7.1891 / 28.7.1891
— De Maurice Riès:
   3.8.1891

Além das cartas acima citadas, a edição da Pléiade inclui grande número de outras missivas referentes a R. São cartas enviadas e/ou recebidas pela Sra. Rimbaud (mãe), pela irmã Isabelle, pelo irmão Frédéric, envolvendo correspondentes como Rodolphe Darzens, Louis Pierquin, Leon Vanier, Ernest Delahaye, Stéphane Mallarmé, alguns associados "africanos" de R., além de Paterne Berrichon, que viria a casar-se com Isabelle. Entre essas cartas estão as trocadas entre a Sra. Rimbaud e Mathilde Mauté, ex-esposa de Verlaine, que confessa haver destruído as cartas de R. encontradas numa gaveta de sua casa. As cartas enviadas a R. por seus familiares se perderam quase todas em conseqüência de suas freqüentes mudanças de pouso, em regiões pouco adequadas à conservação de documentos. Uma das únicas por ele conservadas, e trazida consigo a Marselha junto com outros papéis, foi a de Laurent de Gavoty, de 17.7.1890, que transcrevemos a seguir: *"Caro Senhor Poeta, Li seus belos versos: seja dizer que ficaria feliz e orgulhoso de ver o chefe da escola decadente e simbolista colaborar em* La France moderne, *de que sou diretor. Seja pois um dos nossos. Grandes agradecimentos antecipados e a simpatia admirativa, de Laurent de Gavoty"*. É opinião unânime dos comentaristas que R. não teria respondido essa carta e especula-se sobre os motivos que o levaram a guardá-la: vaidade de se saber lido, segundo alguns; possibilidade de reclamar direitos autorais sobre essas publicações, segundo outros. A verdade é que Gavoty, tendo ou não recebido resposta, continuou sua busca do paradeiro de R. (provavelmente por intermédio do cônsul francês em Aden, aos cuidados de quem havia remetido a carta). Na edição seguinte (19.2.1891) da revista de que era diretor, alardeia como furo jornalístico o fato de haver descoberto onde se ocultava o poeta: *"Desta vez, conseguimos! Sabemos onde está Arthur Rimbaud, o grande Rimbaud, o verdadeiro Rimbaud, o Rimbaud das* Iluminações. *Não se trata de mais uma mistificação decadentista. Nós o afirmamos: conhecemos o paradeiro do famoso fugitivo".*

Cartas de Rimbaud (existentes) suprimidas desta edição:
Seguindo o critério adotado pelo tradutor americano Wyatt Mason (*I promise to be good* – Modern Library Classics) deixamos de incluir nesta edição 35 missivas de R. dirigidas a Alfred Ilg por se tratar de cartas de teor meramente comercial, quase repetitivas, verdadeiros relatórios de compra e venda de mercadorias, com pouquíssimas intervenções de cunho pessoal. Tais cartas só recentemente passaram a figurar nas edições francesas, depois que Jean Voellmy descobriu sua existência em poder da filha de Ilg, Mme. Fanny Zwicky-Ilg. São as das seguintes datas: 1.2.1888 / 29.3.1888 / 12.4.1888 / 25.6.1888 / 1.7.1889 / 20.7.1889 / 24.8.1889 / 26.8.1889 / 7.9.1889 / 12.9.1889 / 13.9.1889 / 18.9.1889 / 7.10.1889 / 16.11.1889 / 11.12.1889 / 20.12.1889 / 24.2.1890 / 1.3.1890 / 16.3.1890 / 18.3.1890 / 7.4.1890 / 25.4.1890 / 30.4.1890 / 15.5.1890 / 6.6.1890 / 20.9.1890 / 18.11.1890 / 18.11.1890 / 18.11.1890 / 20.11.1890 / 26.11.1890 / 1.2.1891 / 5.2.1891 / 20.2.1891.

Cartas alheias (existentes) incluídas na presente edição:
Por outro lado, incluímos a derradeira carta de R., escrita de próprio punho em seu leito de morte no Hospital de la Conception em Marselha, publicada pela primeira vez por Jean-Jacques Lefrère em sua monumental biografia do poeta (Fayard, 2001) e não constante de nenhuma outra edição francesa da obra completa. Lefrère, informa, em nota: "Esta carta, que permaneceu inédita até hoje, pertencia a uma coleção particular. O Dr. Beaudier, ao vender ou ofertar, muitos anos depois, este autógrafo de R., juntou-lhe uma nota (não encontrada) em que atesta ter seu paciente deixado a propriedade rural de Roche para "fugir à família", antes mesmo de receber a perna artificial".
Abrimos três exceções no projeto de registrar apenas as cartas escritas

pelo poeta e o fizemos sob a forma de anexos: o primeiro contempla a carta que Vitalie Rimbaud (*the mother*) escreveu a Paul Verlaine em 6.7.1873, dissuadindo-o da idéia de se matar; o segundo, outra carta de Vitalie, desta vez dirigida ao filho (27.3.1891), quando este se queixou de varizes; e o terceiro, excertos da série de cartas que Isabelle (a irmã) enviou (22.9/ 3, 4 e 5.10.1891/ 28.10.1891) à mãe (Vitalie) relatando a agonia do Poeta.

✒ Bibliografia Restrita

O LEITOR ENCONTRARÁ NOS VOLUMES I E II DA OBRA COMPLETA de R. uma longa relação de livros concernente à obra do poeta. Neste volume apresentamos apenas aqueles que dizem respeito diretamente à correspondência.

BIOGRAFIAS:

Enid Starkie – Arthur Rimbaud – A New Directions Book – 1961-1973.

Enid Starkie – Rimbaud – tr. Alain Borer – Flamarion – 1982.

Pierre Petitfils – Rimbaud – Julliard – 1982.

Jean-Luc Steinmetz – Arthur Rimbaud – Une question de presence – Tallandier – 1991.

Graham Robb – Rimbaud – A Biography – W. W. Norton & Company – 2000.

Jean-Jacques Lefrère – Arthur Rimbaud – Fayard – 2001 [a mais completa].

Charles Nicholl – Rimbaud na África – Nova Fronteira – 2007.

OBRAS COMPLETAS:

Arthur Rimbaud – Oeuvres – René Char – Club français du livre – 1957.

Rimbaud – Oeuvres completes – Antoine Adam – Pléiade – Gallimard, 1972.

Rimbaud – Oeuvres - S. Bernard e A. Guyaux – Garnier – 1991.

Arthur Rimbaud – Peuvre-vie – Alain Borer – Arléa – Nov. 1991.

Rimbaud – Oeuvres completes – Pierre Brunel – Le livre de poche – 1999.

Arthur Rimbaud – Oeuvres completes – Louis Forestier – Robert Lafont – 2004.

Jean-Arthur Rimbaud – Le poète (1854-1873) – Paterne Berrichon – Cadratin – 2004.

La vie aventureuse de Jean-Arthur Rimbaud – Jean-Marie Carré – Plon – 1926.

Rimbaud – Connaissance des Lettres – Marcel A. Ruff – Hatier – 1968.

CORRESPONDÊNCIA

Lettres de la vie litteraire – Jean-Marie Carré – Gallimard –1931.

Correspondence (1888-1891) – Jean Voellmy – Gallimard – 199.

I promise I will be good – Wyatt Mason – Graças e desgraças de um casal ventoso – António Moura – Hiena (Liboa) – 199.

A correspondência de Arthur Rimbaud – tr. Alexandre Ribondi – L&PM – 199.

RIMBAUD NA ÁFRICA

Rimbaud – l'heure de la fuite – Alain Borer – Galllimard – 1991.

Rimbaud na Abissínia – Alain Borer (tr. Antônio Carlos Viana – L&PM – 1987.

Rimbaud da Arábia – Alain Borer – tr. Antônio Carlos Viana – L&PM – 1991.

Rimbaud à Aden – Jean-Jacques Lefrère e Pierre Leroy – Fayard – 2001.

Rimbaud ailleurs – Jean-Jacque Lefrère – Fayard – 2001.

Um sieur Rimbaud se disant négociant – Alain Borer – Lachenal & Ritter – 1983-84.